U0926683

我与皇帝侃大山系列

众志能成城
我与汉高祖侃用人

姜正成◎主编

中国财富出版社

图书在版编目（CIP）数据

众志能成城：我与汉高祖侃用人 / 姜正成主编. —北京：中国财富出版社，2015.1

（我与皇帝侃大山系列）

ISBN 978-7-5047-5034-1

Ⅰ. ①众…　Ⅱ. ①姜…　Ⅲ. ①汉高祖（前256～前195）-生平事迹-通俗读物　Ⅳ. ①K827=341

中国版本图书馆 CIP 数据核字（2013）第280277号

策划编辑　王秋萍　　　**责任印制**　方朋远

责任编辑　于　淼　宋　宇　　　**责任校对**　饶莉莉

出版发行　中国财富出版社

社　　址　北京市丰台区南四环西路188号5区20楼　　**邮政编码**　100070

电　　话　010-52227568（发行部）　010-52227588转307（总编室）

010-68589540（读者服务部）　010-52227588转305（质检部）

网　　址　http：// www. cfpress. com . cn

经　　销　新华书店

印　　刷　北京柯蓝博泰印务有限公司

书　　号　ISBN 978-7-5047-5034-1 / K・0150

开　　本　710mm×1000mm　1/16　　**版　　次**　2015 年 1 月第 1 版

印　　张　15.5　　**印　　次**　2015 年 1 月第 1 次印刷

字　　数　214千字　　**定　　价**　36.00元

前　言

在中国漫长的古代封建社会中，曾经涌现出无数杰出帝王，而汉朝的开国皇帝刘邦就是其中著名的一位。刘邦身上兼具两种不同的身份——流民和皇帝，巨大的反差，真实地体现在他身上。公众给他的评价是不学无术，但他善于学习并自学成才，不管在胆识，还是才能、谋略上都有过人之处，尤其是登上皇位后更是耍尽权谋，将人生演绎得痛快酣畅，把生命价值发挥得淋漓尽致，这就是刘邦的魅力。

刘邦善于将将，他的部属，三教九流，什么人都有。他用韩信、防韩信、灭韩信，顺时而动；用萧何、疑萧何，步步为营；用张良、尊张良，浑然天成；用陈平、信陈平、爱陈平，游刃有余。刘邦对此曾经非常自豪。

刘邦用人不疑，能干事情就行。他不但把部属笼络得为他卖命做事业，而且还能控制得很好，这实在不得不让人钦佩。与项羽相比，他更倾向于斗智不斗勇。斗智就是讲谋略，斗勇就是凭借武力，文斗和武斗，力气不行的往往选择前者，相反就选择后者。在刘邦的身上可以看到他无拘无束、豪放不羁的个性，但是通过这些表象又可以清晰地看到他内心的志向。最值得庆幸的是，历史给了刘邦机会，在一大帮精英贤才的帮助下，他的身上多了几重受命于天的神秘色彩，从社会的底层走上至高无上的帝王宝座，他创造了新的帝王模式。

可以说，粗看起来，刘邦这个人并没有什么优点，但就是这样一个让人看起来再普通不过的人，一旦成了帝王却能够学习千千万万个人身上的优点。他通过有意识的学习，使自己逐渐成熟起来。很多有才能的领导人总是光彩夺目，让身边的人黯淡无光，而刘邦恰好相反，他犹如一盏不那么光彩照人的“灯”，却使手下的团队，包括韩信、张良、萧何、陈平得以充分展示自我的空间，使他们的才能发挥到极致。

后人评价说，刘邦是个集体主义者，他把许多耀眼的光环分给了自己身边的人，这样让自己显得无足轻重，但这种做法却让他更得人心。最终刘邦创造了历史的奇迹，从布衣成为皇帝，在这个过程中他的用人之术几乎起着决定性的作用。

成功者成功的因素中，才能并非第一位，尤其是对于领袖人物而言，如果没有极强的凝聚力，天大的本领也可能无法伸展。这就是为什么成大业者都要把“人和”二字放在谋略字典里的最前面。在中国古代的几百个帝王中，刘邦是出身最低的皇帝之一。在秦末的激烈角逐中，他不占有任何优势，但他却能笑到最后。

本书从人缘、识人、笼人、用人、御人、容人和管人七个方面讲述刘邦的用人之道，希望读者通过阅读本书，能从刘邦的成功经验中有所借鉴，以利于自己更好地走向成功。

由于编者水平有限，而且受资料的限制，所以书中难免出现错误，敬望各位读者批评指正。

目　录

第一章　人缘，用人之基

对于任何人来说，构建人脉关系，并不只是在危难时刻才需要，而是时时刻刻都需要。因为成功不能只靠自己，更多的还要靠别人的帮助和支持。人是群居动物，每个人所从事的行业归根结底都是人的事业。人的成功也来自他所处的人群和社会，只有在这个社会中游刃有余、八面玲珑，才可以为事业的成功开拓宽广的道路。这就体现了一个铁血定律：人脉即财脉！对于刘邦而言，人脉则是争霸天下，一统江山的基础。

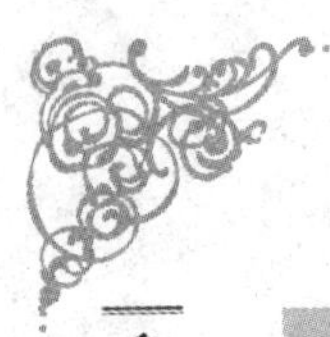

第二章 识人，慧眼伯乐

识别人才，考核人才，是用人的前提条件。因此，古代就流传着“得人之道，在于识人。帝王之德，莫大于知人”的说法，提倡“为治以知人为先”，意在说明治理国家应以了解、识别人作为最重要的事情。知人虽难，却并非没有良方可循。古往今来，那些善于用人的政治家、军事家、企业家无不具有知人、识人之术。而汉高祖刘邦便是其中的佼佼者，他的识人之术是很值得我们现代人学习借鉴的。

第三章 笼人，千方百计

对于现代企业的领导者，人才永远是最重要的。然而人才往往是可遇不可求的，“千军易得，一将难求”说的便是这个道理，然而更为糟糕的便是人才在很多时候处于自己的对立面。所以说，如何笼络人才，如何让人才为我所用，便成为领导者最迫切的问题。我们不妨借鉴一下汉高祖刘邦是如何笼络人才，为己所用的。

第四章 用人，唯贤是举

拥有一批可以为己所用的人才固然重要，但是能够发挥这些人才的能力更加重要。领导者寻找人才不是为了摆设或者装饰，而是为了创造出更大的效益和价值。管理者在运用人才的过程中，一定要通过有效的方法做到知人善任、人尽其才、人尽其用，从而利用有限的人才为自己创造出最大的效益。刘邦在用人中的方法和策略很值得当代企业的管理者学习。

第五章　御人，得体有方

领导御人是一门高深的学问，领导者不仅要大权在握，更重要的是要有高超的领导智慧。领导者不仅要以“无为而治”“行不言之教”征服人心，驾驭人性，还要紧紧抓住领导权，更要充分调动下属的积极性，让下属自愿做得更多，完成得更好。所以领导者御人不能没有手段，必须要讲究谋略。刘邦在御人方面可谓是中国封建帝王中最成功的一位了，他的很多御人之道直到今天还令人受益颇多。

第六章　容人，汇涓成海

包容是一门学问，懂得包容的人，就懂得了人生。包容的人能够得到他人的尊重和帮助，包容的人会以谦和的姿态避免沦为他人攻击的目标，包容的人有着更为和谐的人际关系，从而使自己的学习、生活、工作无往不利。纵观历史长河，但凡取得巨大成就的人无不是懂得包容的人，而汉高祖刘邦作为西汉王朝的开国皇帝，其胸襟和气度也是令人敬服的。

第七章 管人，真抓实干

管理在我们的生活中有着非常重要的作用，大到国家治理，小到个人发展，都离不开管理。对于国家，一切的日常事务，都需要管理；对于个人，生活中做事，也离不开统一的管理。好的管理能够将所有组织的能力都正常发挥出来，将所有能够支配的资源进行统筹安排、优化配置，达到最大化的利用，从而获得发展和成功。

第一章 人缘，用人之基

DI YI ZHANG

对于任何人来说，构建人脉关系，并不只是在危难时刻才需要，而是时时刻刻都需要。因为成功不能只靠自己，更多的还要靠别人的帮助和支持。人是群居动物，每个人所从事的行业归根结底都是人的事业。人的成功也来自他所处的人群和社会，只有在这个社会中游刃有余、八面玲珑，才可以为事业的成功开拓宽广的道路。这就体现了一个铁血定律：人脉即财脉！对于刘邦而言，人脉则是争霸天下，一统江山的基础。

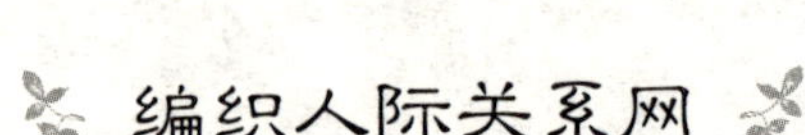

编织人际关系网

一个人靠单打独斗很难获得成功，要想获得成功一定要借助别人的帮助。俗话说：“一个篱笆三个桩，一个好汉三个帮”，讲的就是这个道理。所以我们在发展中，一定要结交朋友，吸纳人才，构建属于自己的人脉关系网。在所有成功的条件中，人际资源是其中关键的一个。朋友遍天下，哪里都会有人帮助自己，否则，孤家寡人一个，就算是真命天子，也会遭到命运的捉弄。刘邦的成功给我们留下一份最宝贵的智慧：有人就有势。

无论做什么事情，都不能没有一批志同道合的朋友，从古到今，无不如此。刘邦是个会交朋友的高手，他与萧何、曹参、夏侯婴、任敖等人打得火热，而且大多是拔刀相助的“铁”关系。这些人，后来也就成了刘邦打天下的班底。

刘邦在萧何的推荐下，当上了泗水亭长。这个职位既可以拿点俸禄，又可以干一些自己愿意干的事，虽然他只是一位小小的亭长，但却因此结识了更多的人，特别是县衙里的各色人等。

单凭刘邦与众位同僚一团和气，他最多也不过做一个逍遥自在的小“地保”。他要发迹，有两个因素缺一不可：一个是天赐良机，一个是手下有一批能人。否则，无论如何，刘邦也是不可能当上大汉皇帝的。

刘邦当时结交的最为重要的朋友是萧何。萧何和刘邦都是沛县人，有同乡这层关系。

萧何是沛县的主吏掾，是县令的主要助手，在县政权中属于举足轻重的人物。刘邦与他交上朋友，对其政治前途的拓展帮助不小。

在刘邦没有步入政界前，萧何就曾多次帮助刘邦解决过法律上的纠纷。刘邦之所以能够当上亭长，也与萧何的推荐大有关系。等刘邦当上亭长后，也还常常受到萧何的指点和影响。

然而，刘邦当时不过是一个普普通通的平民百姓，没有一点社会关系和社会地位，又没有什么经济实力，萧何算是他所结交的社会地位最高的朋友，却能得到萧何如此的提携和帮助——刘邦的社交能力真是非同一般！

刘邦当时还结交了一个好朋友——任敖，是沛县监狱的小吏。刘邦曾因犯法躲藏起来，追捕刘邦的小吏捉不到刘邦，就把他的妻子吕雉关进了监狱，并且对她很不客气，甚至试图非礼。任敖知道后，怒气冲冲地将这个捕吏打了一通，为刘邦出气。

夏侯婴也是沛人，起初在沛县官府的马房里掌管养马驾车，后来担任了试用的县吏，凭借证言帮刘邦免除伤人的罪责。与刘邦交情匪浅。刘邦这三个好朋友，都是沛县的吏，其中萧何的地位最高，夏侯婴和任敖地位与刘邦相等。当时沛县还有个曹参，他是狱掾，主管县监狱。史书中没有记载他和刘邦之间有比较亲密的关系，看来刘邦未能与之结交。尽管他后来也参加了刘邦的起义队伍，立下了赫赫战功，但在评功封侯时，刘邦却把萧何排在第一位，曹参排在第二位，让萧何在中央政府任职，应该说刘邦对曹参并不公平。

史书中记载说萧何和曹参二人在起义前关系很好，但起义成功后两人反而有了矛盾。可是刘邦和萧何二人在临终时一致认为中央王朝丞相一职的最佳人选就是曹参。这说明他们和曹参之间虽小有矛盾，但彼此还是十

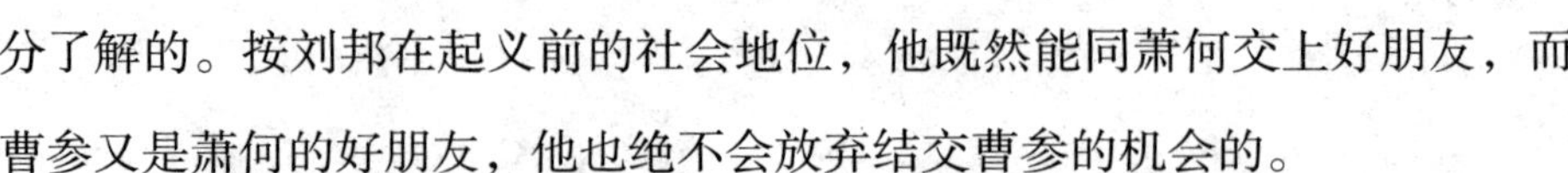

分了解的。按刘邦在起义前的社会地位，他既然能同萧何交上好朋友，而曹参又是萧何的好朋友，他也绝不会放弃结交曹参的机会的。

从刘邦结交很深的萧何、夏侯婴、任敖三个朋友可以看出，当时的刘邦虽然只是一个普普通通的农民，两眼只能看到近前的功利，但却颇有心机。他在沛县政府精心编织着一张能带来好处的社交网。

周勃和樊哙都是沛县人，与刘邦有同乡之谊。周勃以编织席子、当吹鼓手帮人办红白喜事为生；樊哙是屠夫，二人在当时都是市井之徒。刘邦在沛县起义时，他俩都是中坚骨干，特别是樊哙，在起事的关键时刻，成为城内萧何、曹参与城外的刘邦进行联络的中间人。

此外，刘邦还有一位更为亲密的朋友——卢绾。

卢绾和刘邦同住一个里巷，两家是世交，卢绾的父亲和刘邦的父亲是好朋友，刘邦和卢绾又是同年同月同日生，当时，邻里都来祝贺两家同日喜得贵子。刘邦、卢绾长大后在一起学习，相互之间很亲密。刘邦后来犯法，逃避在外，卢绾常常伴随在他身边。后来他成了刘邦的心腹，刘邦的卧室可以随时自由出入，并参与机密策划，刘邦对他的赏赐和信任，是其他将领、下属都不可企及的。就连萧何和曹参，也绝不可能达到像卢绾那样和刘邦的亲密程度。

雍齿与刘邦都是丰邑人，地缘关系虽比卢绾远，但比萧何、曹参、夏侯婴、周勃、任敖、樊哙等同县人要近，也是刘邦当时结交的朋友。

刘邦结交的这些三教九流最后成了其武装势力的主要力量，后来又成了刘氏中央政府组织的核心。从刘邦当时结交的这些朋友来分析，刘邦交友的对象是有所选择的，是有目的、有计划的。他精心编织这张社会关系网，无论是在当时，还是在他成就帝业的过程中，都起了十分重要的作用。

在刘邦的早期人脉中，无论是“官场朋友”萧何、曹参和夏侯婴，还是“市井朋友”卢绾、樊哙和周勃，都是他后来博弈天下的得力助手。在刘邦博弈天下的过程中，他们无不给予无私的支持，趁秦末天下诸侯纷争之际，帮助刘邦从布衣开始，由弱变强，逐一击败各个对手，建立了汉王朝。

一个好汉三个帮，刘邦正是因为在博弈天下前做好了人脉储备，广泛交朋友，笼络了一大批铁哥们儿，才使得他在后来的博弈中有萧何、曹参、卢绾、樊哙、周勃、夏侯婴等为他出生入死，帮助他成为了诸侯博弈中的最终胜利者。在现代社会中，一个人要想获得成功，也应该借鉴刘邦的成功博弈经验，广交朋友、储备人脉，这样，无论是在商海、职场、官场，还是其他方面的博弈中，都会有更多的人替你出谋划策，对你鼎力相助。这样一来，成功的概率自然会大大提高。

现代社会，一个人要想发展，要想取得成就，就要融入社会，就要建立自己的关系网络。关系网络可以是朋友、同学、同事甚至合作伙伴，但首先他们要是有能力的人，其次，他们要是可以结交的人。只有有能力的人，才有结交的价值，才有构建自己关系网的意义。只有可以信赖，可以结交的人，才能够真正成为自己关系网中的一员，而不是关系网中空占据位置和精力却对自己没有意义的无用之人。

人才就是资源，人才就是信息，人才就是财富，这些现代观点，实际上聪明的古人早已深谙其理，并且身体力行。刘邦能以一介布衣（亭长应属布衣小吏者流），而最终夺得天下完成帝业，善于结交人才、会聚人才、使用人才，乃是他成功的一大要诀。如果说“性格即命运”这句话言之成理，那么，刘邦性格中的乐善好施、热情大方、广交朋友，倒是促使他成就霸业、改变命运的良好基因。

总而言之，一个人要想在博弈中获得成功，必须要有广泛的人脉资源，有几个能在关键时刻鼎力相助的朋友。刘邦的天下从很大程度上讲，

就是在这些朋友的协助下完成的。对于每一个想在社会博弈中取得成功的人来说，朋友的帮助是他们取得成功的关键因素之一。

个人魅力很重要

在今天，树立形象的一个重要方面就是要培养个人魅力。因为个人魅力已成为现代领导理论和实践中的一个重要范畴。它能够使管理影响力达到某种非凡的境界。所以，一个成功的管理者必须要运用这种“手腕”。它是这样一种力量：在领导者方面，表现为亲和力、感召力；在被领导者方面，表现为对领导者发自内心的、心悦诚服地追随和献身精神。

刘邦似乎天生就是做领袖的人才。在他还是一介平民时，他的一大批朋友都会给他“捧场”；做了亭长后，黑白两道的兄弟多了，“捧场”的人也越来越多。是什么原因让刘邦拥有如此好的人缘呢？正是刘邦迷人的个人魅力。

刘邦当上亭长后，需要交际应酬，他常常呼朋引友到沛县的酒楼喝酒。时间一长，他的手头就有些吃紧了，因此也常常需要赊账。尤其是他常去的王婆婆和武大嫂的小酒铺子，赊账最多。

不过，这两个酒铺的主人都非常欢迎他，即使酒钱一直欠着也无所谓。

由于刘邦有迷人的个人魅力，人缘好，喜欢接近他、想和他交朋友的那些人，往往会跟着他跑到酒楼喝酒。刘邦好热闹，也乐于和这些人亲切地招呼一番。结果，刘邦到了哪一家酒馆，哪一家酒馆的客人就会变得特别多。因为这些人喜欢跟着刘邦，听刘邦说话，听从刘邦的吩咐。

而且，刘邦为人也慷慨，有钱付账时，小费常常要给好几倍，而留下一大堆虚账。这样一来，像王婆婆、武大嫂这样的老板都觉得良心上有些过意不去，到了年底便自动毁掉账单以讨好刘邦，希望刘邦继续捧场，为他们招揽顾客。所以其他人都从内心里很敬服刘邦。

刘邦迷人的个人魅力还体现在他与夏侯婴间的一次恶作剧上。

当时，夏侯婴已升为试补县吏，地位不比刘邦低。有一次，刘邦与夏侯婴比剑时，一不小心把夏侯婴砍伤了。此事正好被其他县吏看到，便密告刘邦故意伤害官差。

刘邦身为亭长，却伤害朝廷官差，依照秦法，不但会被革职，还要被判处重罪。因为事态严重，刘邦便咬紧牙关不承认夏侯婴是他砍伤的。

当时，县官下令彻底查清事实。因为他们认为，刺伤朝廷官差是一件性质很严重的案件。但是，由于刘邦良好的人缘和个人魅力，没有任何一个人愿意作证夏侯婴是刘邦所伤。县官没有办法，只好找夏侯婴，要他出面指控刘邦。

夏侯婴当然更不愿意指控刘邦，始终不承认是刘邦伤害了他。最后，县官没有办法，只好以“知情不报，匿护罪犯”之罪名，鞭笞夏侯婴数百下，并把夏侯婴打入大牢，判处一年刑狱。

萧何和曹参亲眼目睹了夏侯婴咬紧牙关宁愿接受刑罚也不招供的这一幕，他们也从内心里认为刘邦必是个非常了不起的人物，便积极从中疏通。结果，刘邦不仅没有获罪，反而继续悠闲地当他的亭长。由此可见，一个人要想在人生博弈中借助团队的力量获得胜利，必须要具有迷人的个人魅力，只有具备了这样的魅力，才能更有效地为自己凝聚人气，获得众人的拥护和支持。

作为一个管理人员，一定要修炼自己，培养自己的个人魅力，让追

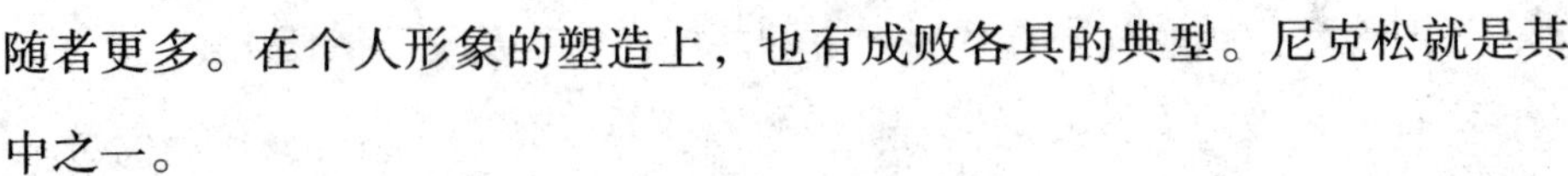

随者更多。在个人形象的塑造上，也有成败各具的典型。尼克松就是其中之一。

尼克松是一位富有传奇色彩的美国总统。他在20世纪60年代曾两次竞选，一败一胜，在塑造个人形象上有过深刻的教训。

1960年年底，身为共和党总统候选人的尼克松和民主党总统候选人肯尼迪为了角逐总统宝座，进行了激烈的竞争。尼克松丝毫没有把对方放在眼里，自以为胜券在握。因为尼克松当时是艾森豪威尔的副总统，早就成为美国公众熟识的政治家和国务活动家。他反应敏锐，富有政治经验，而且极善言辞，在竞选前的民意测验中，尼克松又以50%对44%的多数票稍胜肯尼迪一筹。

正当尼克松憧憬当上总统的美好前景时，肯尼迪却在精心策划击败尼克松的行动。肯尼迪及其助手知道，尼克松平时就不注意风度仪表，恰好不久前发生的车祸中又被撞伤了膝盖，使他看上去身体消瘦单薄，眼窝下陷，疲惫瞧悴，委靡不振，显得比实际年龄要大许多。肯尼迪知道，他们必须面对7000万电视观众展开辩论，而且将第一次采用现场直播的方式向全国展示双方在辩论中的风采。肯尼迪及其助手抓住这个难得的机会，精心筹划了肯尼迪在辩论中的形象，以显示他高大魁梧、英俊潇洒、气宇轩昂的个人气质。

由于尼克松过于自负，他拒绝了公共关系和电视顾问为他提出的补救措施。结果在公开的辩论中，尼克松和肯尼迪的个人形象形成鲜明对比：一个是面容憔悴、表情呆板的政治家；一个是精神饱满、充满自信的政治家。肯尼迪看到这个结果后非常高兴，立即斥巨资在电视台反复播出辩论实况录像，以求在正式投票前的舆论中占上风。由于这是美国历史上第一次电视辩论，所以公众关注的焦点不在双方的政见，而在他们的风度仪表和个人形象上，结果肯尼迪以49.9%对49.6%的微弱优势获胜。

尼克松失败之后进行了深刻的自我反省：自己本来具有政治上的优势，却败给了经验不甚丰富的肯尼迪，在竞选策略中，肯尼迪显然是占了公众形象先声夺人的便宜。在电视媒体日益发达的条件下，其重要性被自己忽略了。

当1968年再度竞选总统时，尼克松汲取了上次竞选失败的教训，他雇请了大批公共关系专家为自己设计电视形象。在选举前，尼克松就制作了一个特别节目，在这个节目中，尼克松自然而轻松地回答选民提出的各种问题，其实在回答问题的背后，尼克松的助手们早已为他准备好并且帮助他认真排练过对各种问题的回答。当选民们提出问题时，尼克松的助手们先把它复述一遍，看起来好像是把问题复述得明确一些，以便电视观众听得清楚，实际上是引导尼克松把它纳入预定好的对现成问题的答案。所以，尼克松对每个问题的回答，都让选民们感到满意。

电视是一种很有效的诱使选民们投票的传播媒体。这一次，尼克松成熟政治家的形象，在他从容镇定和近乎悠闲的回答选民问题中得以充分体现。尼克松自信和优雅的神采从电视屏幕上传入了每个选民的家庭。他们边看边议论，认为这就是他们可以信赖的总统形象。自然，尼克松如愿以偿地当上了美国第37届总统。

后来，一个外国评论家在评述尼克松两次总统竞选策略的得失时意味深长地说："一个现代社会的领导人，在个人形象上也应该是成功的。"

作为企业的领导人，培养自己的人格魅力，也就是培养自己的形象，这样才能为成就一个成功的管理者增加砝码。如果管理者未能很好地运用这种"手腕"，就很有可能在员工的心目中大打折扣。

在现代社会，迷人的个人魅力是许多人取得成功的关键因素之一。一个人要想在这个社会有所作为，干出一番轰轰烈烈的事业来，他的身后必须有一个强有力的团队。而他要想驾驭好这个团队，必须要有这个团队所

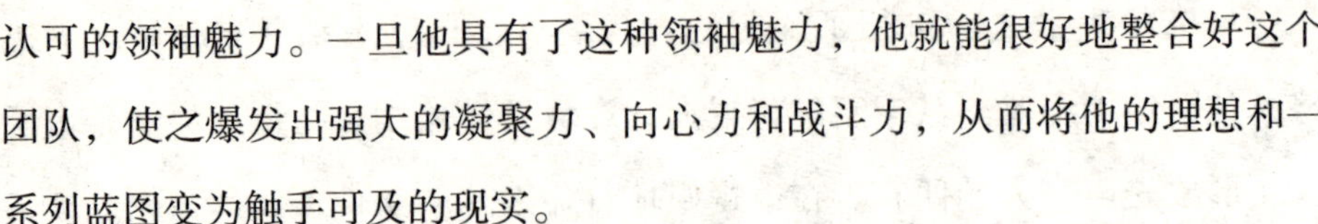

认可的领袖魅力。一旦他具有了这种领袖魅力，他就能很好地整合好这个团队，使之爆发出强大的凝聚力、向心力和战斗力，从而将他的理想和一系列蓝图变为触手可及的现实。

李嘉诚是美国《时代》周刊评选的全球最具影响力的商界领袖之一、香港《资本》杂志评选的香港十大最具权势的财经人物之首、闻名世界的商业巨子、从一无所有到世界华人首富……他是香港历史上的首位“千亿富翁”，他的企业遍布全球52个国家，员工超过了20万人。回顾50多年的创业历程，他之所以能从一个跑街的推销员一步步成为华人首富、世界商业巨子，是与其个人的个人魅力分不开的。

李嘉诚把儒家的情义与西方的进取精神很好地结合在一起，外圆内方，刚柔相济。他重信诺、重诚意、讲义气、宽厚待人，他平和、勤奋、坚忍，这一切，把中国文化中的立身处世之道发挥得淋漓尽致。正因为如此，他的身上散发着迷人的个人魅力。他的员工都愿意自觉地为他努力工作，为他的商海博弈提供强有力的支持。

李嘉诚常常问自己，是想当团队的老板，还是一个团队的领袖？他认为，做老板比较简单，老板的权力主要来自其地位，可以靠上天的缘分或者凭仗其努力和专业知识获得。做领袖则比较复杂，领袖的力量源自人性的魅力和号召力。领袖领导众人，让别人心甘情愿地卖力；老板只懂得支配众人，让别人感到他很渺小。

的确，对于博弈商海的人来说，企业领袖并不等同于企业老板。企业领袖侧重于企业精神层面的领导，而精神层面的领导往往又决定着企业员工是为薪金而工作，还是为企业的发展而自觉地努力工作。很显然，李嘉诚重视个人魅力的塑造，不断培养和提高自己的个人魅力，这是他在商海博弈中取得成功的重要因素之一。

与李嘉诚相似，世界著名企业家松下幸之助也非常重视培养和提高自己的个人魅力。凭借自己的个人魅力，没有学历的松下幸之助使3000名博士、硕士心甘情愿地为自己工作，而这些人才的聚集，是松下公司长盛不衰的根本保障。

刘邦具有迷人的领袖魅力，使得萧何、曹参、夏侯婴等人能够投在他的麾下，为其博弈天下竭尽全力，帮助他从诸侯角逐中脱颖而出，建立了强大的汉王朝；李嘉诚凭借其迷人的个人魅力，打造了强有力的战斗团队，使自己成为了全球闻名的华人首富；松下幸之助凭借自己迷人的个人魅力，凝聚了大批高素质的人才，使松下公司成为了全世界闻名的大公司……因此，一个人要想获得成功，就需要重视培养和提高自己的领导魅力，需要向刘邦、尼克松、李嘉诚、松下幸之助等人学习，通过培养和提高自己的个人魅力去管理好下属，为自己打造起坚强的后盾，然后在与同行的博弈中胜出。

基层工作攒人脉

人与人的出身不同，生活环境也不同，这就造成了一些人可能会很轻易地就身居要位，但是，绝大多数人，在自己的奋斗经历中，都是从基层工作开始做起的，基层的工作砥砺了我们的性情，培养了我们的能力，这就是我们的基层工作经验。

在青年时期，刘邦过得并不光彩。他好逸恶劳，寄食于父母和兄嫂家。游手好闲的性格和浑浑噩噩的生活使刘邦“视羞耻为粪土”，为了生

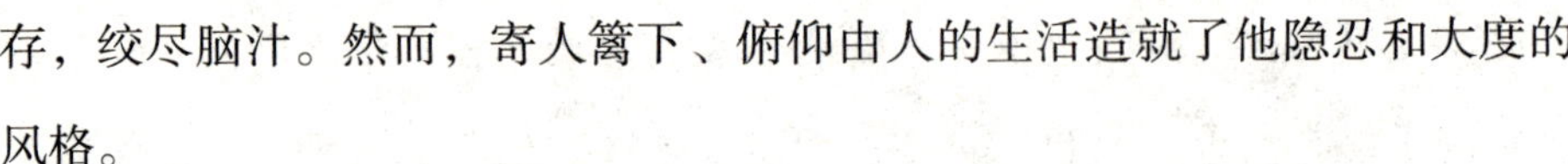

存，绞尽脑汁。然而，寄人篱下、俯仰由人的生活造就了他隐忍和大度的风格。

糟粕与精华同体、恶劣与优良共存是自然规律。无论我们对待这一问题的态度如何，但有一点毋庸置疑：这些是刘邦从一介平民成为皇帝的重要原因。

作为一个普通人，刘邦不为人所称道，但既然他能成为一个封建社会的政治家，定有其独特素质。

安逸在辛勤的劳动之后才显得弥足珍贵，即使是懒汉也会厌倦年复一年无所事事的生活。“单一”意味着乏味，张弛有序的生活才有乐趣。

终于，有一天，刘邦开始讨厌自己的生活。

这时，“应该有所事事”的念头出现在了刘邦的脑子里。

能做点什么呢？刘邦请几个能肝胆相照、赤诚待人的朋友来共商此事。

“刘兄，你重义气，所以不适合做生意，因为无商不奸，生意人赚的都是黑心钱，大哥你肯定不行。另外，如果你做买卖，兄弟们的脸往哪儿搁。”这位年少朋友的话把刘邦经商的念头给扼杀了。

“的确如此”，刘邦点头说道。

“大哥，种田也不行，因为你受不了那份罪。即使是豁出小命劳作，到头也挣不了几个钱，干这苦活没什么出息。”这位种田的朋友以亲身体验奉劝刘邦。

“兄弟说的极是。”刘邦又表示同意。

“兄弟，你去做官吧，”一位年纪稍大但之前没说话、满脸思索的朋友开口了，“你是我们几个中最聪明、最有贵相的，将来肯定能做大官。你当官了，我们也能沾点光。另外，兄弟再跟你说件事”，他见刘邦没有动静，怕刘邦把话当耳旁风，所以接着说，“前几天你喝醉酒睡在酒馆院子的时候，你头上有条照得我们眼睛睁不开的闪亮金龙。在场的都看见了，不信你问问他们。”接着，用手指向了其他兄弟。

“是的，我们都看见了。”其他几个人都附和着。

年纪稍大的朋友急切地说：“兄弟，这可真是好兆头！”

在沉默许久之后，刘邦“啪”一拍桌子，说道：“就去做官！”

顷刻间，在朋友的帮助下，刘邦准备向仕途迈进。

为人大度的品行使刘邦周围的兄弟都很团结，他们对刘邦可谓是言听计从。虽然他们这一群人在乡里做了很多见不得人的事，但也为乡邻做了很多好事。

矛盾的性格为刘邦之后的成就奠定了基础。

经过锤炼之后，刘邦已经成为了一个有志之士。那时，县令为了地方稳定，不得不笼络地方上有一定势力的乡绅。

自然，颇有声名的刘邦也不可避免地传到了县令的耳朵中。

有一天，艳阳高照，屋外炎热，县令在后院凉亭饮茶。

这时，县令夫人走来，对县令说：“前天，我姐夫那里被盗窃了很多衣物、银两，作为县令，你却不闻不问，今天姐姐来了埋怨我，你倒是想个办法啊。”

县令一筹莫展，说：“虽然是你姐姐银两、衣物被盗，但我也只能慢慢查。之前我已经差人调查，你还让我怎么办？总不能随便找个人要衣物吧。你就耐心等待，告诉你那姐姐、姐夫不要心急。”

这时，县令夫人想出一招，说：“你让那与盗贼熟识的人去查访，说不定能查出来。”

这倒给县令提了个醒。于是，县令马上低声吩咐差役，又笑着对夫人说：“夫人放心，这事就交给我吧。”

掌灯时分，县令陪同一位男子在后堂里挑灯饮酒。这名男子气度不凡，富有龙颜面貌，高高的鼻梁上面是双炯炯有神的大眼。耳朵轮廓有

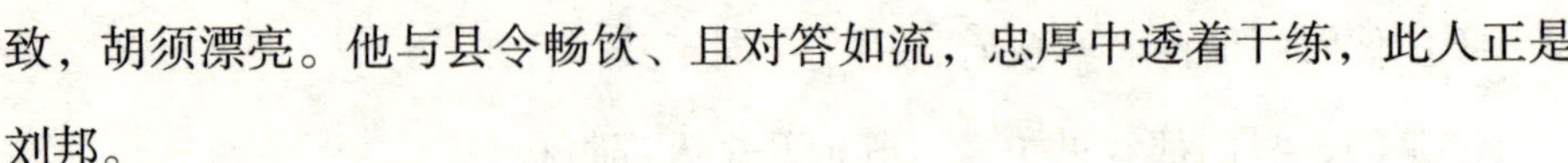

致，胡须漂亮。他与县令畅饮、且对答如流，忠厚中透着干练，此人正是刘邦。

县令开门见山地表达了自己的目的。

刘邦鞠躬说道："您尽管吩咐，只要是小民知道的，一定不会隐瞒大人。"

"不知道你是否知道一件事：前段时间，我内人的姐姐、姐夫家中被盗走了许多银两、衣服。"

刘邦顿时忐忑不安，心里紧张，"难道县令已经查到窃贼？"但回头又想，"肯定不能。"于是，定了定神之后，想探个究竟。

"我倒是听说了此事，但不知道细节，还烦请县令大人直言。"

县令见刘邦很镇定，无心多转圈子，于是接着往下说："此案至今还没查出来，听说你对这周围的人很熟悉，所以还请你为本官查访一下。如果能查出来，本县定会有重谢。"

一听"谢"字，精明的刘邦自知其中的含义，他马上点头拱手作礼："大人您请放心，小民定会全力以赴。"

其实，关于此案，刘邦本来心里就有数，因为一个小兄弟曾跟他提起，但与他周围的兄弟无关。所以他鉴于一来知内情，二来与自己无关，三来不与自己一村，接受了县令的任务。

第二天，刘邦便把那个叫刘连生的兄弟叫来询问此事。结果仅一天时间就弄清楚了事情的来龙去脉。

晚上，刘邦去找县令。在敲开县令后院的门后，县令对刘邦比上次更加热情，对他如亲兄弟一般，请刘邦随便坐在后院的石凳上。

在讲事情原委之前，刘邦先拱手作礼：

"我想求大人一件事，如果大人能答应，小人就能讲得痛快，否则，小人即使讲出来，也会于心不安。"

县令说：“你尽管说，不要有顾虑。”

“小人只是想为那个犯人求情。大人您可以暗中把那个犯人抓来，唬他交出所窃之物即可，千万不要在堂中审判定罪。因为我答应那个知道实情的兄弟不会监禁犯人，所以人家才肯告诉我。那个犯人之所以偷盗也是因为家境贫寒。他平时为人忠厚，所以我先为那个犯人求情，希望县令能答应。”

思忖片刻之后，县令点头答应，刘邦便详细地把事情的前因后果讲给县令听。

原来县令的内姐家财产丰厚，算得上是地方首富。邻村的程五三番五次地经过他的门前，就有了盗窃之念。

那天，程五恰巧经过，县令的内姐和姐夫出门参加宴会，于是家中仆人都偷懒，早早睡去。为了主人方便，他们没有插门。因此，程五很顺利地溜进县令内姐家中，偷了东西后就溜走了。由于仆人粗心，丝毫没有察觉，等到主人回来才乱了阵脚。

在程五慌张回家的路上，碰到了表亲刘连生，他只是打了招呼就匆匆离开。刘连生为此感到十分纳闷。于是，在刘连生走了几步后就折回去追程五，但没有追上。

追随程五到家后，刘连生听到了窗内的窃窃私语。程五和程氏的对话大都被刘连生听见了。

从此以后，县令又找刘邦顺利地破了几件案子。在这个过程中，因为刘邦解决事情的方法得当，所以县令开始慢慢赏识这个年轻人。

金秋时节，菊花盛开。县令邀请刘邦来家中赏菊。

在刘邦的帮助下，县令的威信不断提高。他觉得刘邦是一个有用武之地的人。

事情不出县令所料，后来当上泗水亭长的刘邦果然不同凡响。

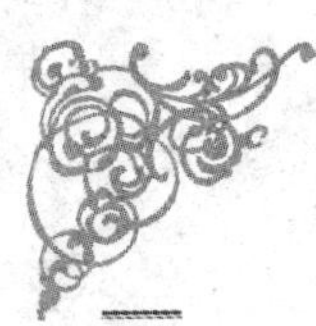

刘邦在亭长职务上的经历，就好像我们现在所谓的基层工作。在这份工作中，除了结交了以后为自己打天下的一帮朋友之外，刘邦得到了人生中的第一次历练。

首先，他要学会与上司相处。不久的将来，在他起义之后的许多日子里，他都能够以一种低调的姿态处理和别的起义军的关系，不得不说，在亭长任上的韬光养晦教会了他很多。

其次，在亭长职务上，刘邦要面对形形色色的人，这教会了刘邦与人相处的智慧。在日后打天下的过程中，遇到的各色人等，刘邦都能应付自如。并且，在面对这些人的时候，刘邦学会了如何辨人识人，为挑选并起用人才打下了良好基础。

最后，在基层的岗位上，刘邦要面临各种突发事件，这使得刘邦学会了随机应变和圆滑的处世之道。就好像在处理盗窃案时，刘邦八面玲珑的办案方式，对他以后在群雄中谋取一席之地，并不断发展壮大，最终独霸天下，都有很深的影响。

基层工作在当今一些人看来好像是不屑一顾的，但事实上，基层工作也能带给我们许多收获。

巧用神化树形象

一个人如果想要别人记住自己，最好的办法就是学会打名气，同样，作为一个团体的领导也是这样。只有让别人知道有你，知道你是谁，才可能更好地和别人抗衡。所以我们就要学会炒作，以提高自己的声誉。

秦朝时期，官吏的来源主要有两种渠道，一种是靠立战功加官晋爵，另一种是靠乡里的长老推荐。所以，一个人如果没有战功，要想做官，就得有一定的家族地位和乡里关系作保障。像刘邦这样的平民，想靠关系及家族地位走被推荐的道路是不可能的，要想做官，必须建立起自己的“知名度”。当然，刘邦在建立自己的知名度方面是做得非常成功的，他利用人们的迷信，采取了神化宣传个人形象的办法。

刘邦不仅长得好看，而且身上有不少异相。据《史记·汉高祖本纪》记载：汉高祖为人，隆准而龙颜，美须髯，左股有72黑子。在中国古代相学中，72是个大吉大利之数。一些喜欢讨论异相的三姑六婆，得知刘邦的体型与长相与众不同后，便一传十，十传百，百传千，刘邦的知名度就这样建立起来了。

由于刘邦的长相奇特，他在家里也享受到了特殊待遇，刘家大大小小都对他另眼相看，他甚至不必干农活儿，有充分的时间去打理自己的人脉，进行自我包装。他非常重视自己的衣着，每天都要打扮一番，把胡须整理得很有气度。这使他在面对朋友时，显得格外自信。

由于注重个人包装，再加上一些人的宣传，刘邦的个人形象有些神化了。

秦始皇在位时，便有不少懂得天象的方士向他进言：“东南方有天子气。”当时，秦始皇非常担心，便常到东方巡幸，企图以自己的天子之威镇服这股气。

刘邦对此传说，颇为自疑，为了避免获罪，他时常藏匿于芒县和砀县间的深山、沼泽和岩石间。

不过，令人奇怪的是，无论刘邦躲在什么地方，一旦他的妻子吕雉和地方父老有事要找他，都能很快找到他。

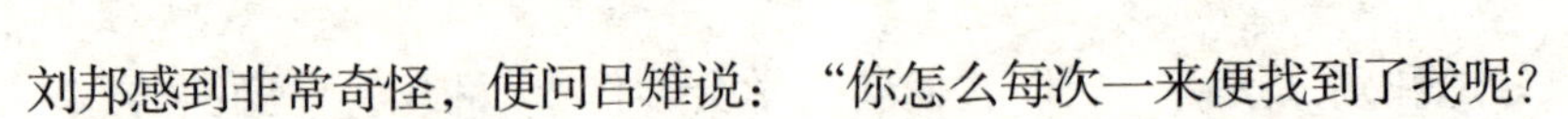

刘邦感到非常奇怪，便问吕雉说：“你怎么每次一来便找到了我呢？”

吕雉回答说：“你所在的地方，上空常有云气，只要顺着云气找，便可以找到你。”

至此，刘邦更相信自己有祥瑞之兆，非常高兴。沛县子弟听到了这种传言，更相信刘邦有贵人之相，认为刘邦有天子之气，追随刘邦将来能够大富大贵，便纷纷前往山中投奔刘邦，于是很快形成了一股力量。

这段故事，显然是后人附会加上去的。方士再大胆，也不敢向专权猜疑的秦始皇进言说“东南方有天子气”，即使有这件事，亦属宫廷中秘言，又怎么可能传到刘邦耳中呢？如果这件事是真的，那么只能说明一个问题：刘邦在神化包装自己的形象上可谓用心良苦。

正因为刘邦善于神化和包装自己，给天下人造成了他“贵不可言”的直觉印象，所以刘邦起事后，那些希望改变自己的命运、追求大富大贵的人，便死心塌地地追随刘邦，和他一起出生入死，尤其是刘邦年轻时结交的那帮朋友。这些人对刘邦的支持是无私的，是全心全意的。没有他们的支持，刘邦很难夺取天下。由此可见，一个人要想在人生和社会博弈中获得成功，应该适当地包装自己，建立自己的知名度和美誉度。

一个人在成功的道路上，想要获得成功，就得有让人信任的东西。有的人是靠出色的能力，有的是靠极强的凝聚力。重要的一点就是，作为领袖，要善于包装自己，只有这样才更容易走向成功。

刘邦作为领袖，充分利用了古代人迷信的特点，通过神话大肆宣扬自己的非凡之处，给自己披上神圣的外衣，从而让人们从心理上认同自己，这可是比打多少次胜仗都管用的。

与秦末同时起兵反秦的旧六国的贵族后裔相比较而言，刘邦没有显贵的家世，他的地位非常卑微，只不过属于大耳朵百姓之类，但他从小就喜欢包装造势，不论面相还是外表，他以各种条件来装扮自己，这的确收到了极好的效果。

事实上，在现代社会，一个人要想获得成功，良好的个人形象、较高的知名度和美誉度是非常重要的一环。那些成功的博弈者，往往都是非常善于包装自己、树立良好个人形象的典型。

沃尔玛连锁超市在激烈的市场竞争中之所以越战越勇，一个重要的原因就在于沃尔玛的创始人山姆·沃尔顿善于包装沃尔玛的“天天平价”、“为顾客省钱”的形象。

1950年，在美国阿肯色州的本特维拉市，山姆·沃尔顿的“沃尔顿小店”开业了。半个世纪以来，山姆·沃尔顿一直把最大可能地向消费者提供最低价位的商品作为沃尔玛的经营宗旨，维护和树立沃尔玛“天天平价”的形象。

由于沃尔玛“天天平价”的良好形象，更由于沃尔玛几十年如一日地维护这一形象，沃尔玛创造了一个让世界瞩目的商业奇迹——连续数年蝉联世界“500强老大”，成为世界“500强”中的“不倒翁”！

“天天平价”是沃尔玛最大的竞争优势，也是沃尔玛留给顾客最良好的印象。在创业之初，山姆·沃尔顿就一直坚持为沃尔玛树立“天天平价”的形象。山姆崇尚节俭的经营之道，相信由此带来的最低价格符合消费者的最大利益。他从5分至1角钱商店开始，始终采用大众化、低加价的零售经营方式，而这一点是通过日常管理中节省每一分钱达到的。例如，公司通常很少在店内或店外装饰上花钱，也很少登广告，对供应商则是一副强硬的讨价还价者的形象。美国大公司拥有几架新专机是常事，但沃尔玛公司的十几架专机都是二手货。美国大公司一般都拥有豪华的办公楼，但沃尔玛公司总部一直设在偏僻小镇的平房中。山姆·沃尔顿虽然家财万贯，但理发只去廉价发廊，董事长的办公室通常也只有12平方米左右，而且陈设十分简单，公司总裁的办公室也不到20平方米。这一切给消费者的

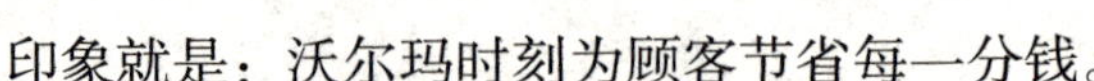

印象就是：沃尔玛时刻为顾客节省每一分钱。

为了让消费者坚信沃尔玛是真正的“天天平价”，山姆·沃尔顿在给产品定价时有自己独特的原则，体现了自己崇尚节俭的风格。无论公司以多么低的价格购进商品，山姆·沃尔顿都坚持加价率绝不超过30%，即使比竞争者同类商品的价格低得多，也要坚持将此利益让给顾客，绝不放弃对顾客许下的任何商品都比竞争者价格低的诺言。结果，接触过沃尔玛的消费者往往会对沃尔玛产生“时刻替消费者省钱”的印象，从而使消费者在心理上更容易接受沃尔玛。

刘邦神化自己的富贵形象和山姆·沃尔顿树立“天天平价”的形象，其根本目的都是为了争取人心，使别人相信自己，愿意与自己打交道。他们是这样想的，也是这样做的，而且都取得了巨大的成功。

在现代社会，一个人要想获得成功，借鉴刘邦的成功经验，适当地包装自己，这是非常重要的，也是非常必要的。

事实上，在现代社会，一个人要想获得成功，良好的个人形象、较高的知名度和美誉度是非常重要的一环。那些取得成功的博弈者，往往都是非常擅长包装自己、树立良好个人形象的典型。

顺应时势做沛公

每个时代都会有其客观的社会形势，在时代的潮流中，总会有一些时代的宠儿，能够站在时代的风口浪尖，引领着时代的走向。俗话说：时事造英雄，英雄亦适时。只有能够把握住时代大势的人，借势而起，借势而行，才能够走在时代的前沿，成就自己，走向成功。刘邦的成功和他善于把握时势是分不开的。

人的命运变化是很难预料的。从一些历史资料可知，当时刘邦由亭长沦为了逃犯，这对他来说，是一件坏事。但让刘邦自己也没有想到的是，不久他便因祸得福。而且几乎在一夜之间，所有的坏事都逆转成了好事，他也因此成了沛县人心目中的英雄人物。

秦二世元年秋天，陈胜、吴广等因不满秦朝的苛政，在大泽乡揭竿而起，成为正式以武装力量反秦的第一批力量。

在这期间，全国各地英雄豪杰纷纷响应陈胜、吴广的起义军，拥有数千名将士的兵团，数不胜数，其中以项梁、项羽叔侄起兵会稽，以及后来沛县父老拥戴的刘邦最为有名。

刘邦之所以能被沛县父老拥戴起兵，与他这次释放劳役逃难深山的举动密不可分。原来，在陈胜全力造势下，各地地方官员大为紧张，沛县自然也不例外。沛县县令立刻召集萧何、曹参等重要干部商议如何应对眼下的局势，商议的结果是：与其与势不可挡的起义军对抗，还不如顺应时势，率军响应陈胜。

这个举措当然是很明智的，但问题是，县令身为秦朝官吏，又是外地人，如果要背叛朝廷，恐怕沛县的人民不会积极响应。最好的办法是选出一个沛县本地最有声望的人出来领导这场起义，这样才能做到一呼百应，让响应陈胜的起义成功。曹参提议由萧何来发号施令，萧何以自己也是秦朝官吏为由，当场否定了曹参的提议。

经过争论，最后萧何、曹参提议，泗水亭长刘邦，曾因押解劳役失职而逃亡在外，现在已聚集有数百人，如果召他回来，以他的名义抗秦，是最合适不过的了。

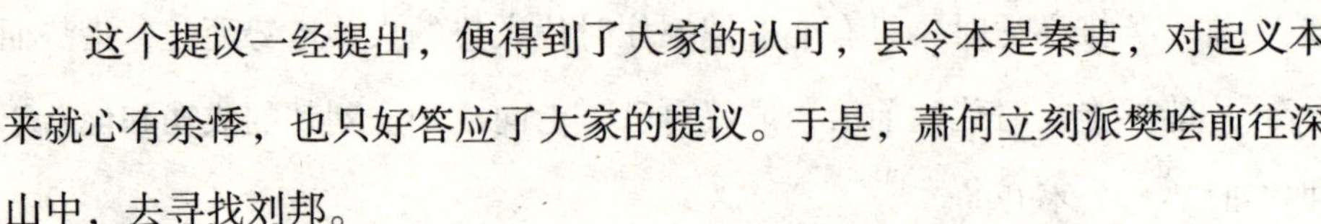

这个提议一经提出，便得到了大家的认可，县令本是秦吏，对起义本来就心有余悸，也只好答应了大家的提议。于是，萧何立刻派樊哙前往深山中，去寻找刘邦。

这时候，刘邦领导着数百名为逃避秦王朝劳役痛苦而逃亡山中的沛县子弟踞居深山中。他们在听到陈胜起义这个消息时，本也有意响应，但因人少势弱，不敢轻举妄动，只好暂时观望。

现在县令来请自己出山，刘邦很是高兴，于是便整理行装，率领弟兄，浩浩荡荡地下了山。

快到城里时，刘邦突然觉得，沛县县令是不会轻易放弃县城，由他来领导这场起义的，老谋深算的县令会有这么傻吗？想到这些，他就停了下来，请来传达命令的樊哙先回县城，让他联系沛县父老作为内应，如果县令反悔就来个里应外合，夺取县令的军权，然后再举义旗。

刘邦的推测是正确的。当时，县令看到萧何、曹参态度暧昧，行动又过分积极，后来又从别人那儿得知，不仅萧何、曹参是刘邦的好朋友，连那个去传信的樊哙，也是刘邦的好朋友。他越想越害怕，觉得这是萧何、曹参收买了众人，商量好了让自己钻进这个套子，目的是想架空自己，夺取自己的政权。说不定等扶植起刘邦，刘邦就会杀了他这个秦朝官吏，以自己的人头向陈胜起义军邀功。

于是县令立即下令关闭沛县城门，并派人捕杀曹参及萧何等拥戴刘邦起义的人。就在这时，县令反悔的消息被夏侯婴探听到了。

夏侯婴曾经做过县令的马车夫，权势虽不大，却也是个上传下达的角色，消息非常灵通。夏侯婴和刘邦的关系非同一般，听到这个消息后，他立即调动了县府里所有的马车，将萧何、曹参等人在城门尚未封闭前送出城外，投奔刘邦。

萧何见到刘邦，立刻将县令反悔的事告诉了他，让他立即撤退，免得县令派兵追杀。听了萧何的话，刘邦只是点头微笑。

刘邦并没有撤退的意思，而是将他已经让樊哙先回城，通知留居城中的“刘邦党”煽动沛城父老发动兵变之事告诉了萧何。

萧何见刘邦经过这几年的磨炼，已经有了如此卓越的领导才能，心中大为高兴，更加坚定了自己协助刘邦成就一番大事业的决心。刘邦和萧何决定，事已至此，不仅不能撤退，还要继续前进，向沛县进发。

三天后，刘邦的人马到达沛县县城，见城门紧闭，戒备森严。萧何建议，由他起草，由刘邦手抄“传单”数十封，系在箭上射入城内，以期取得发动政治喊话的效果。虽然射出的传单大多数由守城士兵截获，交给了县令，但仍有几张辗转传到了沛县父老手中。

这几张传单，经过沛县父老的秘密传阅，几天时间就传遍了大街小巷。“传单”的内容大体意思是天下之人受苦于秦国的苛政已久，现在全城父老虽与县令共负有守城之责，但各路诸侯皆已起兵抗秦，大军若至，恐沛县亦将遭屠城之难。父老们不如响应义军，擒杀县令，选沛城子弟可为领袖者共同尊奉之，以和各路诸侯站在同一阵线，这才是保家卫城之道！不然，父老与子弟们可能会玉石俱焚，这是很不值得的！

这份传单的用意是想制造县令和沛城父老之间的矛盾。

果然，县令为之大惊，立刻在沛城内展开了严酷的镇压活动，对传阅“传单”、造谣惑众的人，格杀勿论。

沛县父老们看到县令的这种极端行为，大为气愤，便一不做二不休，立即发动了民变。原县府守卫的子弟兵因大多是本地人，也响应叛变，县令孤身逃离府邸，终为乱民所杀。

后来，事态的发展越来越有利了，樊哙领导沛城民众打开城门，迎接刘邦入城。民众夹道欢迎，将刘邦迎入县衙，并恳切请求刘邦出任县令。

刘邦却说：“我没有这个才能啊！眼下天下大乱，诸侯并起，是大家

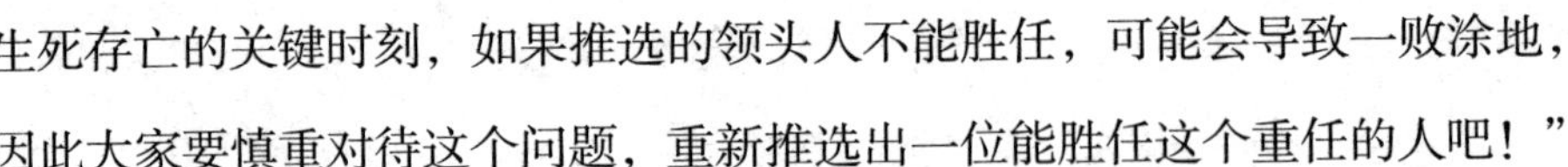

生死存亡的关键时刻，如果推选的领头人不能胜任，可能会导致一败涂地，因此大家要慎重对待这个问题，重新推选出一位能胜任这个重任的人吧！”

在众人心中，虽然萧何和曹参的地位高于刘邦，但他们都是文官，不会指挥打仗，没有带兵经验。万一失败，依秦法是要满门抄斩的，所以大家仍全力拥护刘邦，希望由他出面领导。他们认为，刘邦有很多令人惊讶的奇怪异相，注定将成为贵人，只有由这样的人出面，才能把起义大业领导好。

刘邦释放劳役、率众入山之举，已经充分显示了他的凛然大义和卓越的领导才能，还有谁能比他更胜任这项工作呢？

众人坚持推选，刘邦表面上装作很为难的样子，假意辞谢了几次，见“众命难违”，也就只得“恭敬不如从命”了。但刘邦最高的官位只是个小亭长，如今一下子成了沛县的最高领导者，应该怎样称呼他才好呢？

萧何认为，“沛公”这个称号比较合适，既可以表示刘邦是沛县的领袖，又有贵族的气派，而且也很具有亲切感。“沛公”这个称号对于外表尊贵、个性随和的刘邦来说，的确是再恰当不过的了。

萧何在沛县的地位一向很高，所以这个称号一经萧何提出，便得到了大家的认可。

此后，大家便都一直把刘邦称作“沛公”，直到刘邦在抗秦战争中被楚怀王封为西征大元帅，甚至在他被西楚霸王项羽分封为汉王后，这个称号还一直有人在叫。

刘邦被众人推上造反起义的领导岗位后，他便行动起来了，着手重新整编人马。这个工作仍由萧何主持，萧何以原先的“刘邦党”为基础，在这个基础上又重新编入沛城的子弟兵，很快就组建了一支两三千人的队伍。几天后，这两三千人都换上了全新的戎装，稍加训练后，便在县衙前的广场上排列起来，接受刘邦的检阅。

刘邦身着戎装，头戴“刘氏冠”，昂首挺胸，显得威风凛凛。

他首先到大庙祷告了黄帝，以此向世人表示，他刘邦授命于危难之际，率领沛县子弟，响应陈胜的起义大军，志在诛灭暴秦，恢复天下秩序。

然后，按照萧何的安排，刘邦又在广场上祭祀了战神蚩尤，祈望得到蚩尤的庇护。

最后，刘邦下令擂响战鼓，并用牲血祭鼓，所有旗帜均采用红色战旗。这样一来，这支三千多人的队伍，就显得很威风了。

刘邦任命萧何为军师，曹参为参谋，卢绾为侍从官，夏侯婴、任敖、周勃、灌婴等人为部将，剽悍勇猛且擅长谋略的樊哙则被任命为先锋。这些兵马为刘邦将来争霸天下打下了坚实的基础。

在这样动荡的时势中，刘邦一边默默注视，一边留心学习，不断地进行思考。也正是这样的时势，造就了刘邦这样的英雄。所以，一个人要想抓住机遇，走向成功，一定要把握住时代的脉搏，认清时代的走向，在时代的潮流中搏击风浪，走向成功。

现代人的成功，同样要依靠时代的潮流，借势走向成功。举个简单的例子：在商品销售中，如何提高销售额是商家非常关心的问题，这里面有很多小窍门，这些小窍门里隐含着大学问。一般来说，一种销路不好的产品如果摆在另一种销售非常好的产品旁边，也会因此而销路大增。

不相关联的商品，也可以通过特定的时间联系在一起。巧克力本来在糖果类产品的货架上，鲜花则放在生鲜区的旁边。情人节时，如果买了鲜花，又去糖果货架上去找巧克力，很不方便。有些人就会只买鲜花而不买巧克力。但是，如果把巧克力放在鲜花旁边，这样就可以巧妙地达到提高巧克力销售额的目的。

这就是商家的乘势之法，乘势对我们来说非常重要。顺势而为才能“水到渠成”，顺风而行总比逆风而行来得容易。再有智慧的人，如果不

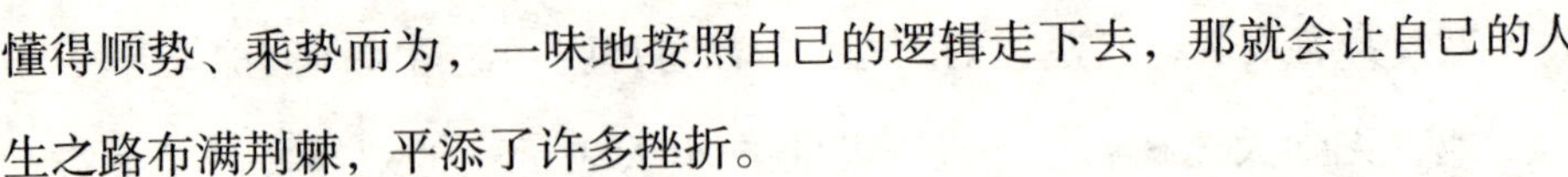

懂得顺势、乘势而为，一味地按照自己的逻辑走下去，那就会让自己的人生之路布满荆棘，平添了许多挫折。

正所谓，“识时务者为俊杰”，顺应时势的变化而崛起者方为英豪。真正的成功者，只要还有一线希望，就不会轻易放弃。现在失败了就等待来时，顺应现在的时势积蓄力量。只有你有恒心、有毅力，认清时势，顺应时势，总会有扬眉吐气的一天。

每个人的身上，都有着走向成功的条件，然而有些时候正确把握形势才能取得最后的成功。认清时势，了解时势，才能让我们做出正确的选择。

时势不是一天造成的，而是一点一滴逐渐累积形成的，等它形成时，就如潮水般汹涌莫之能御。而我们可以乘的“势”不仅仅是时势，也可以是家势，很多名门之后和富家子弟就是善于利用家族资源而成功的。

乘势而为，能够让我们少走弯路，减少不必要的阻力。懂得此道的人往往能用最短的时间获得最大的成功。

变危为机收人心

很多时候机遇与危机是并存的，就看人们能不能发现危机旁边的机遇了。刘邦就是一个能够在危机之中把握机遇的人。

《史记·秦始皇本纪》记载的刻石文献上，有很多诸如“忧恤黔首，朝夕不懈”“烹灭强暴，拯救黔首”“皇帝哀众，不用兵革”“男乐其畴，女修其业”等字句。由此可见，秦始皇曾经给天下百姓规划过一幅没有压迫、没有战争、人人安居乐业的盛世图景。出于对这种美好生活的憧憬，可想而知，最初那个时期，人们一般应该都能自觉完成国家规定的服役任务。

然而，秦始皇太性急了，他是一个理想主义者，恨不得自己所构想的那个盛世帝国，一夜之间就能够屹立在自己的面前，因此，秦廷不断启动大型工程项目。随着役期和赋税的不断增加，人民开始有了抵触情绪，并逐渐由不满变为愤怒，对国家的徭役也由最初的自觉变为后来的抵制。于是，“送徒”的性质也随之发生变化，由最初官吏的“带领”，继而变成“解送”，最后变成“押送”。役徒们不合作，负责押送的官吏的处境自然而然也就艰难起来。

大家知道，刘邦最初是靠萧何、曹参等人的周旋和关照，才获取“徭咸阳”这一美差的。早先那个时候，役徒们服役踊跃，官吏与役徒之间相处融洽，刘邦沿途尽情观赏大秦帝国的宏大气象，甚至还亲眼观瞻过始皇帝的威仪，每次都能顺顺当当地完成任务。回来以后，除受上司的褒奖外，还可以向乡亲父老们炫耀一下自己的见闻——那是多么惬意的美差啊！

可是后来，世事渐渐变了，“徭咸阳”开始演变成一件苦差事，令刘邦苦不堪言——每每扮红脸耍黑脸，费尽周折好不容易凑够人数，一路上又免不了与役徒们磕磕碰碰，弄不好还会发生误期和役徒逃亡之类的事情。好在以前是秦始皇当政，刘邦作为押送官吏，万一发生此类事件，无非是挨上司一顿训诫也就过关了，不会受到更严厉的惩罚。可是到了秦二世执政时期，法律变得更加苛酷：役徒逃亡或者误期，不论原因，不听解释，一律诛斩！在如此严峻的形势下，作为沛县“常徭咸阳”的官吏，刘邦不免叫苦不迭，暗暗祈祷“徭成阳”的鬼差事再也不要落到自己头上。

秦二世元年（公元前209年）秋，胡亥颁诏，令帝国各郡县速遣役徒

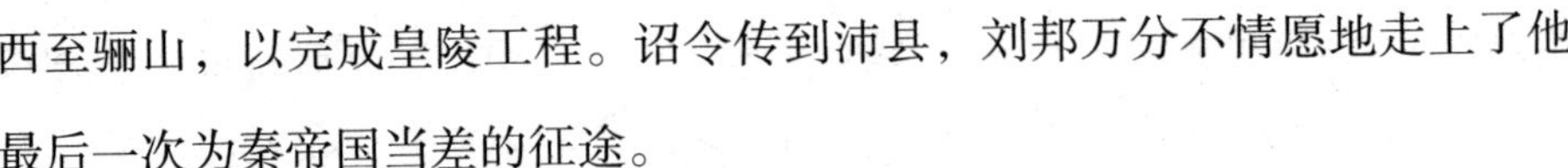

西至骊山，以完成皇陵工程。诏令传到沛县，刘邦万分不情愿地走上了他最后一次为秦帝国当差的征途。

队伍出发之前，为了防止役徒逃跑，县吏将所有役徒的腿用一根绳子系住串联在一起，再由刘邦及其助手押送，前往咸阳。

或许是天意使然，刘邦此次“徭咸阳”的差事异常不顺。无论是囚犯，还是农家子弟，他们一个个都怀着满腹怨气，对“徭咸阳”的差事极为抵触，一路上磨磨蹭蹭，一连走了几天才离开县境。不但是队伍行速缓慢，在夜间宿营时，有些胆大的役徒瞅见机会就解开腿上的绳索逃跑，弄得刘邦心烦意乱又无可奈何。

这天，队伍进入了丰邑以西的湖泽地区，那里道路泥泞，遍地苇草，极其难行。本来就牢骚满腹的役徒们不禁又骚动起来，人们吵吵嚷嚷地咒骂着，现场一片嘈杂。

年近五旬的刘邦近年来脾气改了许多，不再像早年那样年轻气盛，他甚至已在乡里博取了“仁而爱人”的好名声。眼下，他特别能理解这些后生们的心情：背井离乡原本就是件令人伤感的事情，更何况这年头去咸阳服徭役，生离往往就是死别。说得形象点，就是大家明明知道在前方等待自己的是一个巨大坟墓，却偏偏被人捆绑着朝那个坟墓驱赶！在这种令人悲愤的境况下，谁的心情能好？刘邦虽然是官差，可大家毕竟是乡里乡亲，就算工作职责使得他必须将这些后生带向那个坟墓，但作为已拥有“仁而爱人”名声的长者，他内心是不愿意那样去做的。所以，对役徒们的骚动甚至逃跑，刘邦所抱持的是无奈和默许态度。

这片湖泽很大，队伍行走多日还是在其中踯躅。天色暗了下来，走了一天的人们又饥又乏，刘邦下令就地宿营。役徒们满腹心事地各自啃着干粮，刘邦也在几名助手的簇拥下喝酒浇愁。

夜幕降临，刘邦已有了几分醉意，但酒醉心明，他心中一直盘算着眼下的处境：自己奉命押送役徒去骊山，眼下刚出县境就已有人逃亡。秦二世法令规定，役徒逃亡者一律诛斩。这些役徒不惜冒着杀头的风险逃亡，说明他们已经豁出去了！咸阳骊山千里迢迢，山高路险，可以预料，役徒继续逃亡已成定局。退一步讲，即使此后队伍能顺利到达骊山，单是因为先前逃亡的那些役徒，按律也将治刘邦之罪。况且，众怒难犯，稍有不慎，这些已将生死置之度外的役徒，沿途随时都有可能将矛头对准他刘亭长而发泄他们心中的怨气。如果真如此，他刘邦一介小吏，势必将充当暴秦的替罪羊，实在不值！壮士不死则已，死也不要死得窝窝囊囊，起码要在乡里留下个好名声！可以想象，刘邦眼下的心理状态与陈胜起义时其实是差不多的。

主意拿定之后，刘邦也就豁出去了，他趁着酒劲吩咐助手把役徒们腿上的绳索解开，并让大家聚在一起，告诉他们："骊山不去了，这个亭长我也不再干了，诸位各自谋寻生路去吧！"听刘邦如此一讲，大多数役徒议论一番后，一哄而散，却有十多位"壮士"主动留了下来，表示愿意跟随刘亭长生死与共。

这里我们来分析一下：这批役徒主要是由农家子弟和囚犯组成，留下来的这些所谓"壮士"，说白了就是那些囚犯。这些人曾经与秦政府的司法机构过过招，社会经验丰富，不像刚才一哄而散的那些农家子弟那般思想单纯，他们心里清楚，抗役逃亡只能是死路一条。与其像无头苍蝇那样只身去自投罗网，不如靠个主心骨，跟着刘亭长一起去流亡。人多势众，大家聚在一起，起码可以结伙打家劫舍，在世间多过几天大碗喝酒、大块吃肉的消停日子。也许这是这些所谓"壮士"主动留下来的真正动机。

刘邦原本就是曾在江湖上厮混的任侠人士，见此情景，一股义气便涌上心一头，他从行囊中拿出鹿肚和牛肝做下酒菜，招呼大伙坐下与自己一

同豪饮。

鹿肚和牛肝是前些天出发时沛县的那些乡党馈赠的，这两样菜在当时很珍贵，刘邦一直舍不得吃，看来，今晚刘亭长着实是被现场的气氛感染了。另据《两京杂记》记载，后来刘邦当上皇帝，早晚两餐总要令御厨准备这两样菜肴。由此可见，刘邦对这天晚上在旷野中喝酒吃肉的情景及独特心情，是终生难忘的。

刘邦平素虽然酒量不错，但他今晚连喝了两茬酒，而且还是愁酒，所以很快就酩酊大醉。助手们见刘邦已醉，大伙一商量，觉得这片低洼的湖泽终非藏身之地，既然已决定逃亡，就得趁着月黑风高赶紧避匿到崇山茂林中，以免天明后暴露行踪。

因为离故乡不远，人们对周边的地况比较熟悉，都认为西部的芒、砀二山是藏身的好地方。在决定去向后，一个识路的人自告奋勇在前面探路，其他人簇拥着刘邦踉踉跄跄地朝芒、砀山走去。

队伍正前行着，忽然探路的人一脸惊恐地折身回来报告，说前边有一条大蛇挡住了道路，问是否要避让一下。众人顿时议论开来，刘邦瞪着醉醺醺的眼睛大声喝道："壮士行路，有什么可怕的？"他挣脱助手们的搀扶，拔出随身佩带的那把家传"赤雪"古剑走在队伍的前面。

行不多远，借着月色，果见一条大白蛇盘踞在小路中央。刘邦手起剑落将大蛇斩为两段，辟开道路，率众人大步而过。再前行数里，刘邦感到醉意袭来，实在支持不住，便倒头卧在道边，沉沉地睡了过去。

这个刘邦醉斩白蛇的故事，在众多史料文献上都言之凿凿，刘邦乃至他的后世子孙们也常以此事自豪。刘邦病危时曾说："吾以布衣，提三尺剑取天下。"400余年后，汉献帝又曾对臣子们说道："朕想汉高祖提三尺剑，斩蛇起义，平秦灭楚，创造基业，世统相传，四百年矣。"

由此可知，在包括刘邦本人在内的所有刘氏宗族看来，这次斩蛇极具象征意义，乃至成了与秦帝国划清界限的一条分水岭：刘邦由秦王朝治下的一名基层小吏，从此转而走向与秦帝国对抗的另一个人生舞台！

懂得在危机时候保持一颗镇定的心，及时地做出一个重要的决策，这对于每一个创业者来说具有重要的作用。另外，能够在困境中了解到其他人的感受，并及时地和他们站在一起，顺从广大民心，这样做不仅仅可以让自己在初创企业时用一颗仁爱之心免费拉拢一些员工，还可以让自己迅速地认识到一个人的力量是不能够使自己强大起来的。

刘邦就是这样的一个人，可以在危机四伏的时候做出一个坚定的决定。从“丰西泽”纵徒这件事中我们可以看到刘邦是一个遇到突发事件不急躁的人，并且可以保持一个冷静的心态，善于分析时局，懂得如何做才会是最稳妥的。对于企业来说，在时局不稳定的情况下，看清利害关系，懂得孰轻孰重，是最关键的事情。

对于刘邦释放劳役的事情，很多人会认为这是他被逼无奈。确实，刘邦是没有办法才这样的，在秦朝那个严酷的法治下一旦所送的劳役人数不对，押送劳役的人会按照律例处死，而那些服役的人也将会在长期辛苦中体力耗尽而死。或许换成另外的一个人来押送劳役，说不定也交不了差，但他绝不会像刘邦这么义气地将人放掉，杀掉也是有可能的。而刘邦这样做不仅没有得罪劳役，相反获得了一个“企业”刚开始创建时的人手。

刘邦斩白蛇的事迹似乎与刘邦创建“企业”没有多大的关联，但是，当我们静下心想一想的时候，我们会发现这里面有一个必然的联系。刘邦斩白蛇时虽然心情在最初是有点不安的，但立即就镇定下来，而他释放劳役的时候也是保持了一颗沉稳而又冷静的心，并且还带着一种放了人心中也畅快的感觉。我们要从刘邦身上学习的就是那一颗冷静的心，那一种沉稳的性格。集团的创建不是一天两天的事情，尤其是当集团的雏形还未建立的时候，更要小心行事，以防那个伟大的梦想被扼杀在生成之时。

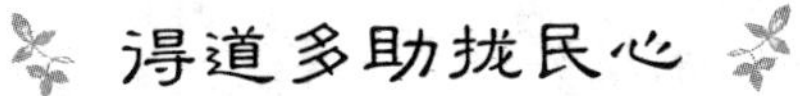

得道多助拢民心

“得人心者得天下”是中国古人在几千年的历史长河中通过实践总结出来的至理名言。自古以来，多少朝代因民心所向而崛起，因失去民心而衰落。“得道多助，失道寡助”就是得人心者得天下一个非常好的诠释。在我们当今时代的管理活动中，对于人心的力量，同样不能忽视，只有真正赢得了人心，才能够将管理做到位。刘邦能在楚汉争霸中获胜而夺得天下，除了他会用人之外，另一个主要的原因便是他实行仁政，深得民心。而楚霸王项羽虽有万夫不当之勇，但是由于他的性格使然造成了他暴戾恣睢，嗜杀程度丝毫不弱于他所推翻的秦朝统治者，所以失尽了天下民心，最终落败自刎也是必然。

刘邦进入武关，直抵蛲关（又名蓝田关，今陕西省蓝田县东南），位于咸阳东南，是进入咸阳的最后关口。如果蛲关失守，咸阳不攻自破。刘邦准备在这里与秦军一战。

《史记·汉高祖本纪》载：“（刘邦）因袭攻武关，破之。又与秦军战于蓝田南，益张疑兵旗帜，诸所过毋得掠虐。秦人喜，秦军懈，因大破之。又战其北，大破之。乘胜，遂破之。”

司马迁用此寥寥数笔，写下了秦王朝覆灭前的挣扎，让人意犹未尽。如果细加构造，自可成一段精彩故事。

刘邦隔河相望的，就是秦王朝的都城咸阳。当时，秦王朝已经油干灯草尽。不久前，赵高诬陷并杀死李斯之后，又演了一场“指鹿为马”的丑剧，还杀死了那位莫名其妙、昏庸残暴，只有23岁的秦二世胡亥。赵高此时本想自立为头，派人联络快要进入武关的刘邦，“欲约分王关中”（《史记》语），但是刘邦唯恐赵高行诈，继续向咸阳挺进。转眼之间，赵高这个阴谋家就被子婴设计杀死。子婴即位，去除帝号，当了秦王。

刘邦大军击破蛲关后进兵霸上（今陕西省西安市东），与张良、萧何等人商议，决定先礼后兵，给秦王子婴送去一封劝降书。子婴看到刘邦兵临城下，朝中官员也纷纷逃亡，自知已山穷水尽，回天无力，只得答应投降。

秦王子婴只当了46天秦王，就坐在用白马拉着的一辆白色丧车上，用绳索套住自己的脖颈，代表有近千年历史的嬴秦氏族，向世界服罪，向人民忏悔。这是一幅多么悲惨的景象，好端端的一个大秦王朝，几年之间就灭亡在赵高、胡亥等人手里。子婴投降了，成了刘邦的俘虏！

刘邦说：“怀王命我入秦，就是因为我宽容大度，不滥杀无辜；况且子婴已降，杀他有失仁义！”

历史在这里飞快地翻了一页，刘邦的大军开进了咸阳城。将士打开府库，分金取银；萧何带人进入丞相府中，把秦朝的有关档案资料，运到军营里；刘邦走进秦王宫中，只见雕梁画栋，精细无比……

刘邦和那些抢钱拿物的将士们，自然不会有人称道，唯有萧何抢书，倒是得到后人好评。萧何就是凭借这些抢来的资料，掌握了秦朝的法律制度、关口要塞、全国户口、各地经济等情况，为后来刘邦战胜项羽，建立汉朝，发挥了重要作用。因此李贽在《史纲评要》中称萧何是宰相之才。

刘邦经过张良的劝阻还军霸上，自然是一件明智之举，翦伯赞《秦汉史》说：“咸阳城里，烧杀淫掠，已经闹得不成世界，张良觉得不大妥

当，才劝刘邦还军霸上。”

刘邦走出了秦宫，回军霸上，才清醒过来，自己虽然拿到了“王关中”的执照，但离揭牌开业还远着呢。后来的事实证明，这张执照缺乏应有的实力支持。既然准备“开业”，得有所表示，于是刘邦回到霸上之后，发表了这样一篇讲话：

“（刘邦）召诸县父老、豪杰曰父老苦秦苛法久矣，诽谤者族（灭族），偶语者弃市（杀头）。吾与诸侯约，先入关中者王之，吾当王关中。与父老约法三章耳：杀人者死，伤人及盗抵罪。余悉（全）除去秦法，诸吏人皆案堵（安居）如故。凡吾所以来，为父老除害，非有所暴，无恐！且吾所以还军霸上，待诸侯至而定约束耳。”（《史记·汉高祖本纪》）

这就是中国历史上著名的约法三章，这是刘邦的政治宣言书，也是刘邦笼络秦民的利器！

“约法三章”真要执行起来并不容易！

从本质上说，“约法三章”只是一个政治口号，并不是真的只有这样一句话，如果过度追究，把它当真，难免拘泥。何况，古人也常常以“三”这个虚数表示多的意思，也不见得这里就表示一个实数。

刘邦的这一篇政治宣言书，是给父老、豪杰的一个定心丸，拉拢了秦朝的劳苦大众！

和平“解放”咸阳之后，刘邦并不轻松，要当“关中王”不是这么容易的，他还面临着许多难题，集中起来有以下几方面：

第一，秦王子婴杀不杀，秦朝的官吏如何处置。如果子婴负隅顽抗，处死他名正言顺；如果投降的不是子婴，而是秦二世胡亥，处死他顺理成章。可是这位主动投降的子婴，不久前又设计杀死了人见人恨的赵高，偏偏在秦人心目中印象不错。但不处死他，诸将不服气。

其实，杀不杀子婴，以刘邦这样的性格，真是无所谓，但是，秦朝的那一大批官吏怎么管束。秦国的那些百姓谁去号令？留下子婴，就有一个抓头，就抓住了问题的关键，所谓纲举目张。所以刘邦的那一大段关于不杀子婴的话，不过是用来搪塞众人的一个借口而已。这件事情被他轻轻一拨，处理得天衣无缝。

第二，秦国的财产怎么处理。刘邦对此也是手足无措，他自己也想住到秦宫里去享受享受，所以，他让大家抢劫一番，自己也赖着不想出来。最后，他听从张良等人劝说，驻军霸上，把这些秦国的宫室、财宝交给子婴这帮人去管理。其实能够拿得动的东西，早已被他的部下拿走了。

第三，怎样对待秦国严法苛刑。秦国法网密布，是套在百姓头上的沉重枷锁。刘邦出身于一个农民家庭，他深知最下层百姓所受的灾难。继续执行秦法，无疑是自己跟自己过不去，全部废除秦法，无法无天，百姓不好驾驭，于是他来个“约法三章”，简明扼要，像歌谣一样好记，这“约法三章”，虽然是个临时的规矩，但其影响不可低估。

无论是对待是否杀子婴的问题，还是对待秦国财产法令的问题，刘邦始终围绕着一个核心，就是人心的向背。能够笼络人心的，能够有利于他当关中王的，他就尽力去做，克制自己的欲望。最为集中的表现，自然是“约法三章”。

“约法三章”无疑是刘邦进军关中以来收拢民心的集中体现，其核心自然是当“关中王”。因此，刘邦在进军途中，经常表现出不骚民、不扰民的举动，还与父老“约法三章”，采取了一系列的措施，收到了很好的政治效果。

中国有句古话：“得人心者得天下。”无论是在历史上还是现实中，这句话一直透出智慧的光芒。日本麦当劳的社长藤田曾经谈到，他发现感情投资在所有投资中花费最少，回报率最高。做人就是如此，要想在处世中运用人情，就要先学会储蓄人情，为人情开个“账户”，危急关头，拉人一把，讲义气的人一定会加倍地偿还你的人情。

在我国古代小说中，著名的《水浒传》就是一部管理学的宝典。宋江作为领导，其实他貌黑身矮，出身小吏，文不能安邦，武不能服众，手无缚鸡之力，身无寸箭之功。他武不如林冲，花荣，文不如吴用和公孙胜等，但是宋江之所以能够将108个不同个性的人才聚集在梁山上，与强大的朝廷相抗衡，说明宋江的个人魅力和管理能力毋庸置疑。宋江的管理之道，不外乎得人心。宋江为人慷慨、仗义疏财，做人做事讲义气，为江湖好汉敬重，众人仰慕纷纷来投，甚至都愿意跟他死在一起，这是人和。有了天时地利人和，梁山事业就可以做大做强。宋江等梁山好汉之所以能够成功，实际上最重要的一点就是得人心。

团队发展和在市场上竞争之所以能够取胜，有一点是非常重要的，就是：比竞争对手更有效地满足目标顾客的需求，还有一点就是比竞争对手更得人心。

在这个人性化的社会里，一切的管理都趋向或已经达到了“人性化管理”的层面，除了尊重，关心他人，重视他人也是管理者遵循“人性化管理”原则的一种重要表现形式。

一般情况下，优秀的领导者都能够发自内心地去关心他人，尊重他人，重视他人。他们更能够适时地发现别人的内在需求，并对其进行真诚的关心，维护他人的自尊，尊重他人，使自己不仅得“人和”，还可以向下扎根，向上结果，从而为成功铺就坚实的阶梯。

下属众多，难免会出现工作性质重要性强弱的分工，甚至会发生意见分歧与摩擦，作为领导，对待不同职位的下属，或者如果是你的下属出现了上述情况，请记住“一碗水要端平”。即，做到对待下属“一视同仁”。绝不可只重视技术人员，轻视一般员工，更不可在技术人员和一般员工闹别扭以后，出现偏袒现象。

在技术性很强的员工面前，一般员工会表现出些许的自卑，有时，他们即使有了某个好的思路也不敢提出来，结果导致好主意被浪费掉。所以，当某位一般员工在鼓足勇气提出自己想法的时候，一定不要快速否定，可以先予以肯定，说出一两点闪光之处，如果有不足之处，会后，你可以单独找他谈谈。这样不但可以增强一般员工的自信心，还可以激励技术员们去进行更深层次的思考。

我们管理团队也是一样，团队发展最重要的是人才，团队管理者最重要的是团结人心，只有大家认同你，从心里服从你，团队的管理才能够有稳固的基础，团队的发展才能够长久而稳定。

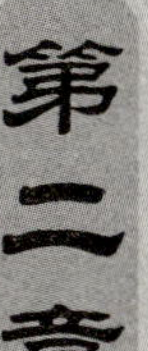

第二章 DI ER ZHANG 识人，慧眼伯乐

识别人才，考核人才，是用人的前提条件。因此，古代就流传着“得人之道，在于识人。帝王之德，莫大于知人”的说法，提倡“为治以知人为先”，意在说明治理国家应以了解、识别人作为最重要的事情。知人虽难，却并非没有良方可循。古往今来，那些善于用人的政治家、军事家、企业家无不具有知人、识人之术。而汉高祖刘邦便是其中的佼佼者，他的识人之术是很值得我们现代人学习借鉴的。

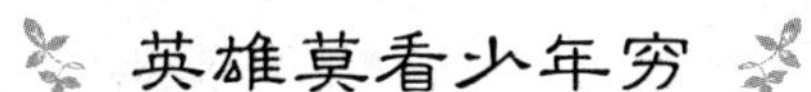

英雄莫看少年穷

没有谁一出生便是王侯之相、帝皇之尊，每个人要想成功都得经历一个发展的过程。在这个过程之中可能他会穷困潦倒，碌碌无为，也可能一朝得志，平步青云，但是此时的荣辱不代表彼时的荣辱，一时的成败不代表一世的成败，所以这便要求我们在识人对人之时，不要只凭一时的印象而将其一生定义。历史上的吕公识佳婿便是一个很好的例子。

在封建社会，婚姻可以作为一种政治手段，来谋求两家同富贵、共繁荣。稍稍有头有脸的人家，都讲究“门当户对”，把婚姻作为一种扩大势力的手段。生活在等级社会里，尤其是生活在底层社会的刘邦，对于这样的手段当然也心中有数，他时刻都在寻找一个机会。

公元前225年，秦灭魏，刘邦的家乡被纳入秦的版图，这时的刘邦已是23岁的青年了。

秦始皇二十九年（公元前218年），刘邦进入壮年阶段后，因萧何的推荐，当上了泗水亭长。亭长一职位卑职微，但能跻身上一层社会，对刘邦来说，也算是出人头地了。此时的刘邦自然是春风得意，再加上人到壮年，各方面都趋于成熟。

刘邦长得仪表堂堂，高鼻梁，漂亮额头，另加美丽的胡须，倒也显得气宇轩昂。

刘邦在泗水亭长的位置上干了一段时间，由于其出色的领导才能，加之个人独有的魅力，身份、地位、名望都提高了不少。但对刘邦身份、地位、名望最具有提升效果的，却是他的婚姻。

30多岁还没有结婚，这对于早婚盛行的封建社会来说，当然是颇为罕见了。在距今2000多年的当时，一般人结婚都比较早，像刘邦这样的年龄还没有结婚的，除自身条件特别差找不着老婆外，几乎没有。

刘邦相貌出众，出身又不是太差，30多岁还没有结婚，一定有他自己的想法。也许是因择偶条件太高而一直没有意中人，也可能是刘邦自认为自己应该先干一番大事业，再考虑婚姻的事。“大丈夫何患无妻！”也许刘邦对这句话是相当熟悉的。

在距离刘邦家乡不远的单父，有一家姓吕的富裕世家。其家长名叫吕文，是一个年近五旬的富态老头，此人为人和蔼可亲，不倚仗自己的财势恃强凌弱，赢得了当地人们的尊敬。出于对他的尊敬，人们都把他称作吕公。

吕家雇用有许多佃农和长工，是当地有名望的富贵之家。由于吕公财大气粗，虽然没有担任什么官职，在单父也是一个很有影响力的人物。一方面他精通运筹和管理，使家财越积越丰；另一方面，他又广泛结交江湖豪侠之士，因而在当地享有较高的威望。他不是眼光短狭的守财奴，聚财散财，都自有一套原则。于是，吕公在家乡成了人们乐于称道的人物。

真是树大招风，吕公在单父被牵扯进一件人命官司当中。虽然他在单父的口碑很好，却不免得罪一部分人。有人出于落井下石的险恶用心，在官府中极力诋毁吕公，企图把他置于死地。

吕公见形势对他很不利，只好迁到沛县来暂避。因为他和当时的沛县县令温雄素有交情，所以前来求助这位有权有势的老朋友。

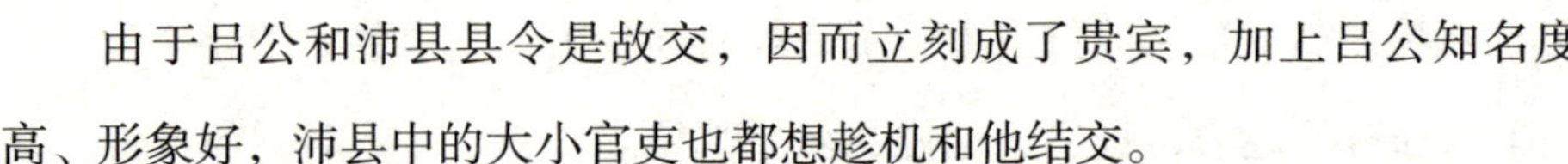

由于吕公和沛县县令是故交，因而立刻成了贵宾，加上吕公知名度高、形象好，沛县中的大小官吏也都想趁机和他结交。

贵宾能够受欢迎，主人也有面子，所以县令特别帮吕公办了一场接风宴，让吕公和沛县父老及大小官吏有个见面的机会，想不到报名参加的人很多，宴席的座位不够，僧多粥少，这让县令头痛了一番，于是县令只好请一向能干又颇得地方敬重的萧何负责主持宴会。

萧何做事一向井然有序、有条不紊，接到这个任务后，为了避免不必要的人参加造成拥挤，萧何把座位分成数等份，其中有接待比较重要人物的贵宾席，也有接待一般吏士的普通间，并宣布贺金千钱以上的为贵宾，可进入内厅直接会见吕公，其余的要在外厅及前庭等待吕公出来和大家打招呼。

刘邦自然不愿放弃这一结交权贵的良机，一向豪气惯了的他，更不愿意屈居人下，坐在外面的普通大厅里，但他又实在出不起这些钱，他知道自己还有一个很大的优势——他和县衙的那帮官吏已混得很熟，他想他们不会因自己交不起钱而将他拒之门外。

于是，在听到萧何的宣布后，刘邦不动声色地迈步上前，拿起笔就在礼单上大大方方地写了“贺万钱”三字。

其实，刘邦身上连一文钱也没有，可他竟然报出了一万钱的天价，负责接待的人见刘邦报出一万钱的贺金，却是两手空空，明知是在恶作剧，但在这么喜庆的场合，又不好发作，正在不知如何处理这件事时，吕公从里间走出来了。

一万钱在当时可是一个很大的数目，吕公听到有人这样大手笔，大为惊讶，也将视线移向刘邦，随之吕公不禁因这位美男子的长相大吃一惊，于是他立刻亲自到门口迎接刘邦进入内厅。

原来吕公略通相术，他一看到仪表非凡的刘邦，当场就为他的奇相和气势所震撼了。

萧何深知刘邦底细，眼见刘邦这个玩笑开大了，只得出面替他解围。他不好意思地向吕公表示："刘邦这个人好夸大其辞，做事情不知分寸，您就不要和他计较了。"

吕公却笑着说："没事，他也算是够诚意的了。"

吕公亲切地将刘邦引入内厅，并让他坐在自己身旁最尊贵的位置。刘邦可一点也不客气，在县府的高官面前，落落大方地和吕公谈笑风生，如同老友。

席间，吕公数次用目光暗示刘邦不要早走，显然有事相告，刘邦深知其意，就留到了宴席结束后。

众贵宾还以为刘邦是吕公久未谋面的老友，因此也不在意，只有认识刘邦较久的萧何，对吕公这番行为大感讶异。

酒宴结束后，吕公和刘邦单独进行了交谈，交谈越深入，吕公越认为刘邦是一个不可多得的人才。于是，吕公便将刘邦引入后堂，向他引见自己的夫人及女儿吕雉。

吕雉退入后房，吕公又当着夫人的面，对刘邦说："我年轻时，就喜好相术，积累多年的经验，对面相的研究更是别有心得。但在我见过的那么多面相中，没有人能和你相比，希望你不要妄自菲薄，而要努力建立自己的事业。"

关于自己的面相，刘邦一向很自信，但听了吕公的话后，刘邦却也怔了一下，不知道该如何回答吕公的话了。

吕公又接着说："小女吕雉，你也见过了，如不嫌弃，我愿将她许配给你，让她一辈子侍奉你，助你成就一番大事业。"

真是天大的好事！已届而立之年的刘邦，听后自然喜上眉梢，哪会有不愿意的道理？自然是满口称谢，应声连连。

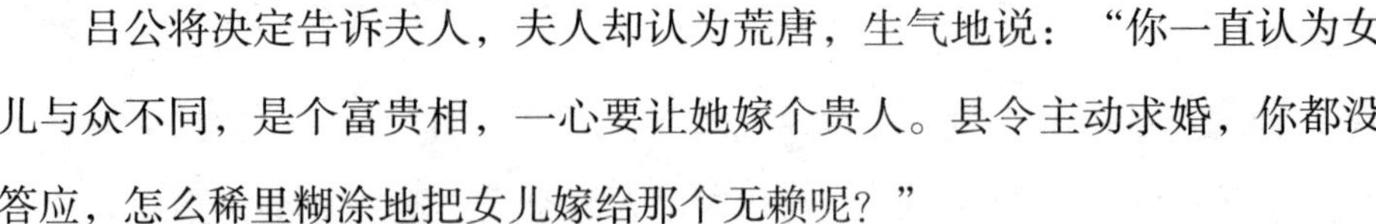

吕公将决定告诉夫人，夫人却认为荒唐，生气地说："你一直认为女儿与众不同，是个富贵相，一心要让她嫁个贵人。县令主动求婚，你都没答应，怎么稀里糊涂地把女儿嫁给那个无赖呢？"

吕公对夫人说："妇道人家，你哪里懂得其中的道理！"吕公不顾夫人的反对，毅然把女儿嫁给刘邦为妻。

吕公与刘邦仅有一面之交，在对刘邦的家庭及其个人背景均不了解的情况下，就毅然主动地作出了将自己期望很高的女儿嫁给刘邦的决定。

仔细想来，作为一名阅历丰富的富绅，吕公竟将女儿下嫁给刘邦，这既不是酒后的糊涂，也不是一时的冲动，更不是因为刘邦夸口的万钱。刘邦之所以使吕公对他产生了强烈的兴趣，并且礼遇有加，使吕公最终作出这样一个惊人的决定，可以说，与刘邦那副与众不同、非比寻常的相貌及其豁达从容的气魄有着很大的关系。至关重要的一点，就是吕公凭其相术，看出了刘邦与众不同的气质。

一个人的内在气质、精神状态、健康状况，会不自觉地通过他的神情、言语、动作表现出来。一个社会阅历丰富的人，特别是吕公这样对相术学有研究的人，自然会对刘邦的外貌、神情、言语、动作特别注意，经过比较与综合，得出他认为正确的判断来。

广东地区曾有一个民谣这样唱道："宁欺白头翁，莫欺少年穷。宁欺白须公，莫欺少年穷，终须有日龙穿凤，唔信一世裤穿窿。"意思是：宁可看不起没钱的白头老翁也不要看不起贫穷的年轻人，因为少年人前途不可限量。少年人如果努力迟早会飞黄腾达的，就不相信一辈子总是穿着有破洞的裤子。

我们并不是说真的要欺辱白头老人，只是应该认识到，一个人此时落魄，不代表彼时落魄，今朝无能，便一辈子无能。所以这便要求我们在识人之时，不能只看一个人如今的成就地位，要将目光放的长远一些，就如文中的吕公一样。虽然刘邦当时不过是个30未娶的混混，但是吕公却丝毫不在意，仍然坚持将自己的女儿许配给了刘邦。历史的发展果然没有辜负吕公的厚望，自己的混混女婿最终夺得江山，登临帝位，自己的女儿也母仪天下。

三十年河东，三十年河西，莫看少年穷，此言不虚！

初见便知人良庸

在与陌生人交往的过程中，所得到的有关对方的最初印象称为第一印象。第一印象并非总是正确，但却总是最鲜明、最牢固的，即“先入为主”带来的效果。刘邦能够重用张良，信任张良便是与初见张良时的第一印象分不开的。同样的是张良能够在初见之后，便决定辅佐刘邦共闯天下也是和对刘邦的第一印是分不开的。可见在人与人交往的过程中，第一印象是十分重要的。

乱世英雄起四方，有枪便是草头王。现在的刘邦已经是一位草头王，但要横行天下，单凭几条枪是远远不够的，还得有个杰出的头脑来指挥这些枪。

刘邦运气不错，在这个关键时刻，他遇到了一位奇士。这位奇士就是历史上有名的人物——张良。

秦二世二年，沛公因雍齿以丰邑背叛，举步维艰，不得不前往投靠景驹。途中路遇张良聚集百余名少年也想要投奔景驹。当时，沛公的队伍有数千人，张良便归附沛公，沛公任命张良为“厩将”，负责管理军马。后来，张良成了沛公争夺天下的军师，为刘邦“运筹帷幄”，是刘邦手下的三位人杰之一，立有大功。

张良投奔刘邦还有一段有趣的故事，也正是张良说服刘邦不要做以卵击石的事去攻打项梁，而要去同项梁谋好，发展壮大自身的力量。

刘邦屯兵下邳，张良自然知道。这天傍晚，他潜出城外，造访刘邦。

刘邦正在大帐中独坐，长几上摆着一壶酒。士卒报告张良来访，刘邦说：“请他进帐。”

一个身穿儒服的男人悄然而入。

“在下张良，特来拜见沛公。”

刘邦好奇地打量着对方：“你就是博浪沙行刺秦皇的张子房？”

“正是在下。”

刘邦笑了：“我一直以为你是个膀大腰圆的汉子，不意竟是个文弱儒生。”

张良一笑。双方分宾主坐了，刘邦吩咐换烛摆酒。

“先生酒量如何？我与你对饮。”

“我酒量有限，不敢与沛公相比。”

“男子汉大丈夫，应当豪饮才是。”

“若是借酒浇愁，喝得再多也无济于事。”

刘邦一怔，继而笑道：“讲得好。我目前的处境的确不妙。不过，酒还是要喝的。”

刘邦举杯，一饮而尽，张良只喝下一小口。

“下邳城守担心我攻城，先生此来，想必是为他做说客。”

张良摇头。

“那么，你是来投奔我的？”

“我是韩国人，还得为国家效力，或许以后与沛公有缘。”

“你什么时候来，我都欢迎。我对你印象不错，尽管你像个儒生。”

刘邦快人快语，张良也畅快。对这个农民出身的草莽英雄，他产生了好感。

刘邦兀自饮酒，长时间一声不吭。他的脸红红的，挺直的鼻子在烛光下格外惹眼。张良默默地望着他，想着心事。

张良原是有备而来，准备与刘邦讨论时局，必要的时候点拨他几句。张良有一种预感，不久他就将投到刘邦帐下，共谋大业。就他的学识和雄心而言，韩国太小，并不是理想的栖身之地。

但刘邦不发问，他也不便启口。

两人就这么呆坐着。夜很静，大帐之外两个手执长枪的士兵直挺挺地站在大帐门口。

刘邦忽地抬头，对张良说道：“我欲攻项梁，先生以为如何？”

“我以为不可。”

“哦，说说看，为何不可？”

“论实力，项梁在沛公之上，何况他现在气势正旺，沛公避之尚恐不及，何苦与他正面交锋。”

“他杀了楚王景驹，着实令人气愤。”

“目前秦军势大，各路义军若互相残杀，总有一天会被秦军消灭。”

“依你看，我现在该怎么办？总不能老是按兵不动吧。”

“不如向项梁借兵，转攻丰邑。这样做有两个好处，一是消除项梁对你的猜疑，二是增强实力，一口气拿下丰邑。”

刘邦说：“这主意不错，只是得派个能言之士前去。”

张良说：“若沛公信任，我愿前往。”

刘邦大喜：“如此甚好，甚好。以先生这样的辩才，说动项梁，想也

不难。”

“我试试，也没有绝对把握。”

两人又谈了许多。张良稍稍抖露胸中之学，刘邦即为之倾倒，只恨相见太晚。

第二天，张良去了薛城，摇动三寸不烂之舌，果然把项梁说动了。项梁原本疑心刘邦与景驹是一伙，现在刘邦借兵，果真消除了他的疑虑。项梁答应借兵五千，助刘邦夺回丰邑。

刘邦和张良凭借对对方的第一印象，便下定决心精诚合作，共创天下。虽然在今天看来有些不可置信，但是想来或许真如史书上那样记载，刘邦天生一副帝王之相，张良觉得刘邦将来能成大事，所以才决定跟着他发挥自己的智谋韬略。

而刘邦观张良更多的则是在其言行谈吐之上，两人经过一番交谈，刘邦发现张良是个难得的人才，对于自己今后争霸天下有很大的帮助，所以才极力拉拢重用。

在人与人交往中，我们常常会说或者会听到这样的话：“从我第一次见到他，就喜欢上他。”

“我不喜欢他，因为他留给我的第一印象太糟了。”

“从对方敲门入室，到坐到我面前的椅子上，就短短的几分钟时间内，我就大致知道他是否合格。”

这些话说明了什么？说明大多数人都是以第一印象来判断、评价一个人的。

对方喜欢你，可能是因为你留给他的第一印象很好；对方讨厌你，可能是你留给他的第一印象太糟。

第一印象既可助某人或某事成功，也可令某人某事失败。

也许，对此话，你会有所疑惑，你不妨思考一下下面的问题。

悬疑小说家为什么喜欢在小说的开头，设置诸多的悬念，安排离奇的情节？电影导演为什么喜欢在影片开头时运用特技，呈现人间罕见的奇观？推销员为什么喜欢把名片弄得花里胡哨，甚至印上本人的彩色相片？

仔细想想，你会明白，悬疑小说家、导演、业务员，他们都是吸引他人注意力的专家。他们这样做，就是为了利用首因效应，通过制造一个良好的第一印象在第一时间打动了顾客的心，让顾客心甘情愿地买单。

小说一开头就很吸引人，读者会认为，这个故事很精彩，值得买回家阅读。影片一开头就运用特技，观众会想，大制作果真不同凡响，值得掏钱进电影院观看。推销员一见面就拿出有特色的名片，顾客会想，这个推销员与众不同，不妨与其聊聊。

相反，如果一部小说或影片，内容原本很好，却以平淡无奇的方式开头；如果一名推销员，一开始就给人以老套的感觉，结果会怎样？不用说，结果通常会比较糟糕：小说卖不掉；影片不吸引人，开演不久就走掉了一批观众。推销员还没来得及介绍产品，就已经被人拒之门外。

对于第一印象效应，社会心理学实验也予以了证实。

心理学家洛钦斯做过这样一个实验：

拿出两段描写一个叫吉姆的人的性格的文字材料，一段描写吉姆性格外向，开朗活泼，勇武好斗；一段描写吉姆性格内向，自闭沉默，退缩无争。

洛钦斯把材料分成两组，一组将描写性格外向的文字放在前面，一组将描写吉姆性格内向的文字放在前面。然后请两组水平相等的中学生阅读，请他们对吉姆的性格作总的评价。结果表明，阅读先描写外向性格的一组学生，有70%认为吉姆是个比较外向的人；阅读先描写内向性格的一组学生，只有18%认为吉姆是个比较外向的人。这一结果在后来对人的评价实验中也得到了验证。

在现实生活中，自觉地利用首因效应可以帮助我们顺利地进行人际交往。为此，与人初次见面，应对自己的一举一动、一颦一笑多加注意。

那么，如何才能给对方留下良好的第一印象呢？

媒体策划专家有一句名言：要给人好印象，你只需要7秒钟。通过大量的分析，研究者们得以成功描绘出影响第一印象的因素。

第一印象的形成有一半以上内容与外表有关。不仅是一张漂亮的脸蛋就够了，还包括体态、气质、神情和衣着的细微差异。

第一印象有大约40%的内容与声音有关。音调、语气、语速、节奏都将影响第一印象的形成。

第一印象中只有少于10%的内容与言语举止有关。

试验显示，见到一个陌生人时，你头发的样式比面部特征更能吸引对方的注意。长发暗示着健康和性感，短发看起来自信而成功，自然、中长、没有特定款式的发型，则让人感觉智慧和真实。此外，握手也能传递重要信息。研究发现，那些握手时目光和你直接接触、手掌干燥、坚定有力、自然摆动——而不是无力、潮湿、试探性的人，不仅能让你对他感觉良好，还将取得你的信任。

给人留下良好的第一印象的关键，是了解对方的性格特点和谈话偏好。当对方不喜欢太有来头的人时，你最好不要表现得太强势，或者说话时抢风头、露锋芒。你最好表现得低调一点，让对方认为你比较沉闷，这才不失为一种策略。

好马也需伯乐识

古人云：“千里马常有，而伯乐不常有。”人才难得，但是能识人的伯乐更是少之又少。现代企业的很多管理者，就是因为不能很好地识人，才导致了人才的流失，造成了巨大的损失。秦末时的韩信可谓是一个难得的“千里马”，但是幸运的是他遇到了萧何这个伯乐，才没有让刘邦错失韩信这员良将。

韩信出身于江苏淮阴一个没落贵族家庭，他出生的时候，家里已经很贫穷了。因祖上曾经有过的辉煌，尽管韩信从生下来就没有经历过一天贵族人家的生活，但天生的贵族气质依然在他身上留下了深深的烙印，所以，建功立业、封王封侯的理想，一直支撑着韩信在困境中活了下来。

当动乱四起时，韩信的机会来了。强烈的成功欲望，加上天生的组织才能，他充分发挥了他的兵法专长，对自身的能力也更加有了信心。韩信是一个很有眼力的人，陈胜、吴广的起义军攻下淮阴后，很多年轻人都参加了起义军，而韩信却没有参加。因为，韩信早已洞察出：这群乌合之众，是很难有真正的作为的。

后来，韩信主动投奔了在会稽起义的项梁叔侄，当上了一名小军官。韩信的武功并不高，所以在崇尚武力的项梁叔侄那里，他一直没有

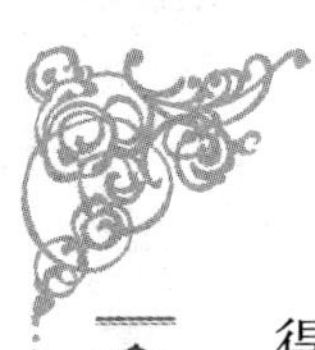

得到重用。

项梁阵亡后，韩信被编入了项羽军团。

到了项羽手下，韩信开始竭尽所能地表现自己擅长谋略的本事，最终被项羽属下的一位伯乐相中，被任命为郎中，可以参与一些军事计划。但让韩信失望的是，他向项羽提出的那些军事建议，项羽一个也没有采用。

进入咸阳后，韩信对项羽的暴行感到失望，他认为这种无谓的破坏，对有志于治国平天下的领袖人物只有坏处，绝无帮助。他认为项羽是个愚夫，范增也是如此。

相对来说，刘邦进入咸阳后的表现却让韩信欣赏，他认为这位表面胆小温顺的军事将领，实质上可能是个可敬又可怕的大野心家。

出身于平民，毫无家庭背景，又毫无人脉的刘邦，却被列为当今天下第二号人物，真是奇人。如果此人没有极高的智慧，又怎么会这样呢？民众流传的鸿门宴，刘邦能有这等忍辱负重的表现，不正像自己当年的胯下之辱吗？

韩信决定离开项羽，跟随刘邦。在刘邦率军进入汉中时，韩信表示了跟随刘邦的意愿，而对项羽来说，他也甩掉了一个喋喋不休的麻烦人。

刘邦的大队人马进入汉中的南郑后，不少将领和士兵纷纷逃回关中。韩信猜测萧何早已把自己的情况汇报给刘邦了，刘邦此时仍没有重用他的意思，韩信便很失落，他赌气地想：此处不用人，自有用人处。于是他也逃跑了。

萧何听说韩信逃跑了，便亲自去追赶。不知详情的人，便向刘邦汇报说：“萧丞相跑了。”刘邦很愤怒，也很失落，因为失去萧何就如同失去了左膀右臂一般。

过了两天，萧何在刘邦面前出现了，刘邦又是生气，又是高兴，便骂道："萧丞相你也要逃跑吗？"

萧何知道刘邦是误会了，便说："在下怎敢逃跑，在下是去追赶逃跑的人去了。"

刘邦问："你追的是谁？"

萧何答："是韩信。"

刘邦又忍不住大骂起来："逃跑的将领十几个，你都没去追赶，偏偏追韩信这样一个无足轻重的人。"

萧何说："千军易得，一将难求，韩信天下无双啊！倘使大王您长久在汉中这个小地方待下去，是用不着韩信；如果您要争天下，除了韩信，再没有能给您出好主意的人了。不知大王如何考虑？"

刘邦说："我也是想往东方进攻的，怎能憋在这里不求发展呢？"

萧何说："大王既然打算向东发展，那么只要能重用韩信，韩信就会留下；如果不能重用韩信，韩信总是要跑的。"

刘邦说："照你这么说，我就让他当个将领吧。"

萧何说："只是当个将领，韩信还是留不住的。"

刘邦说："那就让他当个大将。"

萧何说："这回行了。"

刘邦叫把韩信叫来，将其任命为大将。萧何又好气又好笑，心想刘邦就是这样天真，连拜大将这等重要的事也随随便便。所以萧何进一步点拨刘邦说："大王您这样做岂不太怠慢无礼吗？如今授命大将就像喊小孩一样，这正是韩信逃走的原因啊。大王您一定要授命韩信为大将，我建议选一个好日子，举行一个正式的仪式才行。"

刘邦只好同意了。

各位将领听说刘邦要任命大将了，都非常高兴，猜测着自己可能被任命，然而当任命的结果公布出来，一听是韩信，全军都很惊讶。

最高兴的人却是刘邦，因为历经好几个月的沉闷和内心挫折，现在总算让他有点热闹事可干了。大家都说韩信了不起、有点子，而刘邦最喜欢跟这种人在一起，或许此人可以提供一些有用的意见，化解他心里的沉闷。

刘邦和韩信第一次面对面地坐下，是在拜将典礼结束后不久。

这一次，韩信不仅有机会看清了刘邦的模样，而且还坐到了刘邦的上首。在几天前，这是不敢想象的事情。刘邦竟然以此大礼对待韩信，强行让韩信坐到了自己的上首，尽管韩信无奈，还是不得已坐了下来。

刘邦说："丞相（萧何）多次向我提起韩将军的才学，请问将军有什么计策可教给我？"

韩信反问："大王，您想向东争霸天下，最大的对手是谁？"

刘邦说："项羽。"

韩信又问："和项王比较，谁更强，谁更弱？"

刘邦说："论实力，当然是项羽比我强。"

韩信说："我也认为大王的确没有项王的实力。不过，有些东西是表面强，有些东西是表面弱。表面强的不一定是真强，而表面弱的也不一定是真弱。你和项王之间，就是这种关系。"

刘邦说："请将军明示。"

韩信说："臣对项王，相当了解。项王勇猛无比，发起威来，千人万人也休想抵挡得住他的威势。但他是个太有主见的人，因此往往无法任用有才能的将领。主见很强，看起来是一件好事，其实这恰恰是他的弱点。所以，项王的这种勇猛，不过是匹夫之勇而已，不足为虑。另外，项王在接见宾客时，对宾客往往相当恭敬，刻意表现自己的仁爱。每当部属生病时，他常涕泣或特别赐以食物，但当部属有功而应当封爵加贺时，他却显得犹豫，不肯给予。像他这样的性情，不过是妇人之

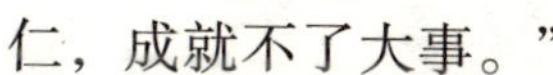

仁，成就不了大事。”

刘邦对韩信的分析表示认同，便问道：“我应该怎么办？”

韩信说：“与项王相比，大王当初入武关，秋毫无犯，还除去秦国的苛政酷法，与秦民约法三章，秦民没有不希望大王为关中之王的。何况，当年诸侯相约，先入关中的人便是王，大王应当有资格为关中之王，这是秦国人民所深知也完全认同的。如今，大王被项王排斥，被压制到了汉中，秦民都很惋惜。只要大王宣称举兵侵入关中，发出檄文，三秦自然败亡，关中顷刻就可收入掌中。”

韩信的一席话，把刘邦说得眼睛发亮，就像梦中初醒一般。刘邦此时只恨认识韩信太晚，否则他这几个月来就不会如此郁闷和绝望了。

刘邦深信，韩信是一个难得的人才，第二天，刘邦就将东进的计划全权委托给韩信去谋划，军队也完全归韩信去部署指挥。刘邦这样相信韩信，韩信也感动不已。从此，韩信便下定决心辅佐刘邦干一番大事业。

千里马常有而伯乐不常有，这句耳熟能详的话为我们现代人所常用！所谓千里马，顾名思义，就是拥有才能的人！而伯乐，就是能驾驭千里马的人，也就是我们常说的知音！纵览古今，有多少千里马和伯乐失之交臂，又有多少千里马与伯乐相知相惜！韩信这匹千里马能够遇到萧何这个伯乐，可以说是幸运的，同时对于刘邦来说也是幸运的。

徐悲鸿则称得上是我国现代画坛上的伯乐，被郭沫若称誉为画坛上“南北二石”的傅抱石和齐白石，也都曾得到徐悲鸿的相识之力。

20世纪初，57岁的民间老画师齐白石定居北京，住在法源寺，想以卖画维持生计。他自己曾这样叙述当时的卖画生涯：“我卖画的价钱，一个扇面，定价银币两元，比平时一般画家的价码便宜一半，尚且很少有人问津。生计窘迫得很。”这段自述表明：刻苦从画半生的齐白石当时生活何

等惨淡，多么需要有识人者的提携！

当时不少名士行家鄙视齐白石是木匠出身，对他的作品冷眼相看。齐白石孤立地站在北京画坛保守派的一片唾骂声中，遭到“一些画家”的极力诋毁与唾骂。他们骂齐白石的画是“野狐之禅”“俗气熏人”“不能登大雅之堂”等。在一次国画展览会上，齐白石的一幅《虾趣》立轴被挂在最不显眼的角落里。当时任北京艺术学院院长的徐悲鸿见到此画，眼前为之一亮，欣喜异常，认为是难得的艺术珍品。可是此画的标价才仅仅8元。徐悲鸿当即找来展厅负责人，将齐白石这幅画移挂到展厅正中，还与自己的《奔马图》并列在一起，又亲自将标价改为80元，还在说明栏中注上“徐悲鸿标价”几个字，而他自己的那幅《奔马图》才标价70元。此事很快传遍北京画界，齐白石由此声誉骤起，一举成名。

1929年，年仅34岁的徐悲鸿出任北京艺术学院的院长。徐悲鸿专程前往拜访齐白石，不顾世俗非议，大胆聘请年已66岁的齐白石担任国画系教授，并亲自接齐白石到校上课。徐悲鸿对学生说：“齐白石可以和历史上任何丹青妙手媲美，他不仅可以做你们的老师，也可以做我的老师。”徐悲鸿认为齐白石是画坛的千里马。

在反对派的鼓噪声中，徐悲鸿大声疾呼：齐白石“妙造自然”；齐白石的画“致广大，尽精微”……徐悲鸿在展览会上率先把“徐悲鸿标价”的条子挂在齐白石的画幅之下，还为齐白石编画集，亲自写序，送到上海出版。在徐悲鸿的一再推举下，齐白石走出茅屋，从此蜚声画坛，成为现代国画的一代宗师。

“少年为写山水照，自娱岂欲世人称。我法何辞万口骂，江南独倾瞻徐君。谓吾心手出怪异，鬼神使之非人能。最怜一口反万众，使我衰颜满汗淋。”这首诗是齐白石写赠徐悲鸿的。另外，倔强而高傲的齐白石，还在一封给徐悲鸿的信里说：“生我者父母，知我者君也！”

识人不易，识贤才更不易。徐悲鸿“慧眼识珠”，从一个国画展会上发现了齐白石，使他60岁走出茅庐，称雄画坛。徐悲鸿不仅是现代绘画大师，也是杰出的教育家，还是一位颇具慧眼的“伯乐”，在培养和造就美术人才上，作出了重大贡献。

识人不清败彭城

要想用好人才，首先要正确地认识人才，倘若识人不淑、用人不当，造成的后果可能是意想不到的严重。刘邦善于识人、用人这是人们所津津乐道的，但是刘邦同样也会犯下错误。在彭城之战中，刘邦错识错用魏豹，最终被项羽打得大败而去，险些丢了性命。

刘邦是一个不会打仗的人，所以经常是逢战必败，但失败并没有让他一蹶不振。倒是一次胜利让他忘乎所以了。由此可见，有时候胜利也并非好事，对于头脑不清楚的人来说，它的杀伤力比强大的敌人更可怕。

西魏王魏豹、洛阳王申阳、殷王司马昂相继被张良、韩信征服，归附刘邦的时候，刘邦又得到了重要谋臣陈平，恨不得立即拥有天下，不听张良、韩信、郦食其等人的苦劝，贸然准备进攻项羽都城——彭城。

刘邦调集人马亲自东征，渡过平阴津（今河南省孟津县东北），到达洛阳。刘邦看到洛阳地势形胜，左据成皋之险，右借污池之固，前有崧山，后有大河，东有绵延的崤山，西接漳、津，景色优美，山川秀丽，心中喜之不尽。

刘邦途中经过新城（今河南省商丘市南）时，有十几个乡老跪在路边求见。其中一位被人称作董公的，年龄最大，代表众乡老跟刘邦交流。刘邦传旨要速速相见。

董公对刘邦说："前些日子我们在大江里打捞到义帝的尸体，就硷棺送到郴州。现在汉王驾到，来我们洛阳，有一句话献给大王，望大王明鉴。"

当时项羽为了迁都彭城，又不愿意受到义帝节制，就逼迫义帝离开彭城。在去郴州的途中，项羽暗自命令英布等人杀死义帝，抛尸江里。传说义帝尸体投入江中，漂浮着溯江而上，被人捞上岸，送到郴州安葬。打捞义帝的人，就是这个董公。

刘邦一听董公提到义帝，就觉得蹊跷，忙问："你有什么话？快说！"

董公说："俗话说'顺德者昌，逆德则亡''师出无名，事必无成。'大王如今师出无名，只不过是为了争夺土地，即使一仗打败项羽，天下之人也不会心服。项羽不讲道义，弑杀义帝，已经成为天下百姓的敌人。仁不凭勇，义不恃力，大王应该带领三军，为义帝发丧，传檄天下诸侯，一起联兵讨伐项羽。"

刘邦觉得董公说得有道理，心里很高兴，立即为义帝发丧，下令群臣素服，士兵戴孝，传檄天下诸侯，檄文说：

"天下诸侯共立义帝，北面为臣。项羽大逆不道，强占彭城，弑杀义帝，人神共愤。寡人悉起关中之兵，会合天下义士，愿跟着各位诸侯王一起讨伐项羽，为义帝报仇雪恨……"

义帝活着的时候，本是项羽手中的一张大牌，项羽弃之如草芥；死了以后，刘邦顺手捡起，用途却很大。他派人四处传送檄文，天下诸侯闻风而至。董公等人一席话，竟让刘邦不到一月之间，网罗兵将多达数十万之众。刘邦于是更加飘然，专门请来韩信等人，商议攻打项羽之事。

韩信说："行军打仗是国家的头等大事，必须明察天时地理，看岁星，推命运，才可以兴师动众。我每天晚上都观察天象，认真分析和推算大王岁命，都不能出师。与其盲目行动，不如休兵养士。等到明年，我敢保证，必定破楚。大王如果硬要目前用兵，韩信不敢奉命。"

刘邦不听，反驳韩信说："我拜将军为大将不到两个月，将军力劝寡人出兵东征，很快就还定三秦大地。现在与那时相比，可谓鸟枪换炮，将军为什么反倒惧难不干了？"

韩信说："大王虽然夺得关中大地，但实际上并没有和项王正面打仗。如今项王的势力如日中天，正是强盛的时候，幸好他正忙着与齐、梁争战，燕、赵又从中作梗，天下诸侯分散了项王的力量，大王正好进行各方面的准备。并且大王虽然拥有数十万兵马，但是缺乏必要的训练，还不能用去对抗强敌。等到明年，项王疲弊，大王有了充分准备，趁机挥师攻打，哪有不胜的道理？何必忙于一时？"

刘邦不高兴，生气地说："机不可失，时不可违。如今项王出征在外，正是我夺取彭城的大好时机，哪有不胜的道理？将军看法不同，所以产生这种退让的想法。将军你带着人马去镇守三秦，我亲自去征伐项王。我如果失利，将军就赶快来救援，也是将军功劳。"

刘邦嘴唇上下一碰，剥夺了韩信的军权。

张良等人见此，急忙苦劝，可是刘邦哪里听得进去。

韩信又说："项王勇冠天下，历来所向无敌，汉军恐无大将与之匹敌！大王一定要审时度势，千万不要轻敌冒进！"

郦食其觉得韩信言之有理，认为汉军失去韩信就失去了主心骨，忙劝韩信："元帅与其为汉王精心策划，不如跟着汉王一起去攻彭城，何愁大功不成！"

韩信说："秦地刚刚归附，汉兵尽数出征，万一失利，人心不稳，一定会有反叛！那时无家可归，后悔不及。我愿带领本部人马镇守三秦，保证根本，进可攻，退可守，这才是万全之策！"于是将印交付汉王，自带人马镇守三秦大地去了。

刘邦夺了韩信兵权，喜不自禁，不管不顾，带领大军就奔向彭城。沿途郡县风闻刘邦要攻彭城，纷纷拜会，只有赵相陈余，派使者告知刘邦：只有刘邦杀死张耳，他才肯出兵。

刘邦自然不会杀死张耳，想来想去，才终于想出了一条瞒天过海之计：他令人寻来一个与张耳相貌相差无几的人，斩首送给陈余，陈余派兵相从，刘邦凑齐了56万大军。

汉元年四月，刘邦兵过外黄，彭越率兵来会。刘邦任命彭越为魏相，令他率兵去夺梁地，自己则带着大兵横渡汴河。三军争渡，有一军士被推落水，众人喧哗不已，肆无忌惮，诸将无人能够禁止。可见乌合之众是何等可怕。

刘邦忙召陆贾、郦食其等人计议："由于没有三军主帅，军士缺乏纪律。我想在诸将之中选择一人为帅。魏豹是魏王孙，人们称他赛太公，我想把帅印交他掌管，诸位以为如何？"

陆贾说："魏豹言过其实，恐怕难为大将！"

郦食其说："张良也看不起魏豹，况且，魏豹与诸将关系不协，恐怕难以服众！"

陈平也说："魏豹有小才而无大器，最终难以成就大事。"

刘邦不顾众人反对，说："魏豹门第高贵，五世将种，与韩信受辱胯下，乞食于人迥然不同。拜为大将，诸将岂有不服之理？"

刘邦说不出魏豹有何超人之处，只说他与韩信出生有异。正因为如此，他当初迟迟不拜韩信为将。他应该明白，韩信攻必克，战必胜，那是什么条件都无法比拟的。可以得出这样一个结论，刘邦但凡不听下属劝告，失败无疑。

魏豹就这样迷迷糊糊地当上了大将，他自我感觉良好，竟不推辞，点校三军，调配诸将，催动人马，开赴彭城。

楚都彭城守兵很少，又无险可守，刘邦不费吹灰之力，进入彭城，自以为立下不世大功，暗笑韩信、张良等人见识短浅。

刘邦进入彭城，看到楚宫宏丽，自个儿走进后宫，收宝物，取美女，朝饮醇酒，夜拥娇娃，享受人间温柔之情。各路将士，上行下效，日日逍遥，好不快活。

彭城失守的消息很快传到城阳，项羽暴跳如雷，留下龙且、钟离昧率兵攻齐，自带三万精兵，由鲁地出胡陵，到萧县，直抵彭城以西。

《资治通鉴》综合《史记》等书所载，作了以下描叙：“晨，击汉军而东至彭城；日中，大破汉军。汉军皆走，相随入谷、泗水，死者十余万人。汉卒皆走南山，楚又追击至灵璧东睢水上；汉军却，为楚所挤，卒十余万人皆入睢水，水为之不流。围汉王三匝。会大风从西北起，折木，发屋，扬沙石，窈冥昼晦，逢迎楚军，大乱坏散，而汉王乃得与数十骑遁去。”

刘邦这一仗，真是兵败如山崩，狼狈不堪，如果不是那一阵神风，刘邦可能死于乱军之中也未可知。

一场突如其来的大风，刮开了楚军铁桶一般的重围，刘邦居然能够在慌乱之中策马前行，逃出重围，也算天助。

大风稍停，项羽重整兵马，但是刘邦却不知去向。范增跌足，忙劝项羽务必趁此机会擒拿刘邦，否则将来恐怕难有如此机会。项羽立即差丁公、雍齿率领三千骑兵，务必星夜追赶。二人得令，带兵向东南大道追赶刘邦。

刘邦等人则边跑边想要不是这一阵狂风，定成了刀下之鬼！

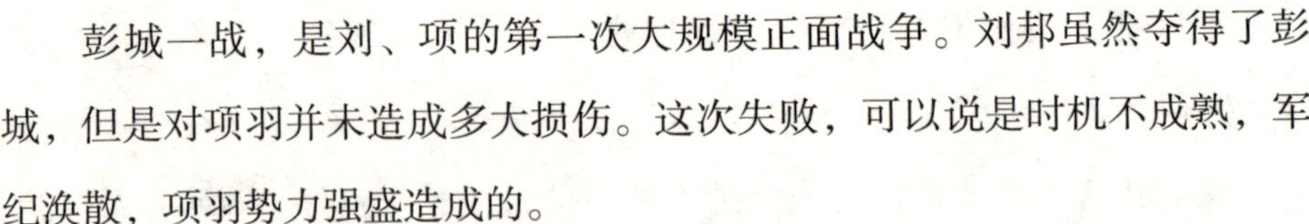

彭城一战，是刘、项的第一次大规模正面战争。刘邦虽然夺得了彭城，但是对项羽并未造成多大损伤。这次失败，可以说是时机不成熟，军纪涣散，项羽势力强盛造成的。

刘邦败后，诸侯纷纷顺风而倒，背汉附楚去了，而刘老太公也被项羽抓来做了人质，虽然不至于会死，但也让刘邦无可奈何！

由于刘邦的左倾盲动，直接导致了以汉为核心的反楚联盟土崩瓦解，延缓了统一战争的进程。而刘邦也不得不退守荥阳，与项羽进入相持阶段。

刘邦用自己的惨败告诉了我们识人不清的严重后果，这对于现代人也是有着深刻借鉴作用的。而一个企业若想健康快速地发展，首先要严把人才关，识别清何为人才何为庸才，“该留则留，该弃则弃”。

要砍倒一棵大树，最好的办法是先有一把好斧头。俗话说得好：磨刀不误砍柴工，要想提高公司效益，必须要有一批人才。否则，仅凭一批庸才是不能促进公司快速发展的，严重的还会导致公司在激烈的社会竞争中被淘汰。因此，把好人才关非常重要。

那么，如何才能把好人才关呢？

最重要的一点是清除公司内部的庸才。庸才不仅指那些在公司中破坏团结的坏分子，还包括不求上进、做一天和尚撞一天钟的员工。一颗老鼠屎，坏了一锅汤。庸才本身不仅对提高公司效益没有什么帮助，而且会影响周边的员工。如果公司不能将庸才清除，团队的和谐和工作激情都会受到影响。而一旦清除了庸才，不仅对那些有不良企图的员工有警示作用，而且会让其他员工心理平衡，不再埋怨干与不干一个样、干好干坏一个样，从而有效促进团队的和谐，增强员工的斗志。

识人莫要偏概全

刻板效应是指人对社会上某一事物产生相对固定的、概括而笼统的看法，尤其是在评判他人时，往往喜欢把他看成是某一类人中的一员，而且很容易认为他具有这一类人所具有的共同特征。刻板印象常常是一种偏见，人们不仅对接触过的人会产生刻板印象，还会根据一些不是十分真实的间接资料对未接触过的人产生刻板印象。刘邦在用人之时也曾经犯下过这样的错误，将所有儒生都认作是“无用的腐儒”，从而不予以重用。但是在后来的日子里，刘邦渐渐改变了对这些儒生的看法，并且起用了很多儒生来帮助自己治理天下。

刘邦原来“不事家人生产作业”，游手好闲惯了，好酒色，性格粗野，行为放荡。任小小的泗水亭亭长的时候，“廷中吏无所不狎侮”，与温文尔雅的儒生显然格格不入，再加上当时社会风气重武轻文，乃至对儒生形成隔阂与忌恨。刘邦在世时骂人无数，死后自己也免不了被别人骂，现在有人认为刘邦不喜欢知识分子，骂儒生为“竖儒”“腐儒”，并拿儒生帽子当便盆等。其实，刘邦的性格“意豁如也，常有大度”，率真豁直、有错就改、大大咧咧。他是个实用主义者，对腐儒和酸溜溜的文人看不惯，但对有知识、有能力的儒生却非常器重。下面举例说明。

汉三年，项羽急围汉王于荥阳，汉王恐忧，与郦食其谋桡楚权。郦生建议刘邦复立六国后世，刘邦同意。但在吃饭时他又征求张良的意见，张良为刘邦分析了形势，认为万万不可，刘邦听后辍食吐哺，骂郦生曰："竖儒，几败而公事！"令趣销印。令人惊奇的是刘邦骂了郦生之后仍重用他，在郦生提出"据敖仓之粟，塞成皋之险，杜大行之道，距蜚狐之口，守白马之津"的策略，刘邦马上施行，并取得良好的效果。

刘邦手下有一大批儒生、谋士，除张良、萧何、陈平等具有一流水平外，其余的在关键时刻也能出谋划策。如新城三老董公说汉王以义帝死故，劝刘邦为义帝发丧，号召诸侯讨伐项羽；随何往说九江王英布背楚投汉；辕生献计使刘邦出军宛叶间，吸引项羽引兵南；郎中郑忠劝说刘邦高垒深堑，不与项羽硬打，使卢绾、刘贾将卒二万人，骑数百，渡白马津，入楚地支援彭越；陆贾、侯公代表刘邦与项羽谈判并取得成功。

刘邦称帝后，对儒生态度有了明显变化。这个变化可以追溯到刘邦称帝不久，"群臣饮酒争功，醉或妄呼，拔剑击柱。"而对这种情况，刘邦很是发愁。这时儒者叔孙通向他建议说："夫儒者难以进取，可与收成。臣愿征鲁诸生，与臣养子共起朝仪。"他的建议被刘邦采纳，之后群臣按照叔孙通制定的朝仪给刘邦贺年，全部朝贺仪式气氛严肃，秩序井然。参加朝贺的人"自诸侯王以下莫不振恐肃敬""无敢喧哗失礼者"。仪式完毕后，刘邦深为感慨"吾乃今日知为皇帝之贵也！"从此刘邦对儒学的威力有了新的认识，对儒生的态度也开始发生了变化。之后叔孙通在刘邦面前替那些和他一块制定朝仪的弟子和儒生讨官做，结果"汉高祖悉以为郎"。这样，在西汉官吏的队伍中，首次成批地涌进了儒生。后"汉高祖徙叔孙通为太子太傅"，决心用儒者来教育自己的继承人。刘邦后来又在鲁南宫接见了儒生申公和他的弟子。公元前195年，刘邦竟"以大牢祠孔子"，拜倒在孔子的脚下，成为中国历史上第

一个祭孔的皇帝。

还有陆贾《新语》的由来也很有意思：陆生时时前说称诗书。汉高祖骂之曰："乃公居马上而得之，安事诗书！"陆生曰："居马上得之，宁可以马上治之乎？且汤武逆取而以顺守之，文武并用，长久之术也。昔者吴王夫差、智伯极武而亡；秦任刑法不变，卒灭赵氏。乡使秦已并天下，行仁义，法先圣，陛下安得而有之？"汉高祖不怿而有惭色，乃谓陆生曰："试为我著秦所以失天下，吾所以得之者何，及古成败之国。"陆生乃粗述存亡之徵，凡著十二篇。每奏一篇，汉高祖未尝不称善，左右呼万岁，号其书曰"新语"。

刘邦认识到了他对儒生态度的错误，立即改正，这也是这位封建皇帝身上与众不同的内在特质的魅力。从刘邦《手敕太子书》可以看出他对儒生态度的根本转变：

"吾遭乱世，当秦禁学，自喜，谓读书无益。洎践祚以来，时方省书，乃使人知作者之意，追思昔所行，多不是。

"尧舜不以天子与子而与他人，此非为不惜天下，但子不中立耳。人有好牛马尚惜，况天下耶？吾以尔是元子，早有立意。群臣咸称汝友四皓，吾所不能致，而为汝来，为可任大事也。今定汝为嗣。

"吾生不学书，但读书问字而遂知耳。以此故不大工，然亦足自辞解。今视汝书，犹不如吾。汝可勤学习。每上疏，宜自书，勿使人也。

"汝见萧、曹、张、陈诸公侯，吾同时人，倍年于汝者，皆拜，并语于汝诸弟。 吾得疾遂困，以如意母子相累，其余诸儿皆自足立，哀此儿犹小也。"

刻板印象一经形成，就很难改变，因此，在日常生活中，一定要考虑到刻板印象的影响。即便是刘邦这样善于识人用人的帝王也逃脱不了刻板效应的魔咒，但是刘邦能够认识到这种错误，并且最终挣脱出来，便是十

分难得的。

“人心不同，各如其面”，刻板印象毕竟只是一种概括而笼统的看法，并不能代替活生生的个体，因而“以偏概全”的错误总是在所难免。如果不明白这一点，在与人交往时，“唯刻板印象是瞻”，像“削足适履”的郑人，宁可相信作为“尺寸”的刻板印象，也不相信自己的切身经验，就会出现错误，导致人际交往的失败，自然也就无助于我们获得成功。

刻板效应在我们日常生活之中有着十分广泛的体现，比如，在中国习惯有这样的认识：北方人常被认为性情豪爽、胆大正直；南方人常被认为聪明伶俐、随机应变；女人应该是什么样子，男人应该是什么样子；商人就是奸诈，为谋得应有利益，不讲人情，没有人味，即所谓的“无商不奸”；教授则应该是白发苍苍、文质彬彬的老人……

刻板效应在人际交往中既有积极作用，又有消极作用。积极作用在于它简化了我们的认识过程，因为当我们知道某类人的特征时，就比较容易推断这类人中的个体的特征，尽管有时候有所偏颇；消极作用，常使人以点代面、固执待人，使人产生认识上的错觉，比如种族偏见、民族偏见、性别偏见等，就是刻板效应下的产物。

在社会心理学中，这种用老眼光看人所造成的影响，产生一叶障目的错误，就是“刻板效应”。这种刻板效应在学校教育中经常发生，在社会的人际交往中更是常有发生。就连《三国演义》中的刘备和孙权也犯过如此的错误：“权见其人浓眉掀鼻，黑面短髯、形容古怪，心中不喜”，“玄德见统貌陋，心中不悦”。尽管庞统才高八斗与诸葛亮齐名，但都因为其貌不扬，拜见刘、孙时而不被看好。正是这种刻板效应影响着我们的判断，甚至欺骗着我们的思维，导致我们不能客观地评价他人。

那么如何避免一叶障目和巧妙利用刻板效应呢？心理学家这样建议道：

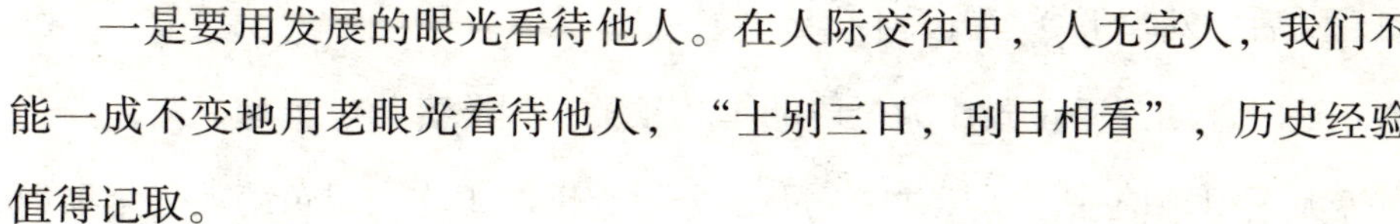

一是要用发展的眼光看待他人。在人际交往中，人无完人，我们不能一成不变地用老眼光看待他人，“士别三日，刮目相看”，历史经验值得记取。

二是要全面地看待他人。每个人都有优点与缺点，只看优点或者只看缺点，都是不正确的。我们要从多方面、多层次着手，不要只见一鸟不及其余。

由刻板效应形成的认识往往是对事物最简单和最原始的认识，是不客观和不全面的，所以在人际交往中应该主动避免产生过强的刻板效应。但是，刻板印象并不是一成不变的，人的文化水平越高，产生刻板效应的可能性越小；对事物越了解，则越容易改变刻板印象。

因此，我们在工作和生活中既不能让刻板印象蒙蔽了我们的眼睛，同时也要合理地运用刻板效应！

能人藏在布衣中

人们常说“人不可貌相，海水不可斗量”，说的便是我们在看人之时不要因为一个人的外貌好坏来定义一个人的能力大小，品行好坏。但是现实中很少有人能做到不以貌取人，然而刘邦却做到了，不能不让人佩服。

项羽乌江自刎后，刘邦一统天下。公元前202年正月，刘邦为了遵守平分天下的承诺，正式晋封韩信为楚王，统辖淮北地区，建都于下邳城。同时晋封原魏国相国、大盗出身的彭越为梁王，统辖魏国故地，建都于定

陶。随后，刘邦下令大赦天下。

这时，刘邦已正式成为全国的军政领袖。但除韩信、彭越、张耳、英布等大军团领袖外，刘邦并未立即做分封天下的工作，以免落入当年项羽“为天下宰，不平”的怪圈。

各诸侯和功臣因名分未定，紧张异常，而刘邦以天下局势未稳，一切还需从长计议为由，拒绝再行分封诸侯。

为了让政权迅速稳定下来，众诸侯及各军团将领联名共请刘邦晋位为皇帝。刘邦却再三推让：“我听说皇帝之位应由天下最贤能的人拥有，不然只是虚有其名，得不到大家诚心支持，无法建立稳定的政权，反而有害天下和平，因此我不敢担负这个责任。”

群臣称颂道：“大王出身于民间，起义抗暴秦，平定四海，还有谁能比您更贤能？并且天下有功的人都蒙您裂土封王，不正表示您是王中之王吗？如果大王不尊帝号，如何让天下百姓安稳的信心？为了天下和平，我们愿意誓死追随您、支持您。”

刘邦按照习惯，客气地表示谦让，众大臣则执意支持。当然这只是刘邦表示德行的一出戏而已，他心中其实早就希望赶快登上皇位了。戏演完了，刘邦佯装有些不好意思地对众臣说：“诸君若认为一定要这样，为天下百姓的利益，我也只好勉为其难了。”

二月，刘邦在曹州济阴县的汜水北岸设坛，正式登上了皇帝的宝座。王后吕氏改称皇后，太子改称皇太子，并追尊已去世的母亲为昭灵夫人。

除梁王彭越、淮南王英布、赵王张耳外，正式晋封韩王信为韩王，都阳翟；衡山王吴芮迁徙为长沙王，都临湘；并正式承认中立的燕王臧荼的诸侯地位，粤王无话也改称闽粤王，统辖闽中地。

秦王朝采取中央集权的郡县制度，因此嬴氏一族均无实力，天下一乱，就没有真正可以勤王的力量了。吸取了秦王朝的教训，刘邦在当了皇帝后以分封制度来确立刘氏皇权的根基。

刘邦共有八个儿子，庶长子刘肥，母氏不明，是刘邦还是普通人时和没有名分的妻子所生，封为齐王。二子，也就是嫡长子刘盈，为吕后所生，后继位为皇帝，谥惠帝。三子刘如意，戚夫人生，封为赵王。四子为庶子刘恒，薄夫人生，为代王，即日后的汉文帝。五子为刘恢，为梁王，日后徙为赵王。六子为刘友，后也晋封为赵王。七子为淮南王刘长。最小的儿子为燕王刘建。

分封完刘氏子弟，刘邦又开始处理其他顽固势力。临江王共敖死后，由其子共尉继任其位。共尉不向刘邦投降，刘邦便派卢绾和刘贾率军攻击，共尉兵败被俘。项羽当年所分封的诸侯，除燕王臧荼一向保持中立外，其余的不是灭亡，就是向刘邦投降了，只有这个共尉，属顽固派，誓死都不愿降刘邦，因此刘邦一进雒阳（今河南省洛阳市），便将其斩首示众。

这时，刘邦还面临着另一个大问题，即建都何处。在这一问题上，为他出谋献策的是一个叫娄敬的人。

娄敬是齐国人，刘邦当上皇帝时，他在陇西一带驻守，负责和异族的贸易工作。他从边疆到达洛阳（此时雒阳已正式改称洛阳），经齐国人虞将军的引荐拜见了刘邦。

娄敬穿着简单的塞外羊皮衣，虞将军要求他换件华美的朝服入宫。娄敬却不愿意，还说：“臣衣帛，便以衣帛晋见；衣揭，便以衣揭晋见。我愿保持我的本来面貌，不愿欺瞒天子！”

虞将军只好把这话传给刘邦。刘邦一向不喜欢虚伪的人，所以觉得娄敬很有意思，于是便召见了他。

娄敬对刘邦说：“陛下以洛阳为京城，是有意要追随周王朝的兴隆。”

刘邦说：“是这样的。”

娄敬说：“陛下这种想法，其实是很危险的。”

刘邦笑着问："你的意思是？"

娄敬说："陛下取得的天下，和周王朝有很大的区别。周王朝在建立以前，其领袖后稷受封于有邰，积累恩德和力量，长达十余世，至太王、季王、文王、武王时，力量已非常雄厚，因此才能趁殷商混乱时，攻灭殷纣王而成为天子，但他们的京城仍设于关中的镐京。一直到成王即位，周公为宰相，才有经营洛阳之议，以洛阳位于天下之中，诸侯由四面八方纳贡或入京述职，距离相当，交通方便之故也。可是经营洛阳最危险的是，得到支持很容易成为王，不受支持时就很容易亡国了。周王朝强盛时，天下太平，诸侯、四夷莫不臣服，贡礼及述职都做得很努力。等到周王朝衰退后，天下诸侯不再朝贡，周王朝也无法要求他们，这并不是周天子德行不厚，而是在当时的形势下，其力量太弱了。

"今陛下起义丰沛，以蜀汉为基地，平定三秦，和项羽大战于荥阳、成皋间，大战七十、小战四十，使天下之民肝脑涂地，父子暴尸骨于原野中者不可胜数，哭泣之声不绝于耳，人民的伤害似未疗愈，大王却要模仿周王朝的盛世而定都洛阳，臣窃以为不可。

"另外，秦国的关中地带，有峻山险河为屏障，四方关塞稳若磐石，有急难时，关中的户口也可很快集结百万雄兵。秦国当年就因其独有的地利和丰富的物产而达到空前的强盛，所以有天府之国的美誉。陛下若入关中以为京都，即使关东（指函谷关之东）地区混乱，关中仍能保持安泰。夫与人相斗，最有利的是扼其喉咙、压住其背部，对方便无法抵抗了。如今陛下若能掌握关中，无疑是得到扼天下之喉、压服天下之背的优势。"

刘邦认为娄敬的话很有道理，但以牵涉范围太广，无法决定为由，请来群臣商议。

刘邦阵营的大臣及将领，大多属函谷关以东人士，所以不愿定都关中，他们的理由是："周王朝有几百年的福祥，而秦到二世便亡国了。关中地区的地利无法真正守住政权，并且洛阳东有成皋之险，西有淆山、泥池之峻岭，北有黄河，东向伊水及治水，占了地利的优势。”

刘邦无法决断，便私下请教张良。

张良笑着对刘邦说：“洛阳虽也有地利，可是其中心腹地不过百里，而且生产力薄弱。四面平原，容易受到包围，的确不是用武之国。关中地区左边有淆谷及函谷关，右边有陇中、蜀中，沃野千里，南有生产丰富的巴中、蜀中，北有可以畜牧、做贸易的胡人国境，三面都有阻挡，易守难攻，向东一面又可居高临下，东制诸侯。诸侯安定时，可以利用黄河及渭水运输便利，将天下财货、贡品供给京师。诸侯有变，顺河而下，又可方便供应讨逆军粮秣，此所谓金城千里，天府之国。所以，臣觉得娄敬的看法有道理。”

刘邦一向很信任张良，见张良又说得这样句句在理，于是下令即日驾车西入关中，并决定以长安为京都。

娄敬因迁都之功，被拜为郎中，号奉春君，赐姓刘氏，从此改称为刘敬。

天下一统，刘邦终成大业。如何择址建都，事关巩固江山大计。娄敬纵观天下大势，高瞻远瞩，建议刘邦建都长安，刘邦择善而从，后来的事实证明了他抉择的正确。这表现出了刘邦作为一个大政治家的非凡气度。

娄敬一身麻衣入殿向刘邦进言，刘邦非但没有因为他的打扮粗俗而怠慢，反而仔细聆听了他的想法，最终听从他的建议，将汉朝的首都迁至长安。刘邦不以貌取人，听言娄敬最终迁都长安，确立了西汉王朝200多年的盛世太平。

但是若以外貌而去识别人才，就会失之偏颇，以至于错识人才，甚至失去人才。关于此类的教训可谓举不胜举。

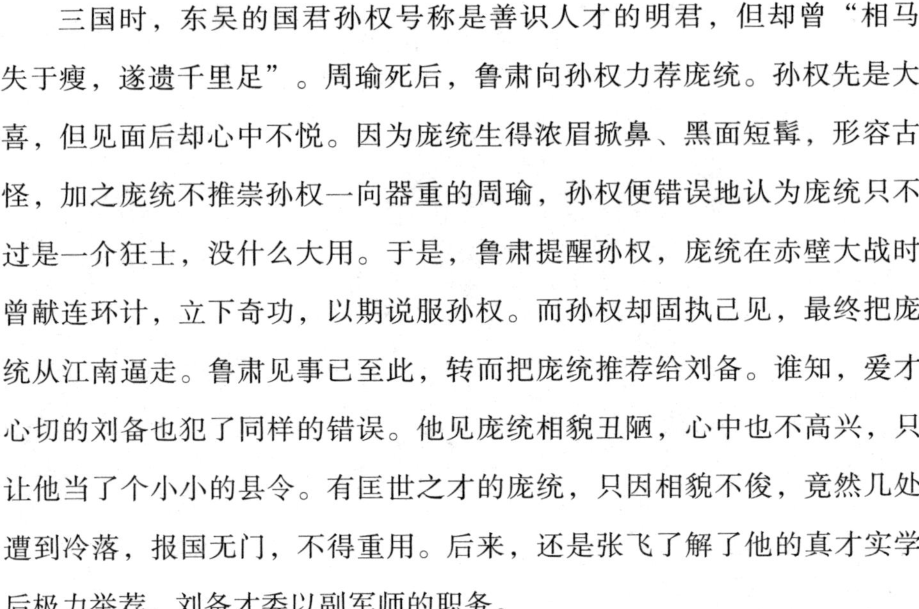

三国时，东吴的国君孙权号称是善识人才的明君，但却曾“相马失于瘦，遂遗千里足”。周瑜死后，鲁肃向孙权力荐庞统。孙权先是大喜，但见面后却心中不悦。因为庞统生得浓眉掀鼻、黑面短髯，形容古怪，加之庞统不推崇孙权一向器重的周瑜，孙权便错误地认为庞统只不过是一介狂士，没什么大用。于是，鲁肃提醒孙权，庞统在赤壁大战时曾献连环计，立下奇功，以期说服孙权。而孙权却固执己见，最终把庞统从江南逼走。鲁肃见事已至此，转而把庞统推荐给刘备。谁知，爱才心切的刘备也犯了同样的错误。他见庞统相貌丑陋，心中也不高兴，只让他当了个小小的县令。有匡世之才的庞统，只因相貌不俊，竟然几处遭到冷落，报国无门，不得重用。后来，还是张飞了解了他的真才实学后极力举荐，刘备才委以副军师的职务。

晋代学者葛洪在《抱朴子·外篇》中深有感触地说过，看一个人的外表是无法识察其本质的，凭一个人的相貌是不可衡量其能力的。有的人其貌不扬，甚至丑陋，但却是千古奇才；有的人虽堂堂仪表，却是“金玉其表，败絮其中”的无用之徒，倘以貌取人，就会造成取者非才或有才不取的后果。

同样，现代企业的管理者，要真正识别人才，就需要对个人进行全方位地审察，看其是否具有相当的能力，是否有发展前途。如果不注重一个人的学识、智慧、能力等方面的培养与使用，不注重其专长的发挥，只是通过其对某些问题的看法来衡量他的判断能力、表达能力、驾驭语言的能力，仅凭一个人的相貌来判断其能力大小，甚至由此来决定人才的取舍，那么，真正的人才就可能被埋没。

据传，夏桀商纣长相姣美，身材魁梧，堪称美男子，而且勇武超群，智慧过人。若仅观其外表，不啻“天下之杰”。然而，他们却是残虐民众的暴君。与此相反，历史上其貌不扬的奇才却大有人在。楚国的孙叔敖，头发短且稀疏，左手长，右手短，五短身材，立于车上还没有辕前横木高，却能辅佐楚霸王，使楚国成为战国时期实力强盛的国家之一。

可见，人的思想善恶和能力大小与相貌美丑并没有必然的联系。人虽貌丑却有德有才，则不失为君子；人虽貌美而无德无才，却只能是小人。

第三章 DI SAN ZHANG 笼人，千方百计

对于现代企业的领导者，人才永远是最重要的。然而人才往往是可遇不可求的，“千军易得，一将难求”说的便是这个道理，然而更为糟糕的便是人才在很多时候处于自己的对立面。所以说，如何笼络人才，如何让人才为我所用，便成为领导者最迫切的问题。我们不妨借鉴一下汉高祖刘邦是如何笼络人才，为己所用的。

以礼待之收项伯

要想让人才为我所用，首先要做到的就是尊重人才，要想尊重人才，便要做到以礼待之。这样才能让人才感到自己受到了尊重和重视，才能真心实意地为己效力。刘邦身居汉王之位，丝毫不顾全自己的面子，放下自身段，以礼待人，这样才笼络了许多的能人异士为其所用。

项伯，楚国名将项燕的庶子。项燕在和秦军作战阵亡后，项伯也和项梁一样，在楚人的保护下四处躲避秦军的追捕，过着流离失所的日子。后来，项伯逃到下邳，和博浪沙刺杀秦始皇失败后逃到下邳的张良相遇。张良曾对处在贫困交加中的项伯，给予了极大资助。后来，张良又提供了大量的盘缠，帮助项伯寻找到了在会稽起兵的项梁。项梁阵亡后，项伯待在项羽身旁，以项羽叔父的身份自居，在项家军中拥有相当高的地位。

项伯对情义看得很重。当他随项羽大军进入关中后，得知自己的恩人张良就在刘邦身边时，很想去见见他，但由于驻扎在霸上的刘邦正和项羽对峙，项伯就没有去成。

当时刘邦领先一步进入咸阳后，他怎能不激动？他忘记了妻儿，忘记了曾经西征的苦难，咸阳宫不正是他梦寐以求的地方吗？“大丈夫当如此也”，不就是这样浩浩荡荡进入此宫吗？刘邦兴奋得头脑发昏了，因此便得意忘形起来。

不过这个举动是相当危险的，因为一进驻皇宫，即代表有代替秦王朝之政权的积极企图。这种企图心很可能会成为“众矢之的”——各集团群起而攻之的对象。这时，刘邦的最亲密战友，也是沛城时代的首席班底——樊哙提出了警告。“沛公的志向是想角逐天下，还是想做个富家翁呢？这些奢华的享受物都是使秦皇室灭亡的主要原因啊！沛公您怎么会需要这些东西呢？”

但刘邦实在舍不得，在那里犹豫不决。萧何认为依刘邦的个性，最好找一个不那么亲近、但在刘邦心目中又有地位的人来劝告，比较会让刘邦觉得不好意思。因此，他指派当时仍属客卿地位的张良去办这件事。

张良也知道问题的严重性，便对刘邦说：“正因为秦皇室无道，只顾享受而不知天下疾苦，沛公才有机会到这里来啊！所以为了替天下除此残贼，便应建立简朴清廉的形象，此所谓‘吊民伐罪’也。如今您刚入秦皇宫，便急着去享受这些奢侈的皇宫设备，此所谓‘助纣为虐’啊！而且所谓‘忠言逆耳却有利于行事’‘良药苦口却有利于治病’，希望沛公能够听从樊哙的劝告啊！”连张良都出马了，刘邦也明了这是大多数亲密战友的心意，违背了将失去大家的支持，便慨然将军队退出咸阳，还军霸上。

然而不到十二月，项羽的军队便到达了咸阳，进驻新丰鸿门，与驻扎在霸上的刘邦军队相互对峙。此时项羽已看不惯刘邦，并且对刘邦开始有所警惕。其实西征的过程中刘邦并没有打过多少场胜战，而项羽才真真实实打过几个漂亮仗，当项羽的军队在鸿门驻扎下来时，刘邦的形势已十分危险。他的左司马曹无伤看在眼里，便偷偷来到项羽的军中，背叛了刘邦，向项羽报告说：“刘邦想当关中王，对投降的秦王子婴，不但没有治罪，听说沛公还打算让他做相国，皇宫里的财宝也让刘邦拿走了，沛公借着将军的威力才进了关，按理应当等候将军的命令再决定大事，他反倒忘恩负义，与将军作对。”

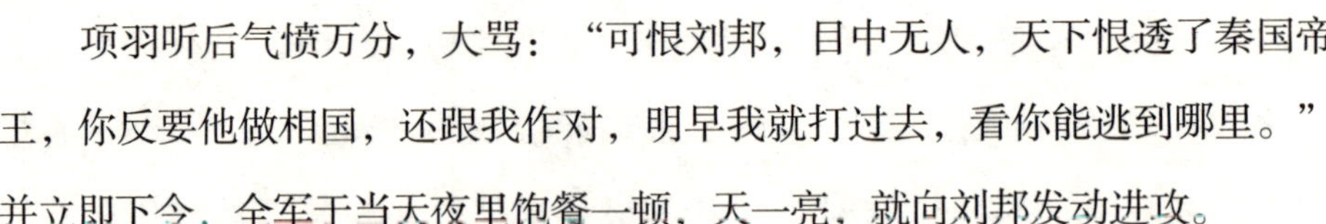

项羽听后气愤万分，大骂：“可恨刘邦，目中无人，天下恨透了秦国帝王，你反要他做相国，还跟我作对，明早我就打过去，看你能逃到哪里。”并立即下令，全军于当天夜里饱餐一顿，天一亮，就向刘邦发动进攻。

70多岁的幕僚范增，此时也主张项羽尽快铲除刘邦。他鼓动项羽说：“刘邦在家乡的时候，谁都知道他是个无赖，又贪财，又好色，可现在他进了关，不贪图财物、美女，从中也可以看出他的野心。如不消灭他，日后一定后患无穷。我偷偷地派人去观察过他，都说他有天子气象。所以你一定要抓住这个机会，勿留后患。”

这种局面完全是刘邦一时糊涂造成的。如果刘邦存心称王，就应当注意项羽军队的动向，但是他却在项羽准备进攻的时候睡大觉，对项羽的动向一无所知。

项羽军中的项伯当然也知道这个消息：项羽明日便出击霸上。刘邦如被击溃，自己的知己张良的生命也便危在旦夕，于是项伯便趁着夜色冒着危险偷偷地前往刘邦的军营。

张良实在是太聪明了，见项伯这样，便知道一定是发生了什么紧急情况。在张良的一再追问下，项伯只好将项羽准备明日袭击刘邦的消息告诉了他，这个消息让张良非常吃惊，他没有想到项羽的动作竟然这么快。张良当然也不是那种见死不救的人，见刘邦危在旦夕，自己哪能私自逃亡，于是他说服了项伯，让他跟自己一起去见刘邦。禀报了刘邦后，张良先入营帐，让项伯在外面稍等。张良进了帐，见到刘邦，把项伯所说的情报说了一下，刘邦吓得话都说不出来了，急忙问道：“这可怎么办才好啊？”

张良问：“将军真的要抗拒项羽吗？”

刘邦皱着眉头说：“那是解先生让我那样做的，他说把守着函谷关，不让诸侯进来，关中的天下就大定了。”

张良问他：“将军自己认为能够抵抗得了项羽吗？”

刘邦沉默了一会儿：“当然不能，可现在该怎么办呢？”

“不如请项伯来，与其商量一番，也许能够缓解这种矛盾。”张良说。

刘邦为了便于称呼项伯，忙问张良说：“你与他的年龄谁大？”

张良答道：“他长于臣。”

刘邦忙说：“你快把他引进来，我以兄长之礼待他。”

张良出来请项伯，两人共同入内。

这时，刘邦已准备好酒菜，摆出一副接待贵宾的场面，不等项伯同意，刘邦便作出拜见长辈（刘邦和项羽曾结拜为兄弟，项羽的叔叔当然也是他的长辈了）的礼节，举杯敬酒。项伯见刘邦如此礼待自己，十分感动。

说话间，忽又打听得项伯还有一儿子在家，刘邦也不管女儿才三四岁，忙央着张良撮合结成儿女亲家。项伯见刘邦一脸坦诚，全然一副乡间长者模样，睡在帐篷里就满意得了不得，哪来的野心韬略！

刘邦见项伯对自己没了戒心，然后又向项伯诉说起了自己的“苦衷”：“项将军对我的误解实在是太大了，我们过去的交情其实挺好的，我怎么会不仁不义地背叛他呢？入关以来，我什么东西都不敢据为己有，所有资料全部封好，就是为了等待项将军来接收啊！我之所以会派兵防守函谷关，是怕有其他军队入侵，让我无法向项将军交代。我这样日日夜夜盼着将军的到来，怎么可能会反叛他呢？请您替我向项将军说情，说我刘邦从未忘记过去他对我的恩情！”

项伯见刘邦说得如此诚恳，便当场承诺替刘邦向项羽说情，劝说他停止攻打刘邦的计划。项伯也对刘邦许诺，今天晚上即去拜见项羽，亲自向他解释一些情况，消除项羽对他的误解。

项伯回营后，径直往中军帐去找项羽。项羽本无睡意，见亲叔来找，起身相迎。听项伯把事情前因后果一讲，当即拍着手便说：“对呀，我本来就不信刘邦会是那种人嘛！”接着又对项羽说：“要是刘邦不先攻破关

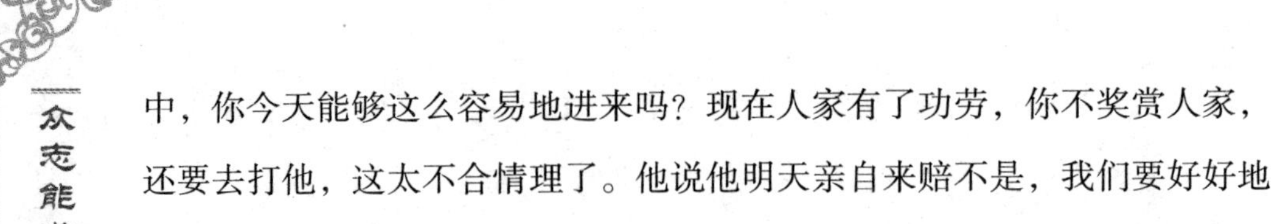

中，你今天能够这么容易地进来吗？现在人家有了功劳，你不奖赏人家，还要去打他，这太不合情理了。他说他明天亲自来赔不是，我们要好好地招待他才是。”

经项伯如此一说，项羽有些动摇，便应承下来。

第二天清晨，楚营前锋英布、项庄，将军钟离昧、章邯等跨马提枪，数万骑士，整装待发。这时却听到项羽下令，暂且停止攻打刘邦。

项羽的军队一撤，在遥遥相对的刘邦的营地中，刘邦早早便站在望塔上，亲自观察军情，只见项羽的军队解散开来，才松了一口气。

为了摆脱目前的危机，刘邦来了个好汉不吃眼前亏，先是打听项伯的年龄，“以兄之礼待之”，继而在席间又毕恭毕敬，极尽殷勤，直到最后，又不惜出卖女儿的幸福，用女儿作政治筹码，换得了项伯的承诺，临走的时候，还是不忘记根本的目的，叮嘱项伯千万在项羽面前替他美言几句。其政治手段应用之纯熟，项羽实在是及不上的。

刘邦对于敌方的项伯，能做到如此礼节皆备，尤其是对项伯这样重兄弟义气的人，他能看人出招，抓住了项伯的心。从中可知，刘邦外交的手腕，远远超过了项羽。

其实，项伯就算对刘邦没有极大的用处，单凭项伯与张良的那段生死之交，以刘邦的性情，也必会以礼相待，只求交个朋友。更何况在这次战争中项伯对刘邦如此重要，加上他本来的性格，因此表现起来，如鱼得水更加自然。

用人之道，不仅要靠利益的驱使，人是有感情的动物，真正征服人心的往往不是利益的诱惑、武力的威逼，恰恰是感情上哪怕很小一点点的感动。这就要求用人者，为了得到人才的忠心和力量，就要真心对待人才，付出自己的真实感情，感动人才，让人才发自内心地为自己所用。刘邦从感情上以真诚俘虏了项伯，才得以使项伯出面摆平了霸上鸿门之祸。

作为一名领导者，应该明白“先得人心，后得天下”的道理，就是在用人上，一定要拉拢住人才的心。身为领导者，只会用命令的方式将自己的权力贯彻下去，是不可取的，甚至可以称为是愚蠢的，其最好的结果是让人服从，却不会让人真心喜欢，或者真心为领导付出。这样一来，作为管理者，其工作永远都会是被动的，终究会有一天，他的下属会采用某种手段或者措施，对其下达的命令敷衍了事，而使得管理无法进行。

一个聪明的管理者，对于人才，会不断地关怀他们，付出自己的情感去感动他们，让他们在心灵的最深处感受到自己的关怀，从而心甘情愿为自己工作，甚至为自己付出生命。作为投资，感情投资不失为一种投资少见效丰的用人手段。

如何利用情感来驾驭下属，是很多领导都在思考的问题。从管理下属的角度来说，情感是杠杆，也是工具，如何利用好它是一门实用的学问。特别是那些有才能的人往往自傲，对一些小恩小惠是不屑一顾的。此时，如果你能够巧妙地利用情感作杠杆，让他觉得你是真心对他好，你收获的必然是下属的真心相报。

作为领导，只有和下属搞好关系，赢得下属的拥戴，才能调动起下属的积极性，从而促使他们尽心尽力地工作。俗话说，“将心比心”，你想要别人怎样对待你，那么你就先要怎样对待别人，只有先付出关爱和真情，才能收到一呼百应的效果。

日本著名的企业家松下幸之助就是一个注重感情投资的人，他曾说过：“最失败的领导，就是那种下属一看到你，就像老鼠见到猫一样没命地逃开的领导。”他每次看到辛勤工作的下属，都要亲自上前为其沏上一壶茶，并充满感激地说：“太感谢了，你辛苦了，请喝杯茶吧！”正因为在这些小事上，松下幸之助都不忘对下属表达关爱和关怀，所以他获得了

下属一致的拥戴，下属都心甘情愿地为他效力。

人有情感、意志、思想，有各自不同的欲望。管理者只有对下属付出关爱和真情，才能使优秀下属感到自身的幸福与团队的发展是紧密相连的。只有坚持为全体下属谋求物质和精神两个方面的幸福，并以此为团队的奋斗动力，才能使优秀下属与团队管理者同心协力，促进团队共同前进。

为买人心弃私情

古语有云："大行不顾细谨，大礼不辞小让。"说的是在我们走向成功的道路上，想要做成大事，就不能拘泥于细节，更不能在乎世人的评论和责备。将厚黑做到了极致的刘邦，就充分地体现了这句话。为了成功，他将儿女亲情都放到了一边。

历来对于刘邦的解释很多， 但是没有哪一种能够真正解释清楚。刘邦灭项羽，建立汉朝，史称西汉，成为中华民族文明之开端，因此后世也多自称为汉人。刘邦建立汉朝，事出偶然，因为当时反秦之时，项羽怕刘邦日后势力强大，和自己争夺天下，故而在分封诸侯王的时候封刘邦到汉地，称之为 "汉"王。而这位从亭长成长为大汉王朝的开创者的刘邦，其人其事，之所以能成功，也并非一般的伦理道德能解释明白的。

刘邦接受分封、入主汉中之后，开始养精蓄锐，积攒自己的实力，以图天下。经过几年的发展，刘邦开始挥师向东，想要和项羽争夺天下，开始了四年的楚汉之争。双方的战斗异常激烈，刘邦思量一番，认为这样的持续战争并非好事。于是他问从项羽处投奔而来的韩信，什么办法可以迅速胜利？韩信早已被刘邦任命为大将，于是他给刘邦出了个主意。说：如能进攻项羽所驻的都城——彭城，那么胜算就很大。

刘邦听从了韩信的建议，开始着手准备攻打彭城的事情，但在刘邦心里，对攻打彭城并没有什么信心。彭城乃项羽所都之重地，军事部署密集，况且刘邦和项羽交战多次，刘邦胜少败多。因此，刘邦的内心深处，充满了对项羽的恐惧之感。但即便是这样，刘邦毅然拜韩信为大将，将军事指挥权交予韩信，足见他对韩信领兵作战能力的认可。

事情正如韩信所言，刘邦所率领的大军很快就攻下了彭城。项羽部队的主力此时正集中在齐地，所以刘邦不费吹灰之力，没有受到什么阻挡，轻而易举就拿下了彭城。

彭城拿下之后，刘邦一改往日的作风，竟允许士兵在彭城中大肆抢掠百姓的财物。进入咸阳之时，刘邦及其部属秋毫未犯，攻下了彭城后，刘邦整日待在项羽之前的王宫中饮酒作乐，还命令属下查收了项羽的财产和美女。刘邦手下很多人对他的这种做法都极为不满，然而刘邦听不进底下人的劝阻，依然我行我素，不知改正。

刘邦之所以会如此，跟他长期以来与项羽对抗，处处受项羽的制约有关，刘邦心里有怒气，所以借着攻下彭城的机会，好好发泄了一番。有人说这时的刘邦充分暴露了其“流氓”的本性，但不可否认的是，刘邦很有可能是想借机消泯项羽军卒的士气。因为彭城乃项羽所都之地，彭城虽然被攻了下来，但是项羽的主力却并不在彭城，而是驻扎在齐地。刘邦即使为以后的战争做准备，也必须深思熟虑。所以，刘邦在彭城的所作所为，与韩信后来攻项羽所采用的战术“四面楚歌”一致，为的是打击项羽军卒的士气，好让他们知道，彭城作为楚的都城尚且如此，更何况其他，跟着

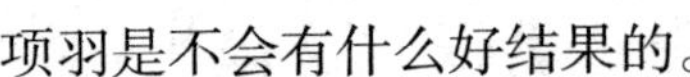

项羽是不会有什么好结果的。

项羽得知彭城为刘邦所破，遂召集兵士，亲率齐地3万部队赶往彭城。项羽经过推断，认为刘邦虽然率重兵攻打彭城，但是攻下后，必定削弱不少，其自身战斗力一定下降很多。

项羽勇猛，军队的战斗力也强，到达彭城后突然发起进攻，刘邦及其部队此时正在睡梦中，并无防备，再加上本来就很弱的战斗力，汉军没抵挡多久，就败了下来。韩信匆忙下令，命部队火速撤离彭城。汉军听到撤退的命令，乱作一团，加上指挥错乱，十几万大军慌乱被挤死在睢水中，由于人太多，连睢水都几乎被大军所阻断。

然而，刘邦侥幸逃离，下属夏侯婴率着十几人，趁混乱之际，天色昏暗，掩护主上逃脱。

刘邦乃沛县人氏，在攻打彭城的时候，他并未想到自己又会被项羽偷袭，以至败退。因此，刘邦命人将其家眷带往沛县，并交给了其同乡的审食其照顾，并万望其照顾好家人。

项羽再破彭城，汉军战败的消息传来，审食其猜测到项羽定会派人前来抓刘邦的家眷。刘邦还有两个儿子，此时不在身边。为防不测，审食其将刘邦的两个儿子托付给亲戚代为照顾，自己只身带着刘邦的父亲和妻子逃进了山中躲了起来。

刘邦在夏侯婴的掩护下从彭城逃了出来，接着去了沛县。但此时审食其已经带着刘邦的父亲刘公和他妻子吕雉逃进了山中，于是，刘邦就将两个儿子带上逃亡去了。

项羽得知刘邦家眷在沛县，遂派部队前去抓捕，恰巧发现刘邦及其亲兵逃亡在前，项羽部队于是派马急追了上去。夏侯婴在前驾车，随后的几十人断后，刘邦带领着仅剩的几十人拼命地想要逃离项羽部队的追赶。

楚兵追赶刘邦，并没有停下，刘邦眼看逃脱不易，于是命令士兵把在车上的两个孩子扔到车下面去，这样可以减轻重量，以便自己能够逃走。但是他的部下没有执行命令，并认为刘邦的做法违反常理，太不可思议了，他们谁也不愿意去做这件事情。俗语有云，“虎毒尚不食子”，刘邦此时却早已顾不得这些了，他亲自抱起两个孩子，就把他们扔下了车。

两个孩子就这样被刘邦扔下了车，而夏侯婴看到后立即停下，又将两个孩子抱了回来。刘邦见夏侯婴抱回两个孩子，遂大怒，向夏侯婴吼道：“你还把他们抱回来干什么，他们两个无用，留在车上会害我们大家丢掉性命的。”

夏侯婴面容严肃，昂首说：“虎毒犹不食子，汉王如今的做法，若是传了出去，会被天下人所耻笑的。”

刘邦很生气，举起剑指着夏侯婴说，如果他不把孩子扔下车去，就杀死他。但是夏侯婴没有畏惧，而是坚持自己的做法，随行的兵士也表示支持夏侯婴，把孩子留下。刘邦无奈之下，只好同意他们的做法，让夏侯婴指挥军士。终于，经历颠簸之后，刘邦等人逃脱了楚军的追击，来到了汉军所控制的下邑。

后世多指责刘邦自私残忍，正是因为他的这种逃亡之中舍子自保的做法。但是反过来思考一番，刘邦所说的话又不是完全没有道理的。假如牺牲两个孩子，就能够挽救大家十几条性命，虽然看上去过于残忍，但这也许是情急之下万不得已的选择吧。况且，刘邦对项羽过于深知，他料定项羽的为人，不到万不得已的关头，也不会拿孩子怎么样的。

刘邦为了帮助自己和下属逃命，竟然将孩子丢下马车，不能不说有些不近人情，但是从另一方面来说，刘邦的此举却是赚足了下属的人心。自己的汉王居然舍得将自己的孩子丢下，也不愿将自己丢下，这是何等的爱护臣子啊，于是刘邦的下属经过此事之后对刘邦更加忠诚，更加卖命。而

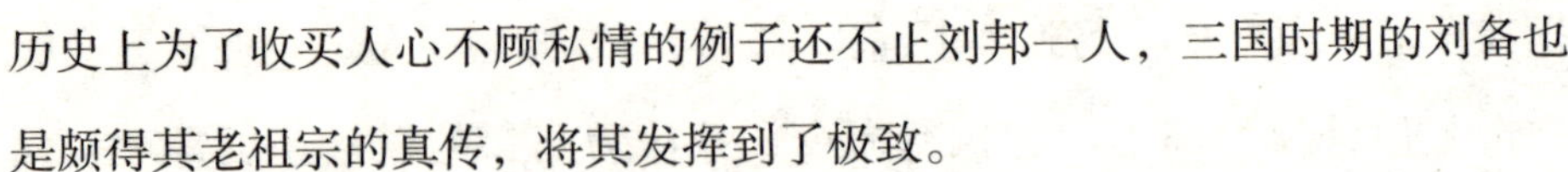

历史上为了收买人心不顾私情的例子还不止刘邦一人，三国时期的刘备也是颇得其老祖宗的真传，将其发挥到了极致。

在《三国演义》中，赵云大战长坂坡，杀死曹军将士数十人救出刘备之子刘禅。赵云见到刘备“双手递与玄德，玄德接过，掷之余地曰：‘为汝这孺子，几损我一员大将！’”刘备的这个动作，本来应该是爱惜赵云的真情流露。但是这样一来，更加笼络了下属的人心，可谓是“摔”得很值得。

我们从来没有见到过刘备对阿斗有多深的感情，直到刘备白帝托孤的时候他还告诉诸葛亮阿斗能扶则扶，不能扶则取而代之。虽然刘备这话有些试探诸葛亮的意思，听来却是全无一代枭雄的舐犊之情。

刘备摔阿斗，其实是刘备内部公关御人术的一次表演，其精彩处是既收买了赵云誓死随主之心，又教育和感化了当时在场的所有文武随从，起到一箭双雕的作用。刘备从一“织席贩履之徒”成长为一代风流人物，其内部公关御人术的确有拍案叫绝之处。因此后人诗曰：“曹操军中飞虎出，赵云怀内小龙眠。无由抚慰忠臣心，故把亲儿掷马前。”

《孙子兵法》记载，兵圣孙武要求为将者应具备“智、信、仁、勇、严”五个方面的才能，强调将帅不仅要拥有威武之仪，还需要怀揣仁爱之心。唐朝诗人白居易也说：“动人心者莫过于情。”情动之后心动，心动之后理顺。仁爱兵卒，仁爱部下，无非也是要求为将者动之以情，统一军心，达到制胜的目的。刘备是深得《孙子兵法》真谛的，不然，就不会有这样惊世骇俗的“摔子”举动。

现代市场竞争亦如古之兵战。现代管理者必须懂得人是世界上最富感情的群体，“情感投资”是管理者调动人的积极性的一项重要的手段。管理心理学研究表明：一个人生活在温馨友爱的集体环境里，由于相互之间尊重、理解和容忍，使人产生愉悦、兴奋和上进的心情，工作热情和效率就会大大提高；相反，一个人生活在冷漠、争斗和尔虞我诈的气氛中，情绪就会低落、郁闷，工作热情就会大打折扣。管理工作者在实施“情感投资”时，必须抓住一个“心”字，与下属员工互相交心、互相关心、以心换心，从而达到心心相印、同心同德、共同一心干事业。

美国钢铁大王卡内基有句名言：“将我所有的工厂、设备、市场、资金全部夺去，但只要留住我的组织人员，四年之后，我仍是一个钢铁大王。”当然，卡内基的话，不无对他已掌握一批有真才实学的管理者的炫耀，但从另一个角度来看，成功的企业家是从来不会忽视对人才的培养、选拔和爱抚的。

在我们现实经济生活中，有哪个企业管理者能招贤纳士，稳住人才，就会让企业内部众志成城，这个企业才可能在激烈竞争中立于不败之地。事实已经证明，在高科技快速发展的今天，“情感投资”所带来的收益，已大大超过企业通过扩大生产“硬件”规模而产生的效益。重视“情感投资”，已经成为许多成功企业家的制胜法宝。

千方百计挖墙脚

一直以来，“挖墙脚”基本上是作为贬义词来使用的——把别人的墙脚都挖了，别人的房子岂不要倒掉？挖别人的墙脚，简直就是谋财害命，是一种损人利己的不君子、不道德的行为。但无论是古代的争霸天下，还是今人的商场博弈，“挖墙脚”可以说是一个常用的计谋。刘邦在与项羽的战争之中使用了一个经典的“挖墙脚”策略。

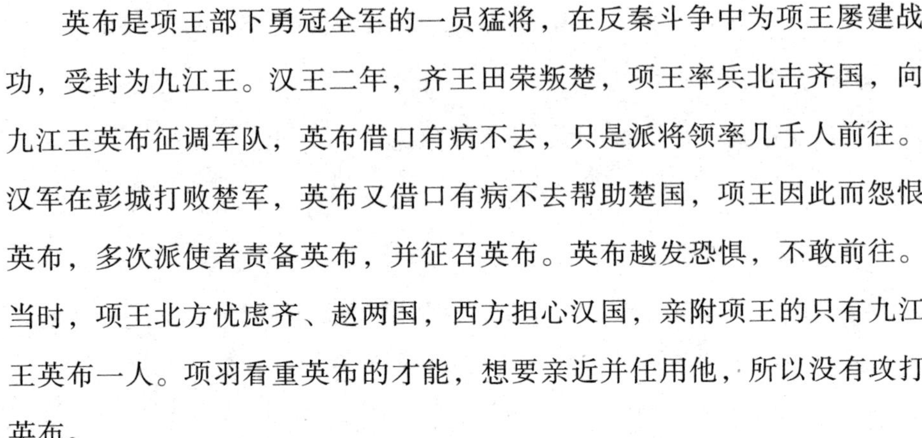

英布是项王部下勇冠全军的一员猛将，在反秦斗争中为项王屡建战功，受封为九江王。汉王二年，齐王田荣叛楚，项王率兵北击齐国，向九江王英布征调军队，英布借口有病不去，只是派将领率几千人前往。汉军在彭城打败楚军，英布又借口有病不去帮助楚国，项王因此而怨恨英布，多次派使者责备英布，并征召英布。英布越发恐惧，不敢前往。当时，项王北方忧虑齐、赵两国，西方担心汉国，亲附项王的只有九江王英布一人。项羽看重英布的才能，想要亲近并任用他，所以没有攻打英布。

汉王于彭城惨败后，于下邑曾向张良问道："我愿舍弃函谷关以东的土地作为封赏，谁可以与我共同建功立业？"

"九江王英布是楚国的一员猛将，与项王有矛盾；彭越与齐王田荣共同于魏地反楚。这二人可以立即使用。而汉王部下的众将领，唯独韩信可以嘱托大事，独当一面。"

汉王从下邑经魏地来到虞（今河南省虞城县），对左右的人说："像你们这班人，不足以与我一道商议天下大事。"汉王手下掌管传达的谒者随何进前说道："不明白大王所说的是什么意思。"汉王说："谁能为我出使九江，使令九江王发兵叛楚，把项王拖在齐地几个月，我夺取天下的事就可以周全了。"随何说："我请求出使九江。"

汉王三年十一月，随何一行20人来到九江王的都城六（今安徽六安县北），通过九江王的太宰（掌管国王膳食）作介绍，但是过了三天还没有见到九江王，便对太宰说："大王不接见我随何，必定是以为楚国强大，汉国弱小，这正是我所以出使的原因。假使我能见到大王，说得对，那是大王所要闻知的；说得不对，可以在广场上将我们20人斩首，用来表明大王背汉而与楚国友好。"

太宰把随何的这段话向英布汇报，英布接见随何。随何向英布说：

“汉王派我恭敬地上疏大王的驾车人，我私下感到奇怪的是，大王与楚王为什么这样亲近？”

“我是以臣的身份服侍他。”英布回答说。

“大王与项王一同列为诸侯，却北面向他称臣，必定是以为楚国强大，可以把国家托付给他。项王攻伐齐国，亲自扛着筑墙的器具身先士卒，大王理应率领九江的全部军队亲自率军前往，充任楚军的先锋，您却只是派几千人去援助楚国。作为北面服侍人家的臣子，本来应当这样的吗？汉王攻占彭城的时候，项王还正在齐国作战，大王理应率全部兵力渡过淮河，到彭城下与汉军作战。大王率领万人以上的人马，却没有一人渡过淮河去参加会战，而是袖手观望两家谁胜谁败。把国家托付给人家的人，应当是这样的吗？大王用空名来依靠楚国，却又想完全依赖自己，我私下认为大王这样做是不可取的。

“大王不背叛楚国，是以为汉国弱小。实际上，楚兵虽强，在天下人面前却背着不义的名声，因为他违背盟约又杀害了义帝。然而，项王依仗着作战获胜，自以为强大。可是汉王联合诸侯，回军驻守于成皋（又称虎牢，在今河南省荥阳县西汜水镇）、荥阳，运来了蜀郡、汉中郡的粮食，深挖战壕，修筑壁垒，派士卒分守要塞。楚国调回部队后，中间隔着魏国，深入敌国八九百里，想要攻战而不能得胜，想要攻城又不能得手，老弱残兵从千里以外运送军粮。楚军到达荥阳、成皋后，汉军坚守而不出战，楚军前进不能攻取，后退又不能脱身，所以说楚军是不足以依靠的。如果楚军战胜汉军，各国诸侯会各自感到危惧而相互救助。可见，楚国的强大，招来了天下的兵力同他对抗。所以说楚国的形势不如汉国，这是显而易见的。

“如今大王不同万无一失的汉国交好，却托身于行将灭亡的楚国，我私下对大王感到迷惑不解。我不是认为大王的兵力足以灭亡楚国，我是说

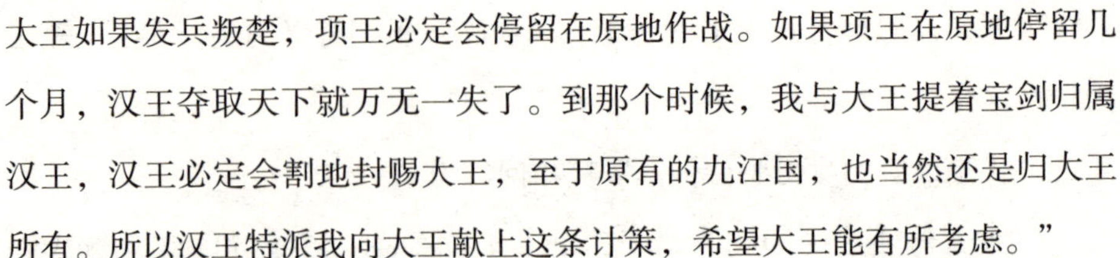

大王如果发兵叛楚，项王必定会停留在原地作战。如果项王在原地停留几个月，汉王夺取天下就万无一失了。到那个时候，我与大王提着宝剑归属汉王，汉王必定会割地封赐大王，至于原有的九江国，也当然还是归大王所有。所以汉王特派我向大王献上这条计策，希望大王能有所考虑。”

随何的这通长篇大论，说服了九江王英布。英布向随何说：“遵命。”暗中答应叛楚归汉，但未敢向外泄露。

当时，楚国的使者正住在九江王都城的客馆里，急着要求英布发兵。随何为促成英布立即宣布叛楚，便直接闯入王府，楚使当时正在同英布谈发兵一事。随何进入后，坐在楚使的上位，说道：“九江王已经归属汉王，楚国凭什么让九江王发兵救楚？”英布被随何的这一举动弄得大吃一惊，楚使听言后起身走出。随何趁机向英布说：

“事情既然已经决定下来，可以立即杀掉楚使者，不能让他回去。我们急速归向汉国，合力与楚军作战。”英布对汉使说：“那我按照你所指教的，起兵击楚就是了。”于是，英布杀死楚国使者，起兵攻楚。楚国派项声、龙且率兵攻击九江王，项王留在原地进攻下邑。数月后，龙且击败英布的军队。英布想要率领部队逃往汉国，又恐怕项王截杀他，便抄小路与随何一同逃归汉国。

同年十二月，随何与英布回到汉王军营。汉王正叉着腿坐在床上洗脚，召英布入见。英布见汉王接见自己时如此傲慢无礼，十分愤怒，后悔自己不该前来归汉。然而既已叛楚，进退无路，便想要自杀而死。待英布走出汉王大帐，来到为自己准备的馆舍，舍内的帷帐以及所用物品、饮食和随从官员的标准同汉王一样，英布“又大喜过望”。汉王有意这样做，是因为英布久已为王，恐其日后自尊自大，便对他慢待无礼，折服他的傲气；又以优厚的物质待遇取悦英布之心，使他日后忠心为汉国效力。于是，英布派人去九江，这时项王已派项伯收编了英布的部队，杀死英布的妻子儿女。英布的使者找到英布的一些老朋友和亲属，率领数千人归属汉王。汉王增拨给英布一些士兵，同他一道北上。一路上征兵到成皋，从此英布便逐渐成为汉王属下反楚大军中的一支重要主力部队。

刘邦知道英布是项羽手下一员勇猛的大将，若与之为敌，定然会遭受很大的损失。所以刘邦利用两人之间的小矛盾，采用随何进行游说，最终将英布这一员猛将挖到了自己的一方。其实不止是在古代的战争之中，在当今时代的企业博弈之中也经常会上演“挖墙脚”的实例。

著名的二八法则告诉我们：在企业中，20%的人完成80%的工作，20%的人创造80%的利润。其实，并不是企业中的每个人都能称得上是“人才”，真正算得上重要人物的在一个团队中绝对不会超过总数的20%。而那些完成80%的工作、创造80%的利润的人才，我们称之为“精英”。

可以说，选才工作最重要的任务就是找到这些精英人才。招聘人才容易，招聘到精英人才却不那么容易，因为他们不仅仅各方面优势比较明显而非常抢手，他们对企业的挑选同样严格。一旦他们认为这个企业不合要求，就会马上离开。那么，如何才能寻找到精英人物并为我所用呢？

企业能否招到满意的精英人才，主要还是看这个企业是否对精英人物有足够的吸引力。吸引力是一个内涵和外延都很广泛的概念。每个人都是独特的个体，他所看重的东西也不尽相同。一个非常优秀的人才，有时候会来到一个并不十分出众的企业，那一定是有某一项他十分看重的东西是这个企业所能提供给他的。

虽然这种吸引力很难明确定义，但通常情况下，有些东西还是具有一定普遍性的，比如具有竞争力的薪酬待遇、良好的企业声誉、企业领袖的个人魅力、完善的培训体系、与众不同的企业文化、稳固的工作平台、发展前景、优厚的福利措施，等等。

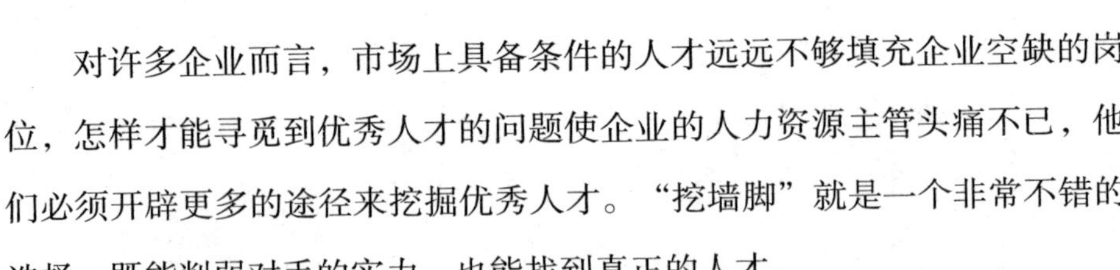

对许多企业而言，市场上具备条件的人才远远不够填充企业空缺的岗位，怎样才能寻觅到优秀人才的问题使企业的人力资源主管头痛不已，他们必须开辟更多的途径来挖掘优秀人才。“挖墙脚”就是一个非常不错的选择，既能削弱对手的实力，也能找到真正的人才。

其实，用人单位相互“挖墙脚”是人才竞争的一种表现形式，而人才竞争又是市场竞争的一个重要方面。不管一个单位“挖”另一个单位“墙脚”的主观意图如何，但是在客观上，却促进了人才的自由流动，给人才实现自身价值提供了更自由、更广阔的发展空间。人才竞争所带来的压力，也会转化为用人单位不断完善自身建设，想方设法留住人才、吸纳人才的动力。更重要的是，相互“挖墙脚”所带来的人才竞争，有利于高层次人才的脱颖而出，有利于尊重知识、尊重人才的社会风气的形成，并最终有利于整个社会的发展和进步。从以上角度看，“挖墙脚”实在没什么见不得人的，并非不君子、不道德的行为。

贪心之人利诱之

给予下属一定的甜头，才能让他更好地为自己卖命。现代企业的管理者正是看到了这一点，才引进了企业奖励机制，来激励企业的员工更努力地工作，为企业创造更高的效益。而刘邦作为汉军这个“企业”的领导者，对于这种奖励原理可谓是运用巧妙。

刘邦与项羽在荥阳对峙数年，虽在战略上占有一定优势，但是仍然无法击败项羽。只要项羽在荥阳，刘邦在军事上就难以占到任何便宜。同时，项羽也感到陷入对峙的僵局对自己是非常不利的。双方都想把齐国争取到自己的阵营来。而此时，主宰齐国的不是田氏，而是韩信。

韩信凭着自己的智勇，迅速击杀龙且，接连打败楚军和齐军，让项羽感到了空前的恐惧。龙且是项羽当时最重要的、唯一能够独当一面的助手。龙且战死，让他一时间不知道怎么办才好。

以前，项羽一向看不起韩信，但自从韩信平定齐国，击杀龙且之后，他不得不改变对韩信的看法了。更可怕的是，如果韩信率军南下，首当其冲的就是彭城，彭城一失，自己就大势已去了。

项羽深知唯一的生机就是全力和刘邦拼战，让韩信保持中立。于是，项羽便派武涉前往说服和安抚韩信。但是，项羽不愿让步太多，对武涉说："绝对不可以伤害楚国的威望，要让韩信能心服我们啊！"

韩信接待了武涉，武涉对韩信陈述了汉王的不是，并劝韩信三分天下，与汉王、项王共为诸侯王。

韩信虽是军事天才，但由于出身卑微，从来就没有过主宰天下的念头。他只希望能找到一个识才的主人，建立大功劳以出人头地，得到他人的尊重和羡慕就可以了。韩信对刘邦的破格提拔铭感于心，坚决不愿意脱离汉王自立。

看到韩信坚决的态度，武涉深知踢到了"铁板"，只好狼狈地回去向项羽复命。

武涉的游说虽然失败，却引发了韩信的亲信蒯通三分天下的念头。

蒯通认为，天下唯一能硬碰硬地面对项羽的只有韩信。身为战争天才却不想争夺天下，这在乱世是让人不可理解的。他对韩信如此天真地相信刘邦，深感痛心，认为这有失谋略家的风范。

于是蒯通对韩信说：

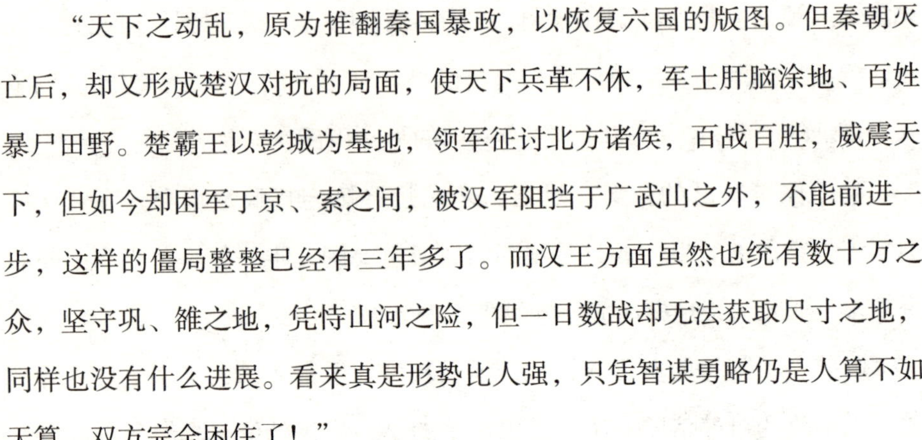

“天下之动乱，原为推翻秦国暴政，以恢复六国的版图。但秦朝灭亡后，却又形成楚汉对抗的局面，使天下兵革不休，军士肝脑涂地、百姓暴尸田野。楚霸王以彭城为基地，领军征讨北方诸侯，百战百胜，威震天下，但如今却困军于京、索之间，被汉军阻挡于广武山之外，不能前进一步，这样的僵局整整已经有三年多了。而汉王方面虽然也统有数十万之众，坚守巩、雒之地，凭恃山河之险，但一日数战却无法获取尺寸之地，同样也没有什么进展。看来真是形势比人强，只凭智谋勇略仍是人算不如天算，双方完全困住了！”

“你认为我应帮助项王？”韩信问道。

“这倒不是！以臣的判断，要解决这个僵局，平息战祸，需要真正的是英雄圣贤。如今不论楚王或汉王，他们胜负的关键正在君王，君王为汉则汉胜，为楚则楚胜。所以依微臣的看法是谁也不用去帮他们，让楚王、汉王俱存，我们三分天下、鼎足而居，让谁也占不得优势，便可保持天下太平了。以君王之圣贤，又拥有强大的武力，雄踞齐、赵、燕之地，正可出兵监督楚、汉两军，令他们不得再继续争战下去，这才是天下万民之心愿啊！君王此举也是为万民请愿，相信天下百姓必会风闻而响应，还有谁敢不遵循君王的指示呢？这样君王便能够分封诸侯，建立自己的集团，集团形成后，天下人便会听从君王之指挥，从而确立齐国天下共主的地位。齐国拥有胶泗之地，实力十分雄厚，只要君王仍以天下万民之心愿推动政务，相信全国的诸侯会争先臣服于君王，项王、汉王必然会逐步陷于孤立的境地。这就是古谚所说的：‘上天给你的东西，你若不取，将铸成大错。时机到了，却不立即采取行动，反而会招致灾难。’希望君王能仔细考虑这件事！”

韩信虽然认为蒯通言之有理，但不忍心背叛刘邦，他对蒯通说：“汉王待我恩重如山，我听说乘人之车者，应负载他人之祸患；穿他人所给的衣服者，应心怀他人之忧；食他人之禄者，应为他人而效死。我怎能因为自己的私利而背叛公义呢？”

韩信拒绝了武涉和蒯通的劝说后，便着手安定齐国的工作。韩信想，自己成就了不世之功，而且拒绝了项羽的要求，身份和地位总应该有所改变吧！

于是，韩信派使者向刘邦提出要求：“齐国人工于智谋伪诈，反复不定，南边又有楚国，如果不对其实施有效治理，那么势必对我们不利。所以请暂时晋封我为齐国的假王，以便能够有效地镇住齐国人。”

刘邦此时正为自己的伤势未愈、诸事忧心而烦恼不已。他期待韩信能在稳定齐国后立即率军南下，从背后威胁项羽，以减轻自己的压力。听说韩信派的使者到来了，非常高兴、非常正式地接见了使者。

可是，当他听到韩信只要求封自己为王，没提到一点积极性的建议时，不禁怒骂道：“此人应该知道我被困在这里，他不想办法赶快来帮助我，却只想自立为王，真辜负我……”

话还没讲完，站在身旁的张良和陈平走过来，轻轻踩了一下刘邦的脚。刘邦很警觉，立刻醒悟，灵机一动，随即改口说：“这家伙也真是的。大丈夫既能平定诸侯，理应为真王，干吗还要做假王呢？”

刘邦特别派张良持印绶前往齐国，正式晋封韩信为齐王，并令韩信即日出兵南下攻打楚国，以逼迫项羽撤军自卫。

韩信平定齐国后，居功至伟，威震天下，具备了三分天下的实力，而且，不断有人劝他三分天下，但韩信忠于刘邦，不愿自立山头。不过，他认为自己既然为刘邦立下了如此功劳，让刘邦封赏自己也是理所当然的。虽然，作为主子，最讨厌的就是部属邀功请赏，但是，此时的刘邦明白，能否在封赏方面满足韩信，将决定着韩信能否最终留在自己的阵营，决定着自己与项羽博弈的最终胜负。因此。在关键时刻，刘邦采纳了张良的建

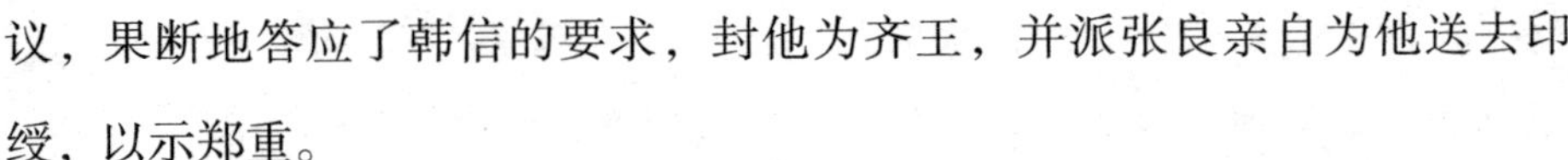

议，果断地答应了韩信的要求，封他为齐王，并派张良亲自为他送去印绶，以示郑重。

平心而论，刘邦是不想封韩信为王的，但是为了有效对抗项羽，他又不得不封韩信为王。事实证明，刘邦此举是很高明的，也是非常有效的。封韩信为齐王，可以继续让韩信留在自己的阵营里，使项羽处于更加不利的战略态势。可以说，项羽的失败已经不可避免了。韩信贪权，刘邦便投其所好，封其为王，从而让韩信发兵支援。对于刘邦这种用人拢人的手段，在如今商场如战场的时代很值得企业的领导者学习。这就要求领导者引进奖励机制。

“军无财，士不来；军无赏，士不往。”奖励是刺激人们努力工作的有效手段。在商海博弈中，那些成功的博弈者往往善于利用物质奖励刺激骨干员工的积极性，使之发挥骨干作用，使自己的企业在商海博弈中始终能保持旺盛的生命力和强大的竞争力。IBM公司的创始人汤姆·沃特森就非常懂得巧用物质奖励激励员工。

在IBM，员工取得了一点成绩，汤姆·沃特森就会及时给予肯定，巧妙地给予员工一些物质上的奖励。汤姆·沃特森有一个习惯，每一个员工完成了一笔很棒的业务，或者为公司的管理做出了较大贡献，他就会当场奖励员工500美元。

有一天，当一个年轻人告诉他一个了不起的成绩时，沃特森寻遍了衣袋和办公桌的抽屉，只找到一根香蕉可以作为马上奖赏的东西。他就把香蕉奖给了这个小伙子。

年轻人恭敬地接受了奖品，从那时起，得到香蕉奖励在IBM公司就成了取得成绩的象征。每位员工在得到了精神上的满足和物质上的奖励后，会更加兴奋地为公司效力。

与此相类似的是，摩托罗拉为了刺激下属员工，在制定“论功定酬”

的薪金原则时，确定了一个公正的评估体系。按照这个评估体系，摩托罗拉对员工进行了公平、公正、公开的绩效考核。对于直接从事生产的员工，直属主管每月统计其产量、质量、效率与出勤情况并进行打分。根据最终的打分情况，公司确定加薪与否和加薪幅度。对于非生产性员工，则根据他们完成半年工作计划的程度来确定绩效分。这种绩效考核制度调动了员工的积极性，也体现了报酬分配的公平竞争原则。在摩托罗拉，员工可以通过不断提高业绩水平而获得加薪的机会。

在摩托罗拉，新员工的学历差别会在工资中明显表现出来。但工作一段时间后，本科生的工资完全有可能比研究生高。对于那些具备非凡创造力的人才，摩托罗拉往往会破格提拔。

在当今社会，市场竞争日益激烈，技术日新月异，消费者的需求不断变化，产品的寿命周期日趋缩短。这些都要求一个优秀的企业管理者应该巧妙地运用金钱和其他方法来激励下属，使他们围绕企业的总目标，上下一致，齐心合力，来实现企业的最大利润，从而也最大限度地满足下属的各种需要。

在下属的心目中，金钱激励绝不仅仅是口袋里钞票数目的增加，它还代表了身份、地位，以及在公司中的工作绩效，甚至个人的能力、品行、个人的发展前景等。所以说，金钱激励隐含着成就的激励、地位的激励等。如果能巧妙地运用金钱激励方式，不但能调动企业下属高昂的士气和工作激情，还可以吸引外部的高级人才，为企业的进一步发展注入生机与活力。

不惜人才终落败

“21世纪最贵的是什么？——人才！”这是电影《天下无贼》中黎叔说的一句经典台词。用人，重在“人”而不在“用”，“用”是一种“术”，是方法论，而“人”才是根本，用人的主体和客体都是人自身。只有以人为本，爱惜人才，才能让人才为我所用。相反若是不懂得珍惜人才，就会造成人才的流失，进而造成不可挽回的损失。项羽虽然有万夫不当之勇，但是他有一个致命的弱点，就是不懂得珍惜人才，从而造成了大量的人才流失，其中范增的离去可以说是项羽最大的损失。

当刘邦被项羽围困在荥阳城的时候，面对当时形势，他在动脑筋千方百计削弱项羽的力量，谋求得到战场以外的优势。

郦食其建议刘邦说：“应该恢复六国后代的地位，以达到灭楚的目的。”

这个建议遭到张良的否定后，刘邦只好找来擅长“阴谋”的陈平，请他谈谈自己的想法。在刘邦看来，世上有很多事，“阳谋”办不到的，“阴谋”却能办到。

他问陈平说：“目前天下纷争，我们什么时候才能战胜项羽，安定天下？”

陈平深知刘邦的烦恼，便向刘邦推荐了一计：离间项羽和范增的关系。

刘邦对陈平的“阴谋”很欣赏，当即便拨出四万两黄金交给陈平由他随意调度，不必再向自己汇报这些钱的去向，只要他能把事情办成就行。

刘邦的这一举动，充分显示了他性格中豁达大度的优点。他有时对部下不尊重，不讲礼貌，但也正是他不拘小节，所以也就能容忍陈平当面揭他的短；因为他不吝啬赏赐部下，所以也就能不吝啬金钱。他能充分信任陈平，陈平也就必然会全力为他办事。

陈平带着四万两黄金出去尚未有消息，荥阳的形势却日益进入了危急的状态，项羽把所有的优势兵力都投入到了荥阳一带，在他看来，只要攻陷刘邦的大本营荥阳，刘邦的势力就会顷刻瓦解。面对项羽的攻势，刘邦尽其所能防守着，将大部分兵力都部署在荥阳和成皋。

在范增的谋划下，项羽重演了在巨鹿大战时袭击秦车苏角甬道的壮举，猛烈地攻击汉军在敖仓和荥阳间的甬道。

关键时刻，陈平一路“挥霍”出去的四万两黄金起了作用。这笔巨资，通过多种错综复杂的渠道，买通了大量楚军士兵，让他们在作战之余顺便发挥一下搬弄是非的本领。于是楚国军营中，流言四散：“钟离昧等为项王将，所立之功多矣，然终不得裂地而王。他们心生不满，已在暗中与刘邦勾结，以灭楚为条件，成功后立即给他们封王分地。”

人们都爱听信小道消息，喜欢在暗中传播谣言，这些谣言越传越广，最后有人把这一谣言禀报给了项羽。

项羽刚开始听到这些谣言，没当回事，听得多了，心里就开始嘀咕起来。项羽真的像陈平说的那样，不做调查，就不再相信钟离昧这等忠诚的谋士了。最后项羽果断地罢免了钟离昧的官职，把他的兵权也强行夺去了。

楚军内部谣言四起，人人自危，弄得项羽焦头烂额，对谁都不肯轻易

相信。这样，刘邦的甬道危机便暂时得以解决。

项羽的这一错误，是决战时的大忌。

在楚营中，谋士范增，战将钟离昧、龙且等，就是项羽的左膀右臂，怀疑钟离昧、龙且等，就等于砍掉了自己的右臂，在这种情况下，又怎么进行决战呢?

陈平施用的“离间计”在这里虽是初试锋芒，可是效果显著。只有在君臣互相了解、互相信任的情况下，臣下才能充分发挥其才能，也才能在最大程度上增强君王的力量，使君王犹如猛虎添翼。用人者在不了解被用人的情况时，固然不能重用他；在了解其情况后，若不能用而不疑，受害者反而是用人者。

陈平非常得意，他的阴谋已经得到阶段性的胜利，这是个好兆头，因此他更能肯定自己对项羽的性格分析得完全正确了。于是他建议刘邦主动向项羽请求和谈。利用和谈，陈平准备实施他的第二个“阴谋”——离间亚父范增和项羽之间的关系。

此时，项羽正对这些将领因疑而不敢重用，对四处传播的流言蜚语，他也有所怀疑。于是他派人装作使者，去往汉营探个究竟，这正是陈平预料中的事情。在陈平看来，楚营中的武将虽然可畏，可是真正可怕的是项羽身边的谋士范增。因此他要利用楚使来汉营的机会，再施巧计，离间项羽和范增的关系。于是，他对身边的人进行了一番布置。

负责接待项羽特使的是陈平。陈平故意放出风声说汉营曾派使者到范增处，而楚国的使者也是范增派来的，于是他要求接待人员要以最亲切最隆重的礼节接待范增的使者。

在隆重的宴会上，陈平不断亲切而又郑重其事地对使者说，回去一定要代他向“亚父”问好，言谈中不断透露自己确认对方就是范增的使者，只字不提项羽。楚军使者本来就是项羽派来的，所以他立刻向陈平声明他们是项王的正式代表，并不是范增派来的私人代表。

陈平惊讶地说："你们真的不是亚父的使者，而是项王的使者吗？这太让我意外了。"

说完这些，陈平连一句辞别的话都没有，立即离开了现场，令接待人员撤下只有最尊贵的客人才配用的那些餐具，然后派出自己的副官去接待使者，并重新摆上了最简单的菜肴。项羽的使者马上感到受了侮辱，回去就详细地向项羽汇报了这件事情。

项羽听了很生气，但他又不便直接向范增求证，只好在心中生闷气，在行动上自然也显现出对范增的疏远。

就这样，项羽中计了。他派出的使者完成了一项任务，就是和刘邦达成了协议，暂时求得了和平共处的局面。很快，和谈消息传到范增的耳朵里，范增立即表示反对，可是项羽只想着暂时利用和谈之机，好好整顿一下军务，再加上此时对范增已有所怀疑，就不顾范增的反对，答应了刘邦的和谈要求。于是，双方约定以荥阳为界，荥阳以西为刘邦军团，荥阳以东为项羽军团，双方不得逾界，然后再择日商谈撤军事宜。

范增对所谓的和谈非常恼怒，坚决主张项羽撤毁和约，立即进攻荥阳，但项羽以军队太疲劳需要休息整顿为由，坚决拒绝了范增的建议。

接着，项羽因为心中有这么个疙瘩，对范增的态度大不如前了，他对范增时常疑神疑鬼、爱理不理的，非常冷淡。

敏感的范增很快就察觉到项羽对他的态度。不过，他实在无法想象项羽会对自己产生怀疑。前些日子的钟离昧事件，已使范增对项羽的猜忌心感到很愤怒和不满。

不久，当范增知道项羽也对自己产生怀疑时，更是怒不可遏。这个可怜的老头气得全身发抖，心想自己这么大年纪，竭尽全力，拼死拼活，到底为的是什么？不过是对楚国的一点使命感而已。然而从项梁到项羽，从

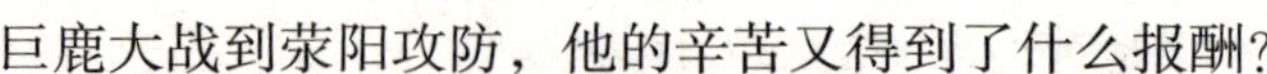

巨鹿大战到荥阳攻防，他的辛苦又得到了什么报酬？

范增决定告老还家。他对项羽说：“天下不久就要平定，我的年纪太大了，留下来也不能为你出什么主意，请准许我退休回乡吧！”

项羽其实也不想让范增离开，但他不知道怎样挽留范增。何况，项羽也认为范增倚老卖老，太不尊重他了。所以，他并没有挽留范增，而是批准了范增的辞职请求。这时，项羽的心中感到很悲愤，他觉得大家都不了解他，都在背叛他。

范增并不想离开，但又不得不离开。范增走时，只带走了一个贴身奴仆。他想返回故乡筑屋隐居，只是连他自己也没想到，很快他连这一点小小的愿望都破灭了。因为心中堆积的怨恨和痛苦太多，范增一下子急火攻心，病倒了，在病中他一直期盼着项羽能够回心转意，派人将他接回去。他苦等了一路，最后一切希望都落空了，他带着绝望去世了。最终没有范增辅佐的项羽，被刘邦逼得无颜见江东父老，乌江自刎。

项羽的教训如今可以作为当今企业管理者的一个前车之鉴，它告诉了我们这样的道理：不尊重人才、不爱惜人才最终只能成为“孤家寡人”，一事无成。只有做到“以人为本”，才能真正地让人才为我所用，为企业做出更大的贡献。

既然人是活动主体，那么活动的展开当然要以人为主、以人为本。近年来，“以人为本”开始为中国的企业领导者们所重视，但这种重视大多源于西方管理学鼻祖彼得·德鲁克对“以人为本”的大力提倡。其实，大家有所不知，德鲁克的“以人为本”思想是受到东方用人思想的启发，其真正的智慧源头是我们中国的历史。

柳传志人才理念的核心就是“以人为本”。深知人才作用的柳传志有一句名言，那就是“办公司就是办人”。联想靠什么创造效益？靠人才！没有人才，20万元创业资本即便有点石成金的本领也不能在12年里滚成数十亿。

柳传志清楚这一点，所以他在一次小范围的讨论中说："小公司做事，大公司做人。"这句话嚼透之后反过来说更有意思，即"做事的公司做不大"，能够经营好人才的企业最终才是大赢家。依靠人才成就了自己的联想集团，今天面临着世界级强手的人才竞争，意欲依靠人才成就百年老字号的联想集团，始终精心地实施着自己的人才战略。柳传志提出"小公司做事，大公司做人"，这就是提倡"以人为本"的文化理念，这就要求联想各级干部注重工作，更要注重人才的成长。人才是利润最高的商品，一个企业经营好人才，才可能在市场上屹立，并有可能成为最终的大赢家。

许多领导者心目中的"以人为本"即是以企业、公司团队的员工为根本，其实，这是"以人为本"的应有之意。在企业内部的用人上，领导者应该把员工当作"人"来看待，而不是像过去那样将员工当作无感情的机器来看待。这时的"以人为本"就是让管理与用人更有人情味，让理论中融入更多的人情因素。这种人情管理、人情用人更符合中国人的传统习惯。在欧美管理思想与众多跨国企业同步进入中国的20多年后，许多人不得不开始面对职业枯竭、热情枯竭的问题。在这个时候让"人性管理"回归，是一个明智之举。

员工不仅是领导者的下属，更是领导者的合伙人。领导者是否真正做到了"以人为本"，会从领导者的一言一行中体现出来，因为"以人为本"首先是一种思想认识，认识不到位，行动当然也就不能到位。还是那句话：做事先做人！

妥善对待楚国人

如今，商场如战场，每时每刻都有成千上万的企业无奈破产，又会有无数的企业在博弈之中脱颖而出，不断做大。这时摆在人们面前的一个严峻问题：那些在博弈中失败企业的员工何去何从？有的企业将失败者统统赶尽杀绝，于是那些优秀的员工便接连下岗；有的企业则兼容并收，让那些破产企业员工为己所用，为自己创造价值。这就需要企业的领导者有宽广的胸怀和敏锐的市场洞察力。刘邦在处理敌国人员的归属问题上就表现出宽大的胸怀，值得我们去学习。

项羽死了，但楚国的力量并未因此彻底被消灭。项羽去世后，楚国各部落都按照项羽的遗嘱向刘邦投降，只有鲁地拒绝接受招抚。因为项羽曾被楚怀王封为鲁公，鲁地是项羽的第一个封地，鲁地的人们对项羽有着深厚的崇拜之情。

鲁地拒绝接受招抚，很多将领都要求刘邦乘胜率军消灭了它。不过，刘邦坚决不赞同进攻鲁地，他想得更远。

他认为，天下已平定，像鲁地这种为旧主死节、遵守礼仪的情操是最值得推崇的。于是，他特别派遣特使持项羽首级，依礼节到鲁地举行祭祀，并开展招抚行动。

鲁国父老见刘邦遵守义理，才开门投降。刘邦下令以鲁公之礼葬项羽于毂城，并亲自前往吊祭。在祭祀时，刘邦感叹，他和项王两人由同事成宿敌，为争霸天下而决生死，虽然事已至此乃是天意所为，项羽仍是他心中最尊重的人。说罢，刘邦不禁悲伤，哭泣起来。鲁地的父老见此情景，内心对刘邦的仇恨也逐渐变成了感动。

此后，刘邦悉数赦免了项氏的长老，并保留了他们原来的爵位。张良的至交、对刘邦有过救命之恩的项伯被封为射阳侯，其余重要的长老则分别被封为桃侯、平皋侯、玄武侯，并赐以“刘姓”以示王室恩宠。

诚如项羽生前所言，刘邦是楚国人，不会给楚国长老太大的难堪。

刘邦善待楚国“遗族”的做法，给现代商海博弈者以有益的启示：在兼并一家公司后，应善待原公司的员工，以减少兼并后带来的震荡，使重组后的公司能够迅速进入运营状态。

或许原公司是经营者最大的博弈对手，在博弈过程中也许有一些事情做得过分，但是一旦被兼并后，经营者就需要对原公司的人员班子进行适当的、友好的安置，使他们能够安下心来，为新公司效力。只有这样，经营者才能够较快地“消化”兼并（收购）的成果。在这一方面，联想做得非常不错。

2004年年底，联想集团以12.5亿美元收购了IBM全球PC业务。完成收购后的联想集团将一跃成为世界第三大PC厂商，并成为首家闯入世界500强的中国内地民营企业。

对于这一次“蛇吞象”的兼并活动，如何安排IBM以前的员工将是联想面临的一个新的难题。联想收购IBM的PC业务后，联想将拥有约1.9万名员工——约1万名员工来自联想，其他员工来自IBM，其中接近40%的员工已经在中国工作，不到25%的员工目前在美国工作。

为了安抚广大员工，联想的CEO杨元庆表示，收购后不会裁员。在人员安置方面，他也透露了最主要领导岗位的安置情况为现任IBM高级副总

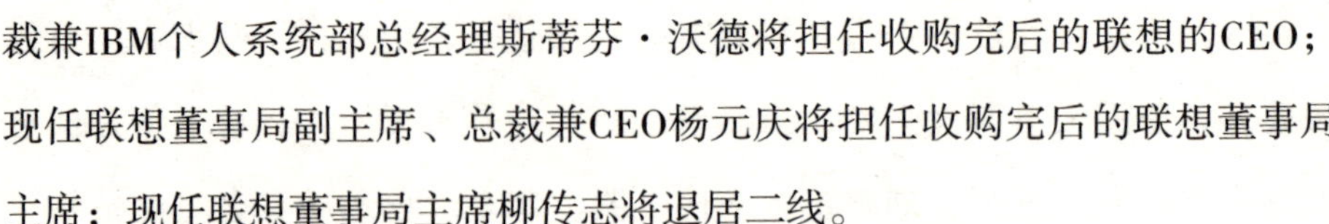

裁兼IBM个人系统部总经理斯蒂芬·沃德将担任收购完后的联想的CEO；现任联想董事局副主席、总裁兼CEO杨元庆将担任收购完后的联想董事局主席；现任联想董事局主席柳传志将退居二线。

对于IBM的PC部门原来的员工和渠道，柳传志和杨元庆表示，“联想和IBM是深度互补的结合，客户、市场、产品、渠道，只有结合在一起，我们才能发挥最大的协同效应。”

在双方签订的“雇员事项协议”中，双方共同约定了三大条款，避免IBM的PC部门员工流失：首先，雇员转职联想之后，若法律没有特别规定，则给予最低限度与IBM同样优厚的工资、薪酬，并提供总体上与IBM提供予此等雇员大致相同的退休计划和其他福利计划；其次，雇主有责任挽留雇员。双方交割时，IBM将向公司高管人员一次性支付现金挽留费，新联想将在首次交割一周年之前，采纳适用于转职雇员的长期雇员挽留计划。最后，双方约定在首次交割两年内，不去招聘或聘用过去一年内为对方雇员的任何现任或前任雇员。

由于对原来IBM的PC部门的人员进行了妥当的安排，联想顺利地实现了并购，并迅速进入了正常的运营状态。柳传志说，联想集团新的团队有强大的求战欲望，“以前在IBM内部，PC部门因为不赚钱而不受重视，而联想专做PC，现在正是大干一场的时候了”。

项羽虽然战败身死，但这并不意味着刘邦彻底平定了楚国。如何处理项羽的下属，不仅可以让世人看到刘邦到底有什么样的风度和器量，而且还影响着他下一步能否治理好楚国。因为楚国还有不少残余的力量，还有一些忠于项羽的部落和将领散落在楚国各地。如果刘邦对这些人的安置处理得当，就会使他们放弃抵抗，顺利地招抚他们，使天下迅速稳定下来。否则，不但会激起他们的誓死抵抗，而且还会让天下人认为刘邦是个鸡肠小肚之人。

当然，善于审时度势的刘邦不仅全数赦免了项氏长老，保留他们原有的爵位，而且还亲自祭奠项羽这位老对手，表达了对这位对手的尊重。他的这些措施和举动，让楚国那些遗老遗少们颇为感动，从而心悦诚服地投降了刘邦。

第四章 DI SI ZHANG 用人，唯贤是举

拥有一批可以为己所用的人才固然重要，但是能够发挥这些人才的能力更加重要。领导者寻找人才不是为了摆设或者装饰，而是为了创造出更大的效益和价值。管理者在运用人才的过程中，一定要通过有效的方法做到知人善任、人尽其才、人尽其用，从而利用有限的人才为自己创造出最大的效益。刘邦在用人中的方法和策略很值得当代企业的管理者学习。

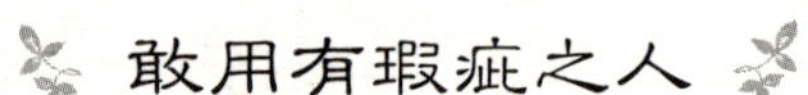

敢用有瑕疵之人

古语有云，成大事者不拘小节。用人者在用人的时候，也不能够拘泥于人才在小节上的不足，而是要注重人才的才华。正所谓人无完人，人才也必定有自身的缺点，用人者就是要在不影响大局的情况下，忽略这些缺点，将人才的才能发挥出来。

人无完人，圣人是最不好用的。只要能看到一个人的长处，避开他的短处，就能让他发挥出真正的本领。刘邦手下的人，没有几个是没有毛病的。嗜酒如命的郦食其、满肚子坏水的陈平、居功自傲的韩信等，可是刘邦就是靠这些人打下了天下，因为他懂得怎样用人。

陈平是一个地地道道的穷人，家徒四壁，顺着墙边搭个棚子，有门无窗，但是门上却只能挂块破席，不能遮风挡雨，更不能防寒防盗，幸好他没有什么可偷！

可是他是一个谋略家，善于“良禽择木而栖”，为刘邦设下许多妙计……

陈平是刘邦的忠实军师，在刘邦夺取和稳定天下的过程中功不可没。虽然刘邦没有将他列入汉初三杰，但是他的足智多谋足以与张良相媲美。在沉着、稳重的性格方面，陈平不如张良，但是急中生智，让刘邦化险为夷的能力，是张良难以企及的。在刘邦称霸天下之后，张良在政治上的活动不多，而陈平则活跃于政界，最后辅助汉文帝治理乱世，将战国时代纵横家的精神风貌展现得淋漓尽致。

陈平出生在阳武（今河南省原阳东南）户牖乡（今河南省兰考东北），年少时家境贫寒，但喜欢读书，与兄嫂相依为命。虽然兄嫂家的经济条件也不好，但陈平的哥哥陈伯宽厚仁慈，自己埋头耕耘，担负起家庭的重任，为陈平读书提供经济资助。

魏王咎率领军队于公元前208年6月与秦少府章邯在临济（今河南省封丘东）开战，陈平带领数人去投奔魏王咎，被授以太仆之职。太仆就是魏王身边的臣子，主要掌管魏王车马出行之事。陈平曾经多次向魏王建言献策，不仅得不到采纳，反而遭人嫉恨，受人谗毁。在魏王身边行事多年，陈平深知魏王咎是平凡之人，难以成就大事，所以，他毫不留恋地出走，另找出路，希望能找到自己的用武之地。

公元前207年冬，项羽在黄河沿岸的一次战争中大获全胜，击退了秦军。此时，陈平见机行事，投奔项羽，并参加了历史上著名的巨鹿大战。战争结束后，陈平跟随项羽入关，后被授以卿爵。因为项羽缺乏识人的才智，所以陈平仍没有被重用。

项羽在汉元年也就是公元前206年正月宰割天下，分封诸侯。在4月进入汉中后，随后几个月后刘邦就平定了三秦大地。

在汉二年（公元前205年）春，项羽派陈平征讨背楚附汉的殷王司马印，在这次出兵作战过程中，陈平崭露头角，不仅展示了自己的能力，还收降了司马印，因此项羽封他为都尉，还“赐金二十镒”。

同年3月，韩信巧妙设计抓获了司马印，占领殷地。项羽为此恼羞成怒，认为这事与陈平有关，史载：“将诛定殷者将吏。陈平惧诛，乃封金与印，使使归项王，而平身间行，杖剑亡。渡河，船人见其美丈夫独行，疑其亡将，腰中当有金玉宝器，目之，欲杀平。平恐，乃解衣裸而佐刺船。船人知其无有，乃止。”

此事陈平真可谓是蒙冤受辱，他只好选择逃离项羽，但恰巧又在黄河边上遭遇水贼，陈平急中生智，化险为夷。

陈平逃到河南修武，打算投奔老朋友魏无知，而魏无知又向刘邦推荐他。因为刘邦在鸿门宴上曾通过张良得到陈平的帮助，所以刘邦置酒款待他。宴请结束后，刘邦准备送客。

陈平对刘邦说："我有事来投汉王，所言之事不能超过今日！"

于是，刘邦与陈平交谈。两者具体谈的什么内容，在史书上没有记载，不能妄加论断。但是，史书记载："王与语而说（悦）之"。

刘邦问："您在楚国官居何职？"

陈平回答："做都尉。"

当天，刘邦就任命陈平为都尉，"使为参乘，典护军"。所谓"参乘"就是陪乘。古人在乘车出行的时候，一般驾车手都在中间，左边和右边分别是尊者和车乘。按这种座次分布来看，陈平一下子靠刘邦最近。这样一来，陈平就顺理成章地任职"典护军"，责任是监护三军。

看到陈平如此走运，诸将都羡慕、嫉妒甚至对陈平有点恨，所以纷纷进谏，对刘邦说："对于一个楚国降兵，大王您还不知道他的品行、才能，就对他封官加爵，还同车出行，另外，您提拔他为监护三军，未免有点过分了吧，这恐失旧将的支持。"

刘邦做事很有主见，他相信自己的眼光，所以闲言碎语根本无法改变他的决定。陈平曾经讨伐项羽，打败彭城而回，收散兵进守荥阳，不知出于何因，刘邦加封陈平为副将。大概是陈平为刘邦出了秘计。

被嫉妒之心腐蚀的大将们终于按捺不住了，他们开始不择手段，诋毁陈平。

一天，周勃、灌婴一起去找刘邦，进谗言说："陈平身材高大，相貌英俊，但他未必有什么真才实学，且品性也未必善良。我们听人说陈平还在家时，他曾经盗嫂、与嫂私通；在跟随魏王咎时，行事不宽容，爱斤斤计较；逃亡到楚国后，他仍然不被重用，最终逃离，又归顺大王。对于一个没有什么战功的人，大王您却破格擢升，三军还归他监护。另外，我们还听说他曾经私下受人贿赂，并根据贿赂钱财的多少来安排差事，如果钱财数量不能令他满意，那么只能做不好的差事。总之，陈平是一个乱臣贼子，大王一定要小心！”

刘邦听了周勃、灌婴的谗言，也感到陈平形迹可疑，叫来他的推荐人魏无知加以责备，转述周勃、灌婴之语。

魏无知，并非“无知”，而是“有知”，他有知人之明，发现并向刘邦推荐了陈平这样的旷世奇才，又能根据刘邦豁达大度、不拘小节、求贤如渴、争购人才的性格和心理，审时度势，强调乱世重贤重于德，来了个答非所问，作出了一个充满哲理的回答。

魏无知说：“我向大王推荐陈平，是因为他有才能；而大王如今责问我的却是陈平的品行。陈平即使有尾生、孝已那样的高风亮节，对于大王的胜负有什么用处呢？大王又能够叫他干什么呢？如今楚汉相争，我向大王推荐的是奇谋之士，只考虑他是否真正对国家有利！至于说陈平私通其嫂，受人贿赂，我才管不了这么多，这与争夺天下有什么关系呢？”

“尾生”为何人？《庄子·盗跖》中说，尾生与一女子约定在桥下见面，但约定时间已过，这位女子并没有按时前来。这时河水暴涨，但他紧紧抱住桥柱，后来被水淹死了。他是古代一位守信之士。而孝已是殷商宗武丁之子，他以孝行流芳百世。

魏无知避实就虚，刘邦虽然善辩，也只得如此而已，但是刘邦又“召让平”。

“让”的意思是责备。但是刘邦不能“让”陈平“盗嫂”“昧金”，因为没有明确的证据，更重要的是这关乎一个人的道德品行问题，所以不

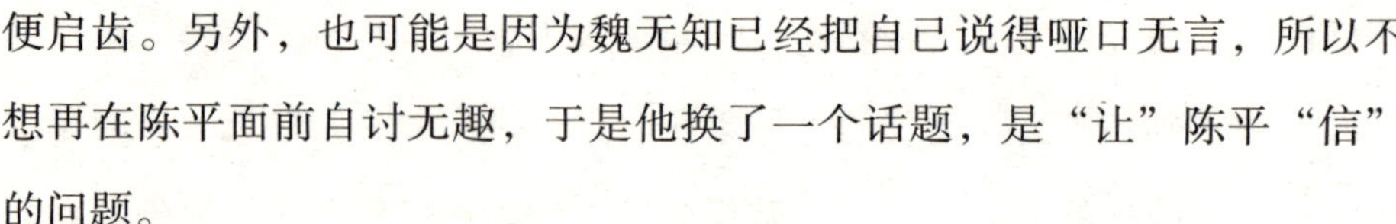

便启齿。另外，也可能是因为魏无知已经把自己说得哑口无言，所以不想再在陈平面前自讨无趣，于是他换了一个话题，是“让”陈平“信”的问题。

刘邦说：“先生曾经事魏，又事楚，如今又与我交游，讲求信用的人都是这样的吗？”

陈平并不马上对刘邦的“让”作出回应，而是大谈用人策略，分析、对比不同的用人策略，并分析出了项羽、刘邦在政治上的得失。

他说：“臣我事魏王咎，魏王咎不能采纳我的奇谋妙计，所以我去投奔项王。项王用人唯亲，委官封职，不是项氏宗族，就是舅子姑爷，即使有旷世奇才也得不到重用。我听说汉王您能够任人唯贤，所以又来投奔您。我腰无分文，囊空如洗，不接受别人馈赠的金钱，拿什么去为大王办事呢？我的建议大王果真能够采纳，大王就采用；如果大王不想采用，那些钱财都在那里，我立即封存交官，希望大王放我走吧！”

陈平此番话语，不只反映了他机智，更是一篇绝妙策论，我们还可以说这也是陈平的一个进身法术。陈平在话语中批评魏咎不能接受良谋，对项羽任人唯亲的做法特别反感，而刘邦任人唯贤是最值得称道的。其实，这段话主要是抬高刘邦，用重用我陈平这件事把刘邦一直往上推，不断称赞他，使刘邦获得了心理上的满足。

刘邦听了陈平的妙论之后，“乃谢，厚赐，拜为护军中尉，尽护诸将”。这次“让”不仅使陈平得到了重赏，还升官要职，专门监督诸将，其结果是“诸将乃不敢复言”。此后刘邦多次仰仗陈平之计取胜脱险。

陈平得遇明主，刘邦收纳贤才，在一定程度上，是刘邦的选人之功。刘邦起用陈平在一定程度上是招人非议的，毕竟陈平有一些为人议论的事情客观存在，然而刘邦并没有因此而存在选人的误区，他看到更多的是陈平的才学和能力。陈平的一步登天虽比之韩信不及，但是对于和刘邦一起出生入死的战将，却又有着独特的地方，也难免会受到一些人的诟病。

刘邦选用陈平，是“人才学”的一个例证。刘邦认为陈平“盗嫂”是小事，偷鸡摸狗算不了什么，诚然有他本人好色、偷情的风流韵事作为将心比心的“依据”，惺惺相惜，同气相投；他更从理论上认为，能否安邦定国、有无真才实学才是大德，而作风不检点只是“小节”，这种“宽宏”之论（或曰“偏颇”之论）似与当下的用人观有些出入，有些分歧。所以时人讥讽刘邦是“上梁不正下梁歪”，亦不无道理。不过，何为大德，何为小节？不拘小节犯生活作风错误者是否可以一概原宥？或永远弃置不用？把“小节”略去不计或看得过重是否都会影响人才的选拔与重用？这些问题，还是留待当今的人才学家们去讨论吧。只是刘邦重用犯有“生活作风错误”的陈平，反使陈平尽力卖命，立下汗马功劳。作为选人方面的个案，倒不失为一个成功的范例。

用人者就是要有这种用人的气度，能够包容人才的缺点和不足，不计较细节上的缺点，而注重人才真正才能的发挥，只有这样，才能吸纳更多的人才为自己所用，也能减少人才的心理负担，使其能更好地发挥自己的才能。

用人是一种学问，管理者选用的人才，千人千面，也不可能会是完美、毫无缺陷的人才。这就需要用人者能够抓大放小，将人才合理地利用起来，充分发挥人才的优势，合理规避人才的缺点和不足，使得人力资源得到充分发挥。

俗话说：尺有所短，寸有所长。一个人的能力再全面，也会有其所不能，一个人无论多么平庸，也总会有其特长。管理者切勿只看到员工的短处，一旦陷入这个陷阱，再优秀的员工也不会合你心意。

马谡被斩，是三国时期诸葛亮舍长就短用才酿成的一个悲剧。史称马谡“才器过人，好论军计”，是个非常好的参谋、幕佐之才，诸葛亮

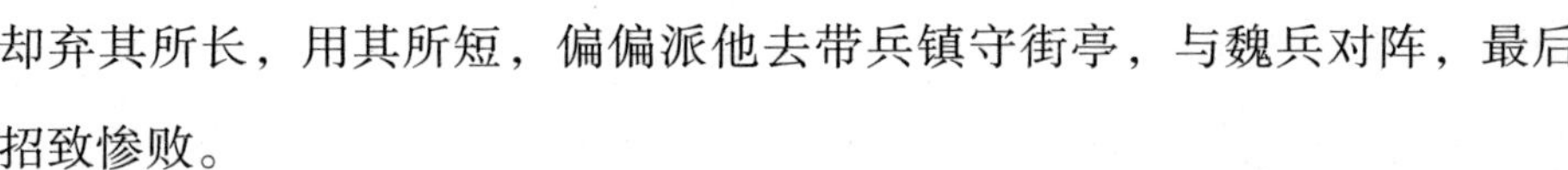

却弃其所长，用其所短，偏偏派他去带兵镇守街亭，与魏兵对阵，最后招致惨败。

事实上，人各有所长亦各有所短，管理者用人，应先看其长，后看其短，要扬其长而避其短。

其实，任何人都有优点和缺点，如何看待一个人的优缺点，尽管有客观的评判标准，但与观察者看人的角度也有相当的关系。如果用灰暗的心理看人，从人的短处着眼，那么看到的自然是缺点多于优点，短处多于长处。如果换个角度，用积极的眼光看人，从人的长处着眼，那么所能看到的一定是优点多于缺点，长处多于短处。对于一个高明的管理者来说，应善于挖掘部属的优点，激发他们的才智，为我所用。

克制己好用儒生

很多领导者在选择人才的时候都会犯同样的错误，即根据个人的喜好而决定人才的职位高低，甚至是去留问题。这样做的后果就导致了很多的人才流失，刘邦在用人的时候也曾犯下这样的错误，但是他能够及时地改正，从而弥补了损失。

刘邦在争霸的过程中吸纳过不少人才。在其打天下的初期，一次率军路过一个叫高阳的小地方时，又碰上了一位日后对他的争霸大业有着重要影响的人，此人就是郦食其。

郦食其本是当地的一个穷儒生。他自小爱读书，因家中破产，所以只能以做看门人为生。

郦食其人穷志不短，他从不把富贵之人放在眼里，既有抱负又有几分豪气，县中的地痞无赖都不敢欺负他，称他为狂生。

刘邦手下的一个骑士，是郦食其的同乡。刘邦平时常向部下们询问，让他们推荐人才。骑士经过高阳，顺道回家探视，遇到了郦食其。

郦食其对同乡朋友说："我听说沛公为人傲慢，瞧不起人，尤其是儒生。他胸有大志，这种人才是值得追随的英雄。我想见见他，但是缺少一个引路的人。"

朋友说："算了吧，你这么大年纪了，大帅可能不感兴趣。"

他说："你回去告诉沛公，我虽60多岁，身体还很好，身高八尺，人称狂生，可我自己从来不承认。"

朋友说："沛公最不喜欢儒生，平时只要有人跟他提起儒生这两个字，他就要把儒生臭骂一通。你要是想去见他，就得把你那儒生的一套收起来，千万别自讨没趣。"

郦食其仍然很自信，并叮嘱说："你只将我的话说给沛公就是了。"

朋友见郦食其如此坚持，只好硬着头皮去了刘邦那里一趟。骑士也是聪明人，他趁刘邦很清闲、心情又好的时候按郦食其所教的内容，向刘邦推荐了郦食其。

刘邦对这样的儒生，哪里提得起兴趣，可是又碍于这位手下和自己的交情，不得不给个面子，敷衍一下，于是勉勉强强答应见郦食其一面。

骑士当然看得出刘邦的心思，回去转告郦食其，并劝他说："大帅工作繁忙，很难抽空见你一面，即使见了面，他也不一定喜欢你这种读书人，尤其是你这一套繁文缛节。"

郦食其生气了，他让骑士告诉刘邦："你就说高阳酒徒来了。"

后来，刘邦终于答应见他。

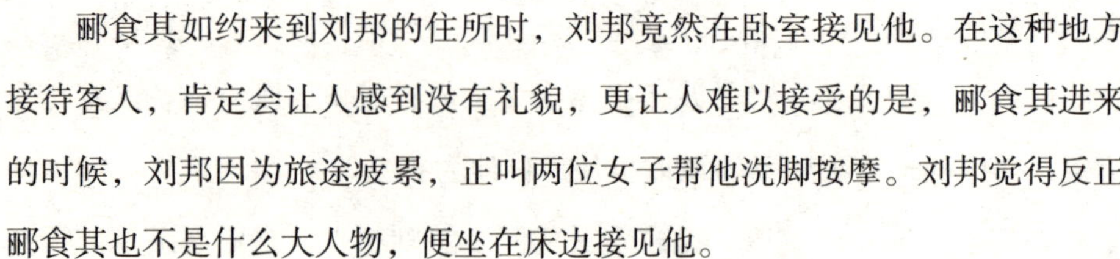

郦食其如约来到刘邦的住所时，刘邦竟然在卧室接见他。在这种地方接待客人，肯定会让人感到没有礼貌，更让人难以接受的是，郦食其进来的时候，刘邦因为旅途疲累，正叫两位女子帮他洗脚按摩。刘邦觉得反正郦食其也不是什么大人物，便坐在床边接见他。

郦食其进门后，见到这种情形，只站立着懒洋洋地冲刘邦打了个招呼。很明显，他对刘邦的怠慢，也在用自己的方式进行反抗。见这个儒生这样大胆，刘邦反倒有了兴趣，仔细地打量了郦食其一番。

郦食其问刘邦：“请问，将军此行的目的是什么？”

刘邦生气地说：“我是来替天下受苦的百姓打秦国的，这还不明白吗？”

郦食其笑了，之后又质问刘邦：“率队伍打仗要讲得民心，也要讲礼义，你不讲礼义，何以得人心呢？”

刘邦笑着说：“请，请您老人家坐下来说话吧。”

从谈吐来看，郦食其虽然年事已高，但的确是一个人才。他所讲的治军之道，深深地打动了刘邦的心。于是，刘邦就将此人留在了身边。

郦食其分析了秦王朝的现状，以及刘邦军团的优势与劣势所在，并建议刘邦应暂时将军队驻扎下来，伺机攻打陈留。

为什么要打这个地方？因为此地交通便利，城中有不少粮食，这正是刘邦所需要的东西。

刘邦攻克陈留后，果然获得了不少粮草，对郦食其更为赏识，不久便封他为广野君。

在后来的多次战役中，郦食其向刘邦提出了许多重要建议，并主动当起了联系诸侯的使者，到处游说诸侯来配合刘邦的西征。

接着，郦食其又向刘邦引荐了他的弟弟郦商，郦商这时已集聚4000多人的小军团在附近活动。刘邦接纳他后，封他为将军。

刘邦一路西征，途中又多了像郦食其这样的一个人辅佐，真是值得庆幸的。日后，在刘邦争霸立业的过程中，郦食其创下了不朽功绩。

刘邦原本对儒生很有偏见，但他虚怀若谷，善于纳言，终有助于事成。他接纳郦食其后，他在世人眼中成了一个礼贤下士的君王。这就是帝王之道的大道啊！

人才可能来自各个层次，然而我们岂能因为他们的身份尊卑不同而有所厌弃或者喜好呢？如果一个企业太刻意在意人的出身和处境，那么，这个企业就会失去很多竞争力，失去很多站在同行前面的机会。

如果领导一味地凭自己的喜好取人，只会埋没人才，使一些真正的人才得不到重用。下面关于颜老朗的故事，令人深省。

东汉史学家班固在《汉武故事》里记载了这样一则故事。有一次，汉武帝到郎署去视察工作，在那里他见到一位老者，这位老者衣服破烂，两鬓花白，步履蹒跚。

汉武帝非常惊讶，就问他："你叫什么名字？什么时候入的郎署？"

老者答曰："我叫颜驷，是江都人，在文帝的时候做的郎官。"武帝又问："你怎么这样大年纪还是个郎官呢？"颜驷回答："文帝喜欢文人而我好武，景帝喜欢老人而我那时还年轻，而您喜欢青年我却已老了，所以，我虽然三朝为官却始终未能得到提拔。"武帝听了颜驷这番话，深有感触，当即提升他为会稽都尉，以谢他的一番直言。

汉武帝时代人才辈出，使汉王朝达到了鼎盛，这与汉武帝唯才是举、有错便改的识人、用人的思想是分不开的。

麦当劳是一个真正的人才集散地，它的员工有着各自不同的背景和个性。麦当劳用人的理念就是不以自己的喜好来识人、用人。麦当劳的总裁克罗克认为，只要能给企业带来效益，即便个性迥异，也是能接受的。他喜欢意见纷呈，大家各自争论，因为这样常常会碰撞出不同寻常的智慧火花，为企业带来令人惊喜的灵感和活力。麦当劳会根据需要来吸纳各种类型的人才。正是在这样的经营哲学指导下，麦当劳把来自不同背景、有着不同个性的员工聚集在一起。他们之中，有在纽约当过警察的邓纳姆、大学教授特雷斯曼、法官史密斯、西罗克曼曾是个银行家、凯茨是一名犹太教士、舒帕克原来是美国共产党员、科恩布里斯从事过服装销售、瓦卢左曾做过牙医。他们中还有军官、篮球明星、足球运动员，等等。在麦当劳公司所给予的自由空间内，他们的热情、干劲和独特个性得以充分发挥。

公司总裁克罗克认为，麦当劳的员工素质并不在于聪明和学历，而在于恒心和果敢的能力。因而，麦当劳对员工没有学历要求，他有一句经典的话被大家广泛流传："奋斗前进，世界上没有什么可以取代持之以恒。才干不行，有才干的人不能获得成功的事司空见惯；天赋不行，没有回报的天赋只能成为笑柄；教育不行，世界上到处都有受过教育却被抛弃的人，只有恒心和果敢是全能的。"

克罗克是个注重穿着、谈吐优雅的人，他虽然很讨厌那些衣冠不整、举止随意的人，然而如果这样的人能给公司做出贡献，他就能够忍受他们怪异的行为。比如，克罗克很讨厌男人留长头发，但是他提拔了披着一头长发的克莱思成为广告经理，因为克莱思是设计出"麦当劳叔叔"这一形象的功臣。克罗克也不喜欢员工上班期间衣冠不整，但对特纳脱掉外套，挽起袖子办公的样子却视而不见。

有一回，克罗克看见一个地区经理一副牛仔打扮上班，很是气恼，一时冲动，下令开除他。第二天，克罗克有紧急的事情去找这位员工经理，却发现这位经理正在整理东西准备离开。克罗克很是惊诧，问他："你在干什么？"经理说："我正在收拾东西，你昨天已经开除我了。"克罗克却让他把东西放好，继续上班，因为他早把这件事情忘记了。麦当劳的副总裁可恩这样评价过克罗克：“他其实是一个很能变通的人，只要你用正确的方法做事，就能说服他，而且他也会听从你的。”

每一个人都有自己独特的个性，尤其是才能出众的人，可能存在一些让人难以接受的“毛病”。作为领导，应该学会包容人才不同于自己的个性，而不是以己好恶来定长短，从而得到人才的拥护和信任，为企业创造财富。

择人唯贤用外人

很多领导者在选择企业人员之时，首先考虑的便是自己的亲友，认为自己人好办事，然而事实却总是与想象相反。正是由于这些“自己人”，反而让自己的企业不好办事，慢慢地导致企业运行迟钝，企业的效益也慢慢下降。对此，企业领导者可以向刘邦学习一二，看看刘邦是如何选择“外人”来为自己效力的。

汉高祖刘邦令叔孙通制定朝仪一事，与他手下的这些功臣有关。汉高祖平定天下后，废除秦朝的苛法和烦琐的礼仪规则，力求简便易行。在汉高祖论功封赏期间，群臣饮酒争功，酒醉后有的狂呼乱喊，有的甚至拔剑击柱，汉高祖拿这些出身低微、战功颇多的武夫也没有办法，很是以此为忧。这一切，有一个人看在眼里，此人便是秦博士叔孙通。

叔孙通曾以诸生的身份在秦二世面前称陈胜、吴广起义不过是“鼠窃狗盗”，不足为虑，使昏庸的秦二世大为高兴，拜他为博士。事后，叔孙

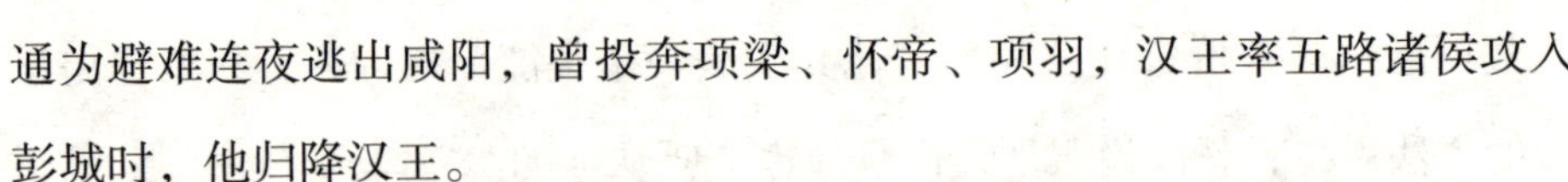

通为避难连夜逃出咸阳，曾投奔项梁、怀帝、项羽，汉王率五路诸侯攻入彭城时，他归降汉王。

汉王厌恶儒生服装，叔孙通改穿楚人式样的短衣，汉王便高兴了。跟随叔孙通投降汉王的，有儒生子弟百余人，然而叔孙通一个也不向汉王推荐，只是推荐那些强盗出身的壮士。弟子们都私下骂道：

“侍奉先生好几年了，幸而得以随从投降汉王，如今却不向汉王推荐我们，专门推荐那些强盗，是何道理？”

叔孙通得知后，对他的弟子们说：

“汉王正冒着矢石争夺天下，因此先推荐那些能斩将夺旗的壮士。诸生暂且等待一下，我不会忘记你们的。”

叔孙通降汉后，被汉王拜为博士，号稷嗣君。此刻，他见群臣因论功封赏而饮酒争功，酒醉后失态失礼，而汉高祖对此又越发厌恶，便向汉高祖说：“那些儒生，很难靠他们去夺取天下，但却可以用他们来治理国家，可与守成。臣愿征召鲁地的诸生，与臣的子弟一道制定朝会的礼仪。”

“不会是很难吧？”汉高祖问。

“五帝的乐制不相同，三王的礼制也有很大的区别。礼制，本是根据时事和人情的变化而有所删节和增饰。所以，夏、商、周三代礼制的继承和删节、增饰，都是可以得知的，这说明古今的礼制并不相重复。臣愿采纳古礼并同秦朝的礼仪相结合，来制定新的朝仪。”叔孙通回答说。

“那就试着制定吧，一定要令人容易了解，要考虑到我能做得到的去制定。”汉高祖指示说。

于是，叔孙通出使鲁地，征召30余名诸生。鲁地有两名诸生不肯西行，说道：

“你所侍奉的君主先后多达10人，都是靠阿谀奉承来得到宠幸和显贵。如今天下刚刚安定，死去的人还没有来得及安葬，伤残的人尚未能起身行走，又想要制礼作乐。礼乐的产生，要积累上百年的德政，然后才能兴起。我不喜欢做你所要做的事。你所要做的事不合于古道，我们不去。你去吧，不要玷污我们！”叔孙通听了这两个儒生的议论和表白，笑着说：“你们真是鄙陋的儒生，不懂得时事的变化。”

叔孙通带领从鲁地征召的30名儒生取道西行，到达都城栎阳。然后会同皇帝左右有学术修养的近臣和他的随从子弟，共有一百余人，来到野外拉起绳索代表宫室处所，树立茅草表示君臣尊卑的位次，演习朝会的礼仪。演习了一个多月，叔孙通汇报说：“皇上可以去观看排练了。”

汉高祖前往野外观看儒生表演朝仪，观看完毕后说道：“我能做到这些。”

于是，下令群臣演习朝会礼仪，准备参加十月岁首的盛大朝会。

汉高祖七年（公元前200年），长乐宫落成，诸侯、群臣都来参加十月朝会（汉承秦制，以十月为岁首）。按照叔孙通制定的朝仪，天亮之前，由掌管传达的谒者主持典礼，引导参加朝会的诸侯、大臣依次进入殿门。廷中排列着战车、骑兵、步兵和侍卫官员，配备武器，树立旗帜。然后传令：“趋（快步走）。”与会的诸侯、大臣们按次序快步登上殿堂，殿下有郎中在台阶两旁侍立，台阶上共站有几百名郎中。功臣、列侯、众将军、军官按次序排列在殿上的西面，面向东方；文官丞相以下的官员按次序排列在殿上的东面，面向西方。

诸侯、群臣都已登上殿堂，由掌管交际礼仪的大行令设置九个傧相，从上向下传令，这时皇帝乘坐辇车出房，众官员举旗传呼警戒，由傧相引导诸侯王以下至俸禄六百石级的官吏按次序朝拜皇帝。在官员们依次逐一朝拜皇帝期间，自诸侯王以下的百官，无不因这一等级森严的拜见仪式震恐肃敬。

朝见皇帝的典礼完毕，盛大的宴会正式开始。为体现皇帝的尊严，凡

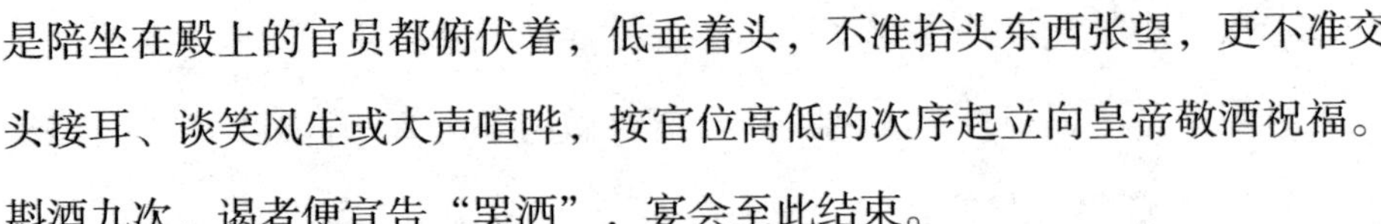

是陪坐在殿上的官员都俯伏着，低垂着头，不准抬头东西张望，更不准交头接耳、谈笑风生或大声喧哗，按官位高低的次序起立向皇帝敬酒祝福。斟酒九次，谒者便宣告“罢酒”，宴会至此结束。

在整个朝会和宴会过程中，没有敢大声喧哗而违反礼仪。于是，汉高祖高兴地说：“我今天才知道做皇帝的尊贵了。”

于是任命叔孙通为太常，掌管宗庙礼仪，位列朝廷的“九卿”之一，赏赐给他黄金500斤。

叔孙通趁皇帝高兴的时候进言说：“诸位弟子、儒生跟随臣已是很久了，与臣一同制定朝仪，希望陛下能授予他们官职。”

汉高祖任命他们一律为郎官。叔孙通出宫后，把皇帝赏赐给自己的500斤黄金都分赐给儒生。当年曾抱怨过叔孙通的众儒生们，这时都高兴地说：“叔孙先生真是圣人啊，懂得当代的时事和重要事务。”

汉高祖九年，汉高祖调任叔孙通为太子太傅，辅佐皇太子刘盈。汉高祖驾崩，刘盈即皇帝位，是为孝惠皇帝。

汉惠帝对叔孙通先生说：“先帝的陵园和寝庙，其他官员都不熟悉。”又把叔孙通调任太常职务，令他制定宗庙的礼仪制度。

西汉初年所制定的各项礼仪制度，都是由叔孙通任太常一职时所讨论、撰写的。

叔孙通先是在秦二世手下任职，然后又投奔项梁、项羽叔侄，对于刘邦而言可谓是不折不扣的“外姓家奴”，然而刘邦在制定礼乐方面却敢于任用叔孙通这个“外人”，而叔孙通也不负刘邦的厚望，将礼乐崩坏的初汉王朝重新整理得井井有条。从中我们不难看出刘邦用人择人的过人之处。

“自己人效应”是指管理者和领导者以血缘关系作用人的依据，往往喜欢把自己的亲人安排在组织的各个重要岗位中，让他们身担要职，管理组织。其实，这种“自己人”的心理，扭曲了用人标准，压抑了人才的成长和能力的发挥，是一种混乱的管理模式，会导致严重的组织内耗，轻则不能达成组织目标，重则使组织崩溃。

1920年，王安出生在上海，先后就读于上海交通大学、哈佛大学，1948年获哈佛大学博士学位。不久，他发明了计算机“磁芯记忆本”，大大地提高了电脑的储存能力。1951年，王安在美国马萨塞诸塞州创办了自己的实验室。1955年，在此基础上，创办了王安计算机有限公司，生产和销售计算机、联网装置和成像产品。自成立以来，公司始终遵循着王安“填补所需”的原则，不断开发出新产品，使公司迅速地发展壮大。1956年，王安将磁芯记忆本的专利权卖给IBM公司，获得近50万美元的回报。之后，王安将专利所得的钱全部用于研究工作。1963年，研制出半自动排字机，使公司1964年的销售额超过100万美元，开始在计算机界崭露头角。1965年开始经营计算器，并且引进革新项目桌面计算器LOCI。随着计算器需求量的不断增加，1967年公司转为公营，为其业务发展筹集资金。20世纪70年代中期，公司转向文字处理机市场，1976年开发了第一台屏幕显示（电视式）文字处理机，到1978年，公司已经成为屏幕显示系统最大制造商。1977年，公司引进VS微机系列——一条置于现存和未来VS计算机兼容的生产线。VS系列获得成功，文字处理机销售猛增，使公司收入由1980年的5.43亿美元增至1985年的24亿美元。到1986年前后，王安公司可以说达到了鼎盛时期，年收入达30亿美元，在美国《福布斯》杂志所排列的500家大企业中名列146位，在世界各地雇用了3.15万名员工。而王安本人，也以20亿美元的个人财富跻身美国十大富豪之列。1986年7月4日，纽约自由女神100周年纪念仪式中，王安被选为全美最杰出的12位移民之一，接受了里根总统颁发的“自由奖章”。1988年，王安再获殊荣，被列入美国发明家名人堂。

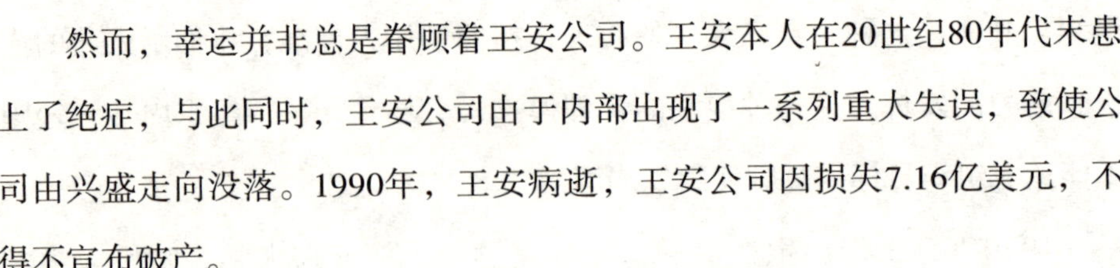

然而，幸运并非总是眷顾着王安公司。王安本人在20世纪80年代末患上了绝症，与此同时，王安公司由于内部出现了一系列重大失误，致使公司由兴盛走向没落。1990年，王安病逝，王安公司因损失7.16亿美元，不得不宣布破产。

这里，我们不禁要问：是什么让一个强大而繁荣的年轻计算机帝国在短短的几年内就崩溃了呢？原因是复杂和多方面的。业内人士说，其中有一点不得不归咎于王安所奉行的家庭经营管理模式。王安在1986年11月任命自己的儿子王列为公司总裁，又安排三子考尼特·王做王安传播公司总裁，后又提升为王安公司副总经理。对这种人事安排，公司董事会成员们纷纷表示反对，理由是王列才智平庸，不了解公司业务。但王安却固执己见，认为自己的儿子王列就是有能力胜任总裁之职。

面对王安任人唯亲的做法，公司市场专家约翰·卡宁汉和负责产品质量的副总经理乔恩·布罗普实在不能苟同，先后向公司递交辞职信，离开了王安公司。而王列在接手公司不久后，就证明自己根本就没有王安那种驭才之术，不会处理与手下的三个支柱——考尔科、考布劳和斯加尔的关系，最后致使他们愤然离去。王安公司大量人才外流，使得公司元气大伤，危在旦夕。虽然后来高薪聘请了以擅长挽救濒危企业而闻名的爱德华·米勒来为公司出谋划策，米勒也尽全力实施了很多拯救措施，但最终无力回天，王安这颗计算机王国里的巨星最终陨落。

王安将自己的两个儿子都安排在了公司里，并让他们担任公司的重要职位，让他们管理和控制着公司，认为自己人说的话就是比较靠谱，自己人做的事情就是比较放心，这种任人唯亲的传统经营管理模式，在社会上已是屡见不鲜，是一种很普遍的现象。但这种做法和用人之道背离了现代化企业“专家集团控制，聘用优才管理”的通用方式，很容易造成组织因为用人不当，而蒙受损失。心理学上将这种只用自己人的管理方法，称之为“自己人效应”。

所以，作为管理者和领导，如果要想让自己的组织走向成功，让自己的组织发展得越来越好，就必须抛弃“自己人效应”的管理理念，懂得用人。

有才新人大胆用

用人之道在于人尽其才，有的时候，一些有才之士在才华展示出来之前，并不被别人看好，而这时给予重任，显然是不能服众的。这种情况下，用人者就要有魄力、敢担当，破格提拔优秀的人才到重要的岗位，以实现他们的才华，为自己作出贡献。刘邦在用人方面的表现要比在战场上大胆得多。

韩信是刘邦的开国大将，他的经历非常神奇。他刚开始投靠刘邦的时候也没有得到重用，不仅没有得到重用，还差一点就掉了脑袋。

有一次，韩信和几个军官犯了军法，论律当斩，这些军官一个个被砍头，在韩信之前已连续砍了十几人。马上就要轮到韩信了，可想韩信此时心中一定充满懊丧，或许后悔投靠了刘邦，就在这毫发之间，偶然的事情发生了，这几秒的偶然改变了历史。

就在这时，刘邦的故友兼车夫夏侯婴出现了，韩信多少了解夏侯婴，知道这人有同情心，而且跟刘邦的交情很深，现在活命的希望全寄托在这人身上。韩信故意仰天长叹：“汉王不是想争夺天下吗？为何要杀我这样

的壮士？”

夏侯婴见这人气概非凡、相貌堂堂、器宇轩昂，心想可能真是一个难得的人才，便救下韩信，召他详谈。借着这个机会，韩信向夏侯婴大谈兵法，夏侯婴听此人说得头头是道，便替他向刘邦求情，并告诉刘邦韩信是个难得的人才。

刘邦对夸夸其谈的人向来没有好感，不过他倒是爽快地放了韩信，还给了他一个管理粮食的职位。

韩信当然不是后勤管理的料，但正因为这个小官职，他认识了萧何。萧何听了夏侯婴的介绍，对韩信很感兴趣，因此主动和韩信交流。萧何的眼光向来不错，他发现韩信的才能远远比夏侯婴说的还厉害，将来汉王争夺天下靠的就是韩信这样的人才。

萧何几次向刘邦推荐韩信，但刘邦并不当作一回事。所以，韩信还是迟迟没有得到施展抱负的机会。在奔赴汉中的途中，韩信特别郁闷，他原本以为换了一个老板，自己的待遇能改变，结果发现比在项羽那里还不如，甚至差点丢了性命。就这样，思前想后，韩信逃跑了。

萧何了解韩信的才能，所以一直很留意他，听到韩信逃跑的消息，萧何的反应估计和刘邦听到自己逃跑的消息一样。所以，他来不及禀报刘邦就火速追韩信去了。萧何不光是刘邦集团的总经理，也是一个伯乐，他花了两天才在汉中的边界处追到韩信，其时，月亮挂在天空，想必韩信深为萧何这番诚意所打动。

如前文所述，萧何追回了韩信，向刘邦极力推荐，刘邦终于任命韩信为大将军。韩信则向其分析当今形势，以及未来走向。

韩信细数项羽在战略上的失误，韩信的这些判断是后来人们衡量楚汉争霸项羽之所以失败的重要标准。除了性格上的弱点外，韩信还指出，项羽称霸天下后，不在关中称王，却退居彭城，实在是一种非常短视的做法；背弃义帝，封王凭个人好恶，导致项羽在诸侯心目中地位下降，而且也增加了更多不稳定的因素；沿途对百姓烧杀抢掠，必然会丧失民心……

韩信的分析大体是有道理的，这证明了他不光是带兵打仗的能手，也善于识人，善于对时代作出准确的判断。可惜，韩信看别人很准，达到了“知人者智”的档次，但还是没有达到“自知者明”的境界，所以最后身死家灭，空留一代英才的“天下已定，我固当烹”的千古遗憾。

刘邦这人最在乎实际的利益，听到韩信的分析，顿时心服口服，后悔没有及早认识韩信。就像上次把军事计划完全交给张良一样，这次他将军队完全交给韩信，由韩信全权调度。

刘邦拜韩信为大将军，表面上看来主角是韩信，韩信瞬间从一个无名小卒成为指挥千军万马的大将军，这是何等威风的事。这段历史我们哪怕看上几十遍，仍然觉得神奇。是韩信神奇吗？韩信当然神奇，他后来证明了自己。但真正神奇的是刘邦，世上居然有这种领导，可以不经过任何考核，直接将一个小连长提拔到大元帅的职位，这种事情旷古少有。

破格提拔任用的实例，古今中外并不鲜见。破格提拔任用需要管理者和领导具备相当大的魄力，和知人、识人的本领。在刘邦任命韩信这件事情上，我们要学习的就是一种魄力，和一种识人之能。

首先刘邦的胆识和气度，是前所未有的。韩信的名声并非很好。乞食漂母，胯下之辱，叛楚归汉，在汉做个小吏都能犯法而差点被砍头。但是刘邦看到的是韩信的实力，首先是萧何和张良的推荐，这两个人在刘邦看来，都是自己智慧所不能及的，他们看到的，都是比自己长远的世界。

其次是交谈之后，韩信确实有才。刘邦虽然相信张良和萧何，但是更相信自己，在交谈过程中，刘邦发现了韩信的才华，认识到在自己军营中，没有人的实力能比得上韩信。于是，刘邦对韩信进行了破格的提拔。但是我们要注意，刘邦的破格提拔不是说什么连升三级，而是一步登天。

仅一下子，刘邦就将一个小吏，安排到了军中一品的位置，这种做法不仅会对自己军中将领有影响，甚至会直接影响到两军的士气。可是刘邦就有胆量和魄力这么做，并且他做得很好。

结合我们的现实再来看韩信的这番遭遇，更佩服刘邦的胸襟。刘邦集团能够笑到最后，得益于人才流动渠道的畅通，它没有那么森严的等级和壁垒。正因为这样，它才能发挥人才最大的潜力，让真正优秀的人才脱颖而出，从而提高集团的竞争力。

现代的领导在用人的过程中，对一些有真才实学的大才之人，也要能够具有破格任用的魄力，只有这样，才能吸引到更多的人才，也才能真正将人才的力量发挥到极致。

“用人之道，当自其壮年心力精壮时用之。若拘以资格，则往往至于耄老，此不思之甚也。”人才不可能长久地保持在才华横溢、光芒四射的最佳状态，这是不以人的意志为转移的客观规律。如果常常过分拘泥于台阶、资历、求全责备等思想障碍，就会使一些很有潜力的人才难遇“伯乐”，待到社会认为该用了，组织觉得轮到了，人的才智却过时不候了。

不计出身用彭越

很多人才在一开始的时候都没有显赫的身份，深厚的家庭社会背景。所以，经常会被人忽视，从而错过一展才华的机会。但是刘邦在选人用人方面却能够做到不计出身，注重从社会下层选拔人才，从而笼络到了很多人才，为自己统一天下打下了坚实的基础。

彭越是汉初七个异姓诸侯王之一，在灭亡秦朝的战争中立下了不少战功，但是他最主要的功劳是在楚汉战场上和韩信、英布一起，帮助刘邦战胜了项羽，使刘邦最终统一了天下。

彭越是江苏吕邑人，字仲。彭越在秦末的时候是个著名的强盗头目，盘踞在高山大泽之中，常常出去劫掠，日子过得倒还可以。陈胜、吴广开始起义之后，天下大乱，像刘邦、项梁等都起兵反秦。这个时候有人就劝说彭越，认为现在天下的豪杰都在起义，不如我们也一起来起义好了，说不定还能成就一番大事业，彭越冷静地说："让我们看看好了。"彭越的意思是，现在还看不出究竟谁能够打败谁，作为强盗，目标比较小，顶多面对地方官员的追剿；一旦作为起义的队伍，恐怕面对的就会是朝廷的大批正规军，这是大事，得好好考虑。

天下的局势开始渐渐变得清晰，虽然秦军的主力仍存，但是事情已经发展到了不可收拾的地步，他料定暴秦必亡，于是决定开始造反。墙倒众人推，给秦王朝背后来上一刀，顺便也洗去自己强盗的身份。

有许多强盗聚集在一起，公推彭越为老大，彭越开始推辞，后来在众人的强烈要求之下才同意。然后他和各位原来的山贼同事们约定第二天日出的时候集会，谁迟到就杀无赦。大凡强盗出身的人，单兵的战斗力都是很强的，他们缺乏的不是武力，而是纪律，这也是强盗部队通常敌不过正规军的原因。他有心提高大伙的纪律性，第二天，强盗们纷纷来集合，结果有十几个人迟到了，彭越就跑出来说："既然让我做老大，就应该听我的命令，现在有这么多人迟到，我也不能杀这么多人，现在就杀最后一个来的。"然后便下令杀死最后到的那个人。彭越言出必行，杀死迟到者，这下各位山贼知道彭越是认真的了，于是开始注意自己的纪律问题。

彭越经常出兵骚扰秦军，然后渐渐地收拢各路诸侯被秦军击溃的部队。彭越的部队发挥山贼机动性好的特点，把正规军打得大败。在战斗中成长的山贼们渐渐地掌握了正规军的战术，慢慢地，彭越的队伍有了千把人的规模。

在攻入咸阳，灭亡秦朝之后，彭越的部队已经有上万人了。不过，由于彭越的山贼出身，各国的诸侯都没有把他放在眼里，最后导致这上万人就成为了黑户，没有任何人想“认领”他们，白白放着这么一支劲旅却不加以利用。但是刘邦在出陈仓之后，得知彭越的状况，觉得非常惊讶，正好这个时候齐王田荣反叛项荆，刘邦就派人授予彭越将军印，让他去拽楚军的后腿。彭越得到刘邦的肯定和任命，心里非常高兴，于是，便出兵去骚扰项羽。

彭越率领部队三万多人跑去追随刘邦，刘邦告诉彭越：“你现在弄到了原来魏地的城市有十几个，不如你就找个魏国的后代立为魏王，然后你就当魏国的相国好了。魏国的所有权力不都在你手中吗？”

彭越觉得刘邦说得不无道理，于是就找了个魏国王室的后代当魏王，自己当相国，大权独揽。但是好景不长，刘邦在彭城被项羽打得大败。彭越辛辛苦苦打下来的城市也全部被项羽夺回去了。彭越又恢复到原来的“游击队”“骚扰队”的角色，多次打击项羽的运粮队。后来更是趁着项羽把刘邦包围在荥阳的机会，打下了睢阳、外黄等17个城市。项羽收复了所有的城市，再去围击刘邦，这个时候，彭越又把谷城给占领了。项羽再把彭越打跑，彭越于是就占领了自己老家昌邑旁边的20多个城市，还抢到了项羽的十几万斛粮食，送给刘邦的部队。

终于等到和项羽的决战了，结果刘邦在荥阳还是吃了败仗，于是刘邦就向各位诸侯王发出号召，一起来打项羽。号召书到达后，彭越对使者说：“我刚刚打下魏地，统治还不太稳固。”得知这种情况，刘邦采纳了张良的意见，许诺一旦消灭项羽，就立彭越为梁王。得到了这个承诺，彭越很高兴地率领自己的部队过来了。在杀死项羽之后，彭越被封为梁王，都城在定陶。

自打跟随刘邦开始，彭越始终是忠心耿耿，对刘邦统一天下起到了很重要的作用，对彭越的重用，又是刘邦一个重要的用人举措。在他和韩信、英布的配合下，刘邦迅速地消灭了项羽，结束了楚汉战争，天下一统，总算安定下来。

在刘邦麾下，有许多将佐都是来自于社会的下层，拿最大的开国功臣韩信来说，他是个流浪汉，曾乞食于漂母，受过胯下之辱，“贫，无仃，不锡推拔为吏，义不能治生为商贾，尝从人寄食。”母亲死后，家里贫困不堪，连为她下葬的钱都没有；陈平是个游客，“邑中有丧，平贫，侍丧，以先往后罢为助”，也就是说陈平平时只是靠帮人家办丧事混口饭吃过日子；萧何原是县吏，曹参、夏侯婴都是县的小吏；樊哙则是个屠夫，“以屠狗为事”；周勃年轻时以编织蚕箔为业，常为人吹箫办丧事；灌婴在睢阳以贩布为生；娄敬也是一个微不足道的车夫；英布、彭越，杀人放火，无所不干，触犯秦律，群聚为“盗”；还有狂生郦食其，“家贫落魄，无以为食业，为里监门吏”等。各色人等，刘邦的智囊团可谓包罗万象。这些人尽管出身寒门，位卑身贱，不过他们也确实有本事，为刘邦统一天下起到了不可磨灭的作用。刘邦不但不歧视他们，反而待之为上宾，与贵族出身的官吏一视同仁。由于这些人的拥戴，刘邦终于登上九五至尊的宝座。而前面这些人虽起自布衣，出身寒门，原来多为无赖之徒，但终为刘邦重用成为西汉的开国功臣，出将入相，建立了不朽的功业，这与刘邦不重门第出身、量才任使、唯才是用的做法是分不开的。刘邦的用人政策，与项羽的讲门第、重出身的选才用人政策形成了鲜明的对比，是对“自古封建诸侯各君其国，卿大夫亦世其官”的亲亲尊尊选拔制度的有

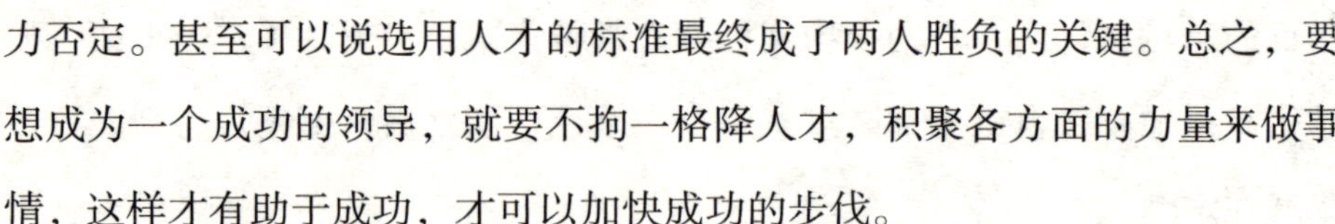

力否定。甚至可以说选用人才的标准最终成了两人胜负的关键。总之，要想成为一个成功的领导，就要不拘一格降人才，积聚各方面的力量来做事情，这样才有助于成功，才可以加快成功的步伐。

五帝时期的舜是一个盲人的儿子；商朝的伊尹是一个烧饭的奴隶、傅悦是一个砸夯的奴隶；北魏孝文帝的大将赵黑也是奴隶出身；郑国的军尉弦高是个牛贩子；汉武帝的御史卜式是个羊倌；鲁国的曹刿、楚庄王的令尹孙叔敖、齐景公的司马穰苴是农民出身；赵国的蔺相如、秦国的公孙鞅、平原君的毛遂、唐朝的马周是打杂的门客出身……这些出身于社会最底层的人才都为国家立下了不朽的功绩。

在现代企业用人中，纯粹地看出身、看门第的现象已经很少见了，中国没有所谓的“贵族”。但另一种“出身论”却在众多企业中形成，比如名校、高学历、海归、MBA等。真正优秀的企业、真正有魄力的领导者是不会为这些“皮毛”障住眼睛的。在众多杰出领导人用人“不问出身”的真知灼见中，邓小平的“黑猫白猫论”是最为著名的。

所有的团队领导者都喜欢听到“放心，交给我了！”之类的话，但更喜欢听到“任务已经完成”。因为问题不是关键，“解决”问题才是关键。解决问题，强调的是一种实干精神。无论做什么，到最后都只能拿成绩说话，其他的一切都没有说服力。邓小平曾经说：“不争论，是为了争取时间干。一争论就复杂了，把时间都争掉了，什么也干不成。”真正的人才大都主张实干，老老实实研究具体问题，拿出具体的解决办法，而不是斤斤计较各种空洞的东西，进行毫无意义的争论。

“不管白猫黑猫，会捉老鼠就是好猫。”企业领导者应该看重员工解决问题的能力。工作是什么？工作就是面对一堆问题，去寻找解决问题的方法，然后坚决地执行，并顺利完成。

敢用对手之人才

个人智慧和精力是有限的，统治一个国家、把经济搞活，必须借助专业人才的力量。一个国家的领导者要在人力资源管理上花费更多的时间，为国家发展寻找合适的、优秀的人才。而优秀的人才不一定都是自己的人才，即使是竞争对手的人才，如果能够为自己的发展带来利益，同样可以大胆地把他为自己所用，为自己的发展贡献力量。

汉王三年十月，韩信与张耳只是率领数万士兵，想要东进占领井陉，攻击赵国。赵王赵歇、成安君陈余得知汉军将袭击自己，便把军队集结在井陉口，号称20万。陈余的谋士广武君李左车劝说陈余："闻知韩信渡过黄河后，俘虏魏王，生擒夏说，刚刚血洗阏与，今有张耳辅助，商议着想要占领赵国，他们这是趁着胜利而离开本土远征，锋芒是不可抵挡的。我听说'从千里外运送军粮，士兵就会挨饿而面有饥色；临时砍柴做饭，军队就经常不能吃饱'。如今井陉口这条道路，两辆车不能并行，骑兵不能排列成行前进，队伍被拉开数百里长，运粮车势必落在大部队的后面。希望您拨给我3万士卒作为骑兵，抄小路截断敌军的粮道。您深掘战壕，高筑壁垒，坚守营寨，不与敌兵交战。敌兵向前不得交战，后退不得回还，我用骑兵断绝敌人的后路，使他们在野外掠夺不到给养。如此不到10日，韩信与张耳两将的人头可以送至麾下，希望您能考虑我的这一计策。否

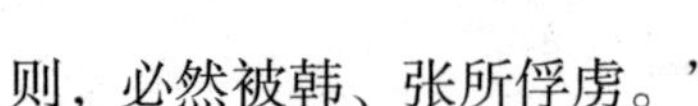

则，必然被韩、张所俘虏。”

成安君陈余是个信奉儒家学说的人，平时常道“义兵”，而不乐意用此作计。他说道：“我听兵书上说‘兵力十倍于敌人，可以包围他们；超过一倍，则可以交战’。如今韩信的兵力号称数万，其实不超过数千。他们不远千里而来，袭击我们，已经是强弩之末了。在这种情况下，回避敌人，不予出击，以后有更强大的敌人，我们又怎能战胜他们！那样的话，诸侯会说我们软弱，从而会轻视并攻打我们。”

陈余没有采纳李左车的计策。

韩信派出的间谍暗中窥视，得知陈余没有采纳李左车的计策，回来向韩信汇报，韩信非常高兴，这才敢率兵径直进军，在距井陉口30里的地方停下来宿营。半夜，韩信传令发兵，选轻骑兵2000人，每人手持一面红旗，抄小路上山，隐蔽在山上察看敌军的动静，并告诫他们说：“赵军见我军退走，必定倾巢走出壁垒追击我们，你们趁机急速进入赵军壁垒，拔掉赵军的旗帜，插上汉军的红旗。”韩信命副将下令开顿小餐，并宣布说：“今日击溃赵军后正式会餐！”众将领并不相信一日可破赵军，假装着答应道：“是的。”韩信又对军官说：“赵国已抢先占据有利地形构筑营垒，况且他们没有见到我们的大将旗鼓，不肯出营攻击我们的先头部队，恐怕我们到了险要的地方会撤退回来。”

于是，韩信令一万士卒先行出战，背水布阵。赵军望见汉军背水布阵，便大笑起来。太阳刚刚升出地平线的时候，韩信打出大将的旗鼓，击鼓走出井陉口，赵军打开营门出击，双方激战很久。这时，韩信、张耳佯败，丢弃旗鼓，逃回河边的阵地。河边的部队打开营门接纳逃回的汉军，双方又展开激战。此时，赵军果然从壁垒中倾巢出动，争夺汉军丢弃的旗鼓，追逐韩信、张耳的部队。韩、张的部队全部进入河边汉军的阵地，与赵军展开殊死搏斗，赵军已无法击败汉军。这时，韩信所派出的2000名轻骑兵，待汉军全部出动争夺战利品的时机，急速进入赵军营垒，将壁垒上的赵军军旗全部拔去，插上2000面汉军红旗。赵军见不能取胜，不能生擒韩信等人，想要退回自己的壁垒。当赵军退至壁垒下面时，见上面插遍了汉军的旗帜，极端惊恐，以为汉军已将赵王的将领收服了，部队顿时乱作一团，争相逃走。赵将斩杀逃走的士兵，但无法阻止溃退的形势。于是，汉军出兵夹击赵军，大败赵军，俘虏很多赵军兵卒，在泜水上斩杀成安君陈余，生擒赵王赵歇。这就是中国战争史上汉赵易帜的著名井陉口之战。

对赵军发起反击时，韩信下令军中，不得斩杀广武君李左车；有能活捉李左车的，赏赐千金。于是，有人捆绑着李左车送至韩信军营。韩信见到李左车，立即上前为李左车解去绳索，请他面东而坐，自己面西而坐，以事奉老师的礼仪对待李左车。

汉军诸将领向韩信献敌军首级和俘虏，都向韩信表示祝贺，并趁机请教韩信："兵书说：'行军布阵，右边和背后要靠山，前面和左边要靠水。'这次将军却教我们背水布阵，还说等待击溃赵军后再会餐，我们都不相信能击败敌人，然而竟然因此而取胜，这是什么战术呢？"

"这在兵书上是有的，只是诸位没有留心罢了。兵法不是说过'陷之死地而后生，置之亡地而后存'吗？况且我所率领的不是平素受过训练的将士，这就是所说的'驱赶着市民去打仗'。在这种形势下，非把他们置于死地而使令他们人人主动作战不可；如果把他们布置在有活路的地方，交战后他们会首先想到保命逃走，怎能会使令他们对敌作战呢？"

众将领听了韩信的一番解说，都口服心服："好极了。将军的谋略不是我们所能比及的。"

韩信回答完部将的问题，便向对面的广武君李左车说："我想向北攻击燕国，向东讨伐齐国，怎样才能取得成功？"

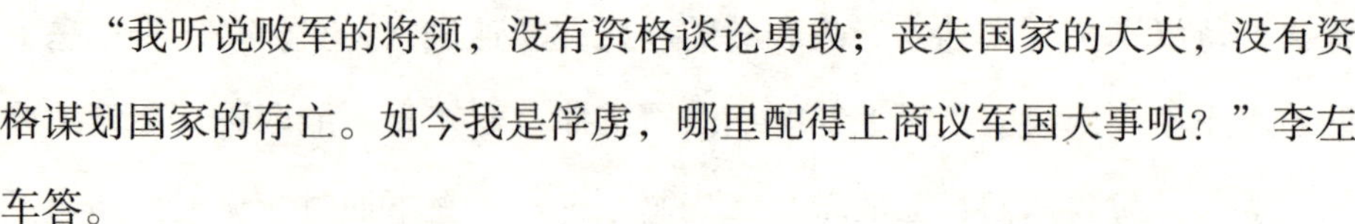

“我听说败军的将领，没有资格谈论勇敢；丧失国家的大夫，没有资格谋划国家的存亡。如今我是俘虏，哪里配得上商议军国大事呢？”李左车答。

“我也听说百里奚居于虞国而虞国灭亡，在秦国却使秦国称霸，这不是他在虞国时愚蠢，到秦国后就聪明了。而是在于国君用不用他，是否听取他的计谋。假使成安君陈余听取您的计谋，我韩信也不早就成了赵军的俘虏吗？正因为成安君没有采纳您的计谋，才使我韩信有幸侍奉您啊。”韩信一再地向广武君请教，并说道：“我诚心听取您的计谋，望您不要推辞。”

广武君见韩信如此诚恳，便说道：“我听说‘智者千虑，必有一失；愚者千虑，必有一得。’所以说‘即使是狂人所说的话语，圣人也会有所采纳和选择。’不过，我的计策不一定值得采纳，但愿意奉献我的愚忠。成安君本来有百战百胜的计策，可是一旦失策，兵败于部，身死于泜水之上。今将军渡过西边的黄河，俘虏魏王，生擒夏说于阏与，一举而攻下井陉，不到一上午便击破赵国20万大军，诛杀成安君。将军名声闻于海内，威震天下，农夫没有不放下手中的农具，想要跟着您穿好的，吃好的，侧耳倾听您下达进军的命令。这一切，都是将军的优势。

“然而，百姓劳苦，士卒疲惫，实在是难以继续作战。今将军想要率领疲惫的士卒，停顿在燕国坚固的城池下面，想要攻战又担心所用时间太长而不能攻克，实情露暴而声势削弱，日子一久，军粮耗尽，而弱小的燕国又不肯降服，齐国必然拒守边境，使自己强大起来。燕、齐不肯降汉，而刘、项两家的轻重就分不出来。这一切，都是将军的短处。我见识短浅，但私下以为攻伐燕、齐是不妥的。会用兵的人，不以自己的短处去攻击敌人的长处，而是以自己的长处去攻击敌人的短处。”

“那该怎么办呢？”韩信问。

"当今替将军着想，不如休兵不动，安定赵国，抚恤阵亡将士的遗孤，使方圆百里之内，每天有人送来牛肉酒食，用以犒赏军官与士兵，摆出向北进攻的姿态，再派遣说客带着书信向燕国显露自己的优势，如此燕国便不敢不投降。燕国既已服从，再派说客向东劝降齐国，齐国必定听到消息后就会降服。即使有高人，也不知该怎样替齐国谋划了。"

韩信认为广武君讲得很对，听从了他的计策，向燕国派出使者，燕国得到消息后便马上降服。韩信派人向汉王汇报，并请求立张耳为赵王，用来镇抚赵国。汉王答应韩信的请求，立张耳为赵王。

楚国多次派骑兵渡过黄河袭击赵国，赵王张耳与韩信往来救赵，同时平定赵国的城邑，又调派军队去支援汉王。

韩信东渡黄河后，俘虏魏王，平定魏地，又在井陉口击破赵国20万大军，生擒赵王，平定赵地，还北使燕国降服，让汉军在同楚军的斗争中，免去了来自北方的后顾之忧，为改变汉军所处于的敌强我弱的困境作出了贡献。

韩信大破赵军之后，非但没有杀害李左车，反而以礼待之，敬为上宾，最后听从李左车的计谋，降服燕国，安抚赵国。韩信敢用对手之人，可以说是一种气魄，同时也是一种智慧。

从古至今，人才都是最重要的财富，有作为的君主深刻地明白这一点。而那些昏庸的君主，总是将进忠言的人赶走。君王能够名垂青史，也正因为他们礼贤下士，重视人才。他们都懂得如何珍惜人才，因而流芳千古；而那些只爱听顺耳谗言的昏君，只能遗臭万年。

观古鉴今，现代的用人者不可以小气，将人才划分敌我。没有永远的敌人，也没有永远的朋友，只有永远的利益。这句话不仅能够解释各种竞争关系，同样能够用在人才利用上，只要能够为自己的发展创造利益，那么就没有什么仇人和朋友之分，甚至仇敌也可以为自己所用。

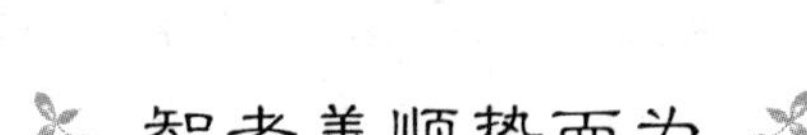

智者善顺势而为

用人有时并不仅仅指御用手下之人，巧用他人之力，也是用人的经典谋略。古之“好风凭借力”“借名钓利”，无一不是讲求一个“借”字，讲究借助外部的力量谋得自身的发展。一个人要想实现自己的理想，除了靠自己的努力奋斗之外，有时还需要借助他人的力量来取得事业的成功。刘邦在初创事业之时，由于自身的实力太弱，便是选择以项梁势力作为靠山，才让自己有了足够的时间慢慢壮大起来。

刘邦在沛县起兵之后，随着队伍的壮大，便率萧何等四处寻找粮食，以维持队伍的生存。临行前，他将丰邑交给了自己的同乡人雍齿固守，雍齿从小和刘邦很熟识，他的身份地位比刘邦要高，因此对于自己在刘邦手下过日子心有不甘。正好魏将周市率军南下经略沛县及丰邑等地方，雍齿便举兵降魏。刘邦闻讯大惊，立刻带兵反攻，但雍齿闭城坚守，刘邦攻城不克，成了没有根据地的流浪部队。

当时，以陈胜为首的反秦联盟被秦军击败后，秦嘉等立景驹为楚王。陈胜死后，楚王景驹声名日高。

此时的刘邦听说楚王景驹正在招兵买马，便率部前往，途中偶遇韩国贵族后裔张良率数百少年欲投奔景驹。张良和刘邦一见如故，谈得非常投机，便将自己的全部人马交给刘邦统领，自己则以客卿的身份留在刘邦营内。

刘邦和张良往见楚王景驹时，楚北的战况已相当紧急。章邯的部队攻陷了相城，并威胁砀地。景驹以东阳甯君和刘邦引军西进，在萧县阻挡秦军。双方战于萧城西，楚军战况不利退守留城。

景驹虽在秦嘉的辅佐下号称楚王，但由于他们的根据地在楚北，在章邯大军压境时，根本得不到江南地区反秦力量的普遍支持。

此时，广陵人召平冒充陈胜的特使率部进入江东，拜会项梁。

在会稽郡起义的项梁、项羽叔侄，由于远离秦朝中央政府，那里的秦朝守军相对较弱，所以，他们的势力发展得非常顺利。不久，他们便拥有了整个会稽郡。项梁是个善于审时度势的人，他并不急于称王，对陈胜称王的态度也保持冷静，并未作出任何反应，仍按秦制来执行统治权。

项梁派侄儿项羽南下收编江南地区的义军，自己则坐镇会稽郡的吴中，以监视江北形势的发展变化。项羽经过一番努力，成功地收编了江南各路起义队伍，组织了8000精兵，声势日渐浩大起来。

景驹自封为楚王，引起了项梁很大的反感。他认为，景驹没有资格称楚王，最有资格称楚王的是自己，因为自己是楚国名将项燕之后。不过，他觉得时机尚未成熟，不宜作任何表态。

召平见了项梁后，也建议项梁不宜自封为楚王，因为项燕毕竟是楚国名将，以忠勇闻名，作为项燕之后，项梁应该出面立楚王的后裔为王，这样才有号召力。现在最明智的做法就是假借陈胜之命令，自封为上柱国。项梁高兴地接受了他的建议，以楚国上柱国的名义率军渡江北上，收编江北义军以对抗秦军。

此举可谓名正言顺，出师有名。所以项梁一路上获得了楚地反秦义军的普遍拥护。东阳县的义军领袖陈婴率部两万余人前来投奔项梁。项梁的实力大增。鄱阳县的英布也结同伙伴蒲将军，率部投奔项梁。

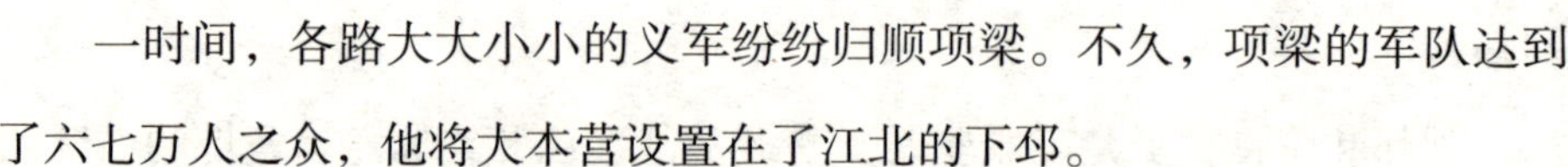

一时间，各路大大小小的义军纷纷归顺项梁。不久，项梁的军队达到了六七万人之众，他将大本营设置在了江北的下邳。

项梁的北上及其实力的大增，让楚王景驹和秦嘉大为不安，他们纷纷召集部队，陈兵彭城以东，试图阻挡项梁的势力向北发展。

由于项梁以上柱国自居并未称王，符合楚国正统王室的礼仪，而且他又是楚国名将项燕之后，项燕在楚地老百姓心中很有声誉，因此项梁得到了大多数楚国长老的支持，声望及实力都远在景驹之上。项梁于是乘势对楚军将领们宣称，景驹为楚王“乃大逆不道之行为，应共击之”。楚地各部落长老发起了强大的政治攻势，景驹众叛亲离。项梁趁机全力进攻，击败秦嘉，杀死景驹。接着，项梁收编了秦嘉及景驹的残余部队，自此，楚军全归项梁节制，成为反秦联盟中最庞大的一股力量。而此前投奔景驹的刘邦自然也就成了项梁的属下。

俗话说，大树底下好乘凉。在现代社会，一个人要想在商海中博弈成功，选准时机、选准对象，加入到一些实力强大的集团中，与有实力的企业合作，是非常必要的，这也是一条成功博弈的捷径。刘邦在自己实力较弱之时，没有盲目地去单独反秦，而是趁机靠上了实力较为强大的项氏集团，从而为自己的崛起谋得了时间和人才。刘邦这种善借他人之势的做法很值得当今商场中的人借鉴学习。

湖北省安陆市农民李久鸿利用一个嫁接过来的国外商标，自己开店，一年能够净赚600余万元。他说他成功的秘诀在于选准了加盟时机和加盟对象。

1999年，父亲去世后，30岁的李久鸿来到江苏海门接手了父亲和舅舅合办多年的一个家纺企业，其经营活动主要是为法国一家企业做家纺贴牌，把加工好的产品，贴上那家法国企业的商标，由外方销售到西欧等地，李久鸿每年能拿到的订单在1000万元左右。

与此同时，国内还有几个厂家同时给这家外商做贴牌，因此，外商给李久鸿的订单忽大忽小，使他的生意十分被动，利润也非常薄，而外商贴牌销售赚取的利润却非常丰厚。

2001年4月的一天，李久鸿发现法国阿芙萝这个商标在中国没有注册。而且，他发现这个商标有着较为独特的魅力和丰富的内涵。于是，李久鸿迅速向国家工商局提出申请。2003年9月，阿芙萝商标被李久鸿在国家工商局成功注册。

这样，法国要想在中国销售该品牌，根据知识产权的相关规定，就必须要与李久鸿合作。经过谈判，法方同意和李久鸿合作，共同开发中国市场，中方只需支付最新的研发信息等部分费用。李久鸿开始借船出海，主宰自己的命运。

因为给外商做了多年的贴牌生产，产品质量自然没有什么问题，但这个国外品牌，在国内却没有什么知名度。因此，如何尽快提高知名度、凝聚人气，成了李久鸿的当务之急。为了取得最有效和最直接的效果，在通过当地工商部门批准，办理了相关手续后，他随报投递了自己的促销宣传册。

李久鸿估计，上万份的夹报广告发出后，可能会有1%～5%的顾客会光临他的专卖店，他的杀手锏是把部分产品分为特价、折扣价、平价，让顾客在心动的同时刺激顾客的购买欲望。当然，用少数产品打折吸引人气，完全是醉翁之意不在酒，不过，通过这些小小的营销技巧，李久鸿让更多的顾客走进了他的店里。

李久鸿还和当地的公交公司合作，对一些主要线路进行投资，打出车身广告，把促销的信息通过流动的车体传递出去。

由于利用了随报投递宣传册和车体广告低成本拓展市场，再加上他的产品比市场上的同类产品价格低，李久鸿率先为自己在上海的四个直营店

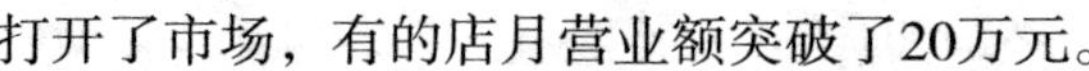

打开了市场，有的店月营业额突破了20万元。

为了赢得更为广阔的市场，带动品牌的人气提升，2003年10月，李久鸿在竞争异常激烈的南京最繁华地段新街口，一鼓作气在新百、金鹰、大洋、东方等著名商城开出四家专柜。商场不收租金，但要从销售额中扣去20%～30%作为商场的提成。

虽然商场的门槛很高，经营压力大，但李久鸿并没有放弃。他深知这些知名商场的人气旺、销量大，而且产品加盟这些大商场，有助于提升品牌的知名度。

商场和专卖店在销售与品牌上形成了一种互补，李久鸿的家纺产品年销售突破了8000万元。后来，一些外商也开始和他商谈合作另外一些品牌出口欧洲的事宜，他的生意路子越来越宽。

由此可见，一个人在创业初期，由于品牌不出名，自身实力较弱，人脉资源不丰富，抗御风险的能力比较脆弱，此时，创业者在商海博弈中面临的风险非常大。要想减小风险，就有必要找一家有名气的企业、公司或集团加盟，通过他们的荫庇，借助他们的力量，使自己发展壮大起来。

刘邦起事后，力量较为弱小，并且由于雍齿背叛了他，使他在刚起事时就遭遇了挫折。不过，他并没有因此消沉，为了积蓄力量，他选择了加盟策略，先投奔景驹，随后投奔项梁，尤其是加盟项梁集团，无疑为自己找到了一棵大树。而后来的发展历程证明，刘邦加盟项梁集团，是他博弈天下迈出的至关重要的一步。

借助他人之势是聪明人的成事之道。利用他人的优势来弥补自身的弊端，才能让自己慢慢地进步成长。

借助他人之势，很常用的便是借助那些有权力或者知名度较高的人物的力量，比如一些著名的学者、专家等。因为这些人往往有一定的权威效应，他们的判断力、鉴别力往往被社会公认。他们认同的事情社会公众都相信是正确的，不会去怀疑。你可以借助他们的力量，来为自己解决困难或者为事业发展提供一些帮助。

善于利用人际关系，抓住机遇、借助他人的力量，寻求新的发展契机，已经成为现代社会的必然趋势。善于借助他人的力量，才能成长得更快，更容易取得成功。

第五章 DI WU ZHANG 御人，得体有方

领导御人是一门高深的学问，领导者不仅要大权在握，更重要的是要有高超的领导智慧。领导者不仅要以“无为而治”“行不言之教”征服人心，驾驭人性，还要紧紧抓住领导权，更要充分调动下属的积极性，让下属自愿做得更多，完成得更好。所以领导者御人不能没有手段，必须要讲究谋略。刘邦在御人方面可谓是中国封建帝王中最成功的一位了，他的很多御人之道直到今天还令人受益颇多。

不善将兵善将将

指挥千军万马的人只能做优秀的将军，指挥几十位将军的人只能做一位优秀的元帅，指挥优秀元帅的人则能作为一名优秀的统治者。作为管理者，就是要培养锻炼员工，做指挥一人的人。

刘邦看起来很粗野，与农村里面那种平常人没有什么区别，可是他有一种长者风度，善于听从别人的建议。对于成功，与其说他靠运气，倒不如说他善于用人。任何人都不可能是全才，而刘邦就是“不善将兵善将将”的真正帅才。

项羽的错，不是一次，而是无数次，但其核心就是没有弄清楚谁是真正的朋友，谁是真正的敌人。项羽看不清楚，可以理解；范增看清楚了，但是项羽不听——他的可悲之处就在这里。他不断失去人心，刚愎自用，不听劝告，不善用人，还缺乏老谋深算。

汉五年（公元前202年）五月，刘邦在定陶称帝，在洛阳南宫置酒大宴群臣武将。

看着满朝的文武大臣，刘邦一时得意非凡，他突然心血来潮，在宴会上遍告群臣说：“列侯众将，你们有什么事情都不要隐瞒，尽管畅所欲言。你们都来说说，我为什么取得天下？项羽为什么失去了天下？”

高起、王陵两人说：“皇上傲慢无礼，并且经常出口伤人，项羽仁慈爱人。但是皇上派人攻城略地，得到的土地都用来封赏功臣，与天下共同享受好处；而项羽妒贤嫉能，有功不赏，有贤能的人会受到怀疑，战胜了别人也不给人计功，得到的土地一个人独吞，所以他失去了天下。”

两人是否抛砖引玉，引诱刘邦加封他们，不得而知，但是刘邦用重赏去拉拢部下，这倒是事实。垓下决战之前，刘邦为了调韩信、彭越两人出兵破楚，诱以重赏，两人带兵前来，最终才打败了项羽。

但是刘邦并不满足这样的赞誉，他得意之下，忍不住也想夸耀自己几句，但又要显出些谦虚，于是说：“你们两个人只知其一，不知其二。运筹帷幄之中，决胜千里之外，我不如张良；治理国家，安抚百姓，供给馈饷，粮道不绝，我不如萧何；指挥百万大军，攻无不克，战无不胜，我不如韩信。这三个人，都是人中豪杰，我能够加以重用，这就是我能够夺取天下的根本原因。项羽手下有一个范增也不能使用，所以他被我打得大败。”

这番言语真是棋高一着！当初韩信也说过类似的话，说刘邦不善用兵打仗，却善于选用能带兵打仗的人。

刘邦曾经跟韩信谈论将领们的才能，那时韩信刚被他由楚王贬为淮阴侯。韩信对众将士进行评价的时候，刘邦有意想刁难韩信，看他的笑话，就问：“像我，将军看能带多少兵？”

韩信是个聪明人，知道刘邦在刁难他，就说：“皇上不过能带十万兵。”

刘邦又问：“将军能带多少呢？”

韩信答：“我带兵越多越好！”

刘邦狡猾，又玩起了无赖，说：“你带兵越多越好，怎么到我手下做事？”

韩信自然机灵，轻轻拍了一下刘邦的马屁：“皇上‘不能将兵，而善将将’。”

韩信的话其实也不能说全是奉承之语，在一定程度上的确是说出了刘邦夺取天下的一大秘密。

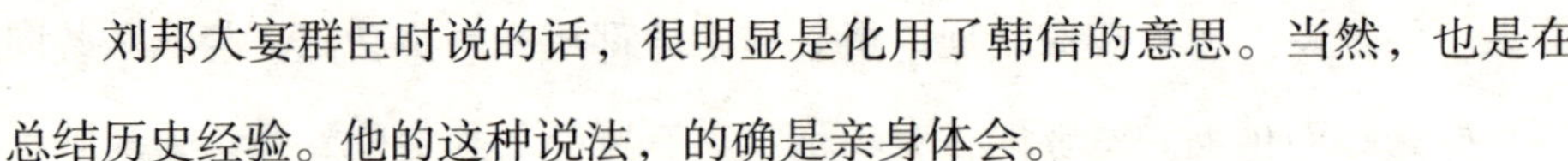

刘邦大宴群臣时说的话，很明显是化用了韩信的意思。当然，也是在总结历史经验。他的这种说法，的确是亲身体会。

从前文介绍可知，为刘邦打下江山的人才，除了张良、韩信、萧何、陈平之外，还有很多值得提及的人。这些人在不同的工作岗位上，都为刘邦江山流了汗，洒了血，出了力。乱世重才轻德，刘邦本人虽然没有多少杰出的才能，但他的确很会用人。三教九流，他兼容并包，尽收囊中。

樊哙，以杀狗为职业，与刘邦是连襟，起事后，成为刘邦重要武将，屡建战功，救驾鸿门，官封舞阳侯。

夏侯婴，沛县尉马车驾驶员，从刘邦起义，能征善战，发现韩信，跟着刘邦南征北战，曾救下太子刘盈和鲁元公主，刘邦称帝后，封侯，重操旧业，官至太仆，管理皇帝车驾。

周勃，以编席为职业，兼作吹鼓手，跟着大战多年，被刘邦封太尉，相当于国防部长，后来平定诸吕，安定汉朝。

英布，原是骊山刑徒，逃走后当了山大王，跟着项羽灭秦，作战勇敢，被封九江王，后来叛楚归汉，为刘邦三大主将之一，被刘邦封为淮南王。

郦食其，高阳酒徒，“家贫落魄，好读书”，投靠刘邦以后，凭三寸不烂之舌，屡建奇功，后来为韩信争功所卖，被齐王田广烹杀。

曹参，秦时为狱官，跟着刘邦起事后，战功显赫，评功时为第二位，官封平阳侯。

周昌，秦时为泗水卒吏，跟着刘邦入关破秦，为人口吃，性格直率，不怕事，刘邦当皇帝后为刘邦管大印文书，后因刘邦宠爱儿子赵王如意，专拜他为赵相，封为汾阳侯。

叔孙通，在秦时为待诏博士，逃亡后投义帝，附刘邦，制定朝仪，为刘邦安定天下立下了汗马功劳，被拜为太常、太子太傅等职。

陆贾，儒生，与洛阳王申阳是老乡，一直跟着刘邦当谋士，刘邦称帝后，建议刘邦以儒学治天下，曾撰《新语》一书，为安定汉代天下发挥了很大作用。

随何，说客，曾策反英布归汉……

魏无知，曾推荐陈平……

郦商，郦食其之弟，劝谏吕后不要屠杀大臣……

张苍，通天文、数学，官拜计相……

娄敬，士兵，劝刘邦定都关中，建议刘邦和番……

张耳，先后被项羽、刘邦封为赵王……

如此等等，不一而足。

在刘邦手下干事的不乏奸人，但是刘邦就是有那么一种向心力，让他们每一个人都能在他刘邦的旗帜下前进！

刘邦没有多少能力，动不动就顺水推舟，盲目地从谏如流。但刘邦的情商却十分了得——他似乎有一种天生的向心力，能团结很多人，并让他们都在统一的旗帜下发光发热。他手下人才济济，就是因为他兼收并蓄，来者不拒。

管理者就是这样，不用事事亲力亲为，他们只要抓住了关键问题，将自己手下的管理者管理好就可以了，其他的事情，只要下一级的管理者去操劳就够了。

中国电商领军人物，一手创建了阿里巴巴的马云，在互联网时代可以说是风云人物。但值得注意的是，马云不懂电脑，不懂网络，甚至对软件、硬件一窍不通。马云曾说过自己对电脑的利用仅限于上网和收发邮件，并且说过“电脑打开我就特别烦，拷贝也不会弄，手机我也就是接打电话，短信都很少发。”由此可见，马云对于互联网技术可谓一窍不通。

但是，马云很懂得管理。马云曾自信地说过，自己做互联网是撞上

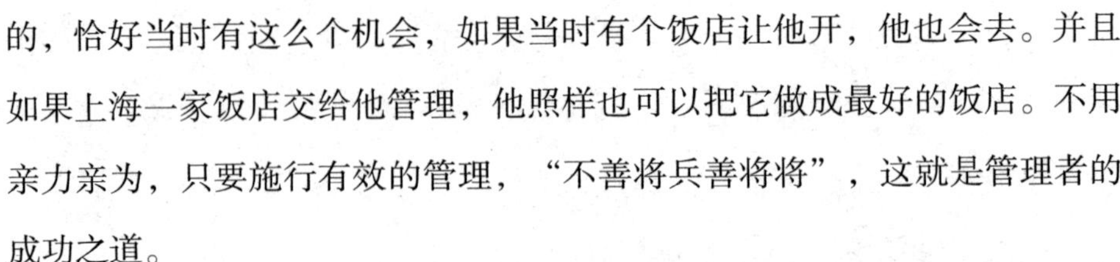

的，恰好当时有这么个机会，如果当时有个饭店让他开，他也会去。并且如果上海一家饭店交给他管理，他照样也可以把它做成最好的饭店。不用亲力亲为，只要施行有效的管理，“不善将兵善将将”，这就是管理者的成功之道。

诸葛亮可谓被中国人推崇的智者，但是诸葛亮却不是一个成功的管理者。在刘备白帝城托孤之后，诸葛亮行使着实际的管理权，但是他做事事必躬亲，甚至管理到达了最细小的地方，史称“罚二十以上，皆亲揽焉”。如此事无巨细，将一个智者活活累死了。

现代社会，竞争更加激烈，所涉及的领域也更多、更复杂，管理者想要将每一个“兵”管好是不可能的，所以就要善于管理那些“将”，以将将兵，把自己解脱出来去处理宏观的大事。领导要有一定的艺术性，优秀的管理者要善于发现、培养能指挥千军万马的将军、能指挥几十位将军的元帅，自己做指挥一人的人，这才是用人管人的最高境界。

弱枝强干集皇权

在管理的过程中，针对权力，管理者有两种方式可以选择，一是专制，二是制衡。但无论是哪一种管理方法，都要注意的一点是：关键性的权力，要牢牢掌控在管理者手中。为了防止下属权力过大，影响管理实施，管理者要做到强干弱枝，掌控关键的、主要的权力。刘邦在御人方面，将集权和授权运用得游刃有余。

垓下之役，刘邦军的主力是韩信率领的30万齐国军队。项羽灭亡后，刘邦最担心的就是韩信。幸好韩信军队中的骑兵统帅灌婴和步兵统帅曹参都是刘邦的班底，对韩信有很大的牵制作用。

战争结束后，刘邦下令各诸侯先返回自己的封地，等候进一步评定功劳和分封。因此，大家在非常愉快的气氛下，班师凯旋回到了自己的封国。

此时，张良、陈平却建议刘邦率禁卫队伺机夺取韩信的兵权，以免日后产生祸患。他们认为，在灌婴、曹参的协助下，只要刘邦亲临韩信的军队，要制住韩信、夺取他的兵权并不困难。

刘邦认为有道理，便开始想办法夺取韩信的兵权。当得知“韩信在返回齐国临淄前，准备先到齐国西南巡视，并暂驻营于定陶”的消息，刘邦便率禁卫军直奔定陶。他想借劳军的名义直接进入韩信的大营，夺得韩信指挥30万大军的令旗。

当时，灌婴、曹参均支持刘邦的做法。韩信见此，也不敢抗议，只保留直属军队的指挥权，其余的全部军权都很坦然地交给了刘邦。

刘邦向韩信承诺：分封他为楚王，齐国则将另有分派。楚国远远大于齐国，而韩信又是楚国人，因此韩信很乐意地接受了。

由于刘邦宣称，这次行动只在确立自己在诸侯中的领导地位，并不伤害韩信的权益，在实际中反而给韩信幅员更大的楚国，其他诸侯也并未引起恐慌。相反，他们认为刘邦的夺权行为是善意的，是必要的。

韩信的30万大军，虽已划归朝廷指挥，但韩信拥有楚国，仍是刘邦之外军事势力最大的，而且韩信的军事才能是刘邦望尘莫及的。刘邦封他为楚王后，心里仍然视韩信为最大威胁，认为万一韩信有心谋反，其可怕程度丝毫不亚于项羽。

于是，刘邦来了个“敲山震虎”，以其他诸侯王开刀，逐步消除异姓

诸侯王对自己的威胁。

燕王臧荼在楚汉相争中始终保持中立状态。臧荼的燕王是项羽封的，刘邦不过是承认既有的事实而已。在刘邦与项羽对峙的4年中，臧荼从未表示支持汉王。

臧荼认为，天高皇帝远，刘邦远在关中，鞭长莫及，于是有意独立，脱离中央政府的管辖。韩信从齐国迁调为楚王后，齐国一直未有新王，这让臧荼认为有可乘之机。所以，臧荼宣布不再侍奉汉王。

为了表示统一的决心，刘邦不畏路途遥远，决定御驾亲征。赵王张耳和长沙王吴芮病故后，由其子继承王位，但他们对汉王的忠诚度也大不如他们的父辈。

臧荼判断刘邦不可能派部队前来。他先强度关山，再让刘邦不得不承认事实。但是，刘邦却克服万难，亲率大军前来征讨。

燕军兵力不多，没多久便被汉军包围，臧荼只好投降。于是，刘邦以太尉长安侯卢绾为燕王。

韩信拥有楚国后，觉得楚国的地盘虽大，但与固陵之约所说的“共分天下”还是有很大差异，心中自然有些不平。

到楚国后，韩信先巡抚诸县邑，并统合管辖楚境之军权，出入皆有部队相随，以防刘邦再度突击夺取军队指挥权。此外，韩信还收留了数败刘邦、让刘邦痛恨不已、在垓下之围后便失去行踪的原项羽手下的悍将钟离昧。

刘邦很快就得知了这些消息，内心大为不快，便下令韩信逮捕钟离昧，亲自解送至京城审判。但是，韩信对刘邦的命令置之不理。

于是，追缉钟离昧的官员向刘邦告发，说韩信庇护重犯，有造反的意图。刘邦召见将领们商议，询问大家的意见。将领们多主张采取强硬措施，率领大军直逼楚国，擒捕韩信和钟离昧。但是，刘邦却有顾虑，一直低头不语。

由于官员告发韩信有意谋反的事情是秘密的，韩信本人并不知情，陈平便对刘邦说："自古以来天子常有巡狩、会诸侯的礼仪，以显示关心地方民情。如今，您可假装将赴云梦地区巡狩，并会诸侯于陈、楚之西界。韩信接到天子巡狩会诸侯的消息，会依礼仪以非武装的姿态前来会盟，只要韩信没有决战的准备，陛下便可轻易地擒捕他，这只要一个力士便可以做到了。"

刘邦对陈平的计策大为赞同，于是马上下令通知诸侯们，他将到云梦地区巡狩，并在陈地会诸侯。随即，刘邦就率禁卫军团出发了。而随行的将领也都有自己的军团跟随出行。

韩信听说之后，将信将疑，因为钟离昧一事尚未调查清楚，而刘邦却带领诸侯来巡狩，而且要与自己在陈地见面，他到底唱的是哪一出呢？如果在此时举兵反叛，定被围剿，不管结果如何，但绝对不是出自韩信的本意。

有人向韩信建议说："只要杀死钟离昧，向皇上表示您的忠诚，皇上就不会有为难你了。"

韩信觉得这话有道理，于是就和钟离昧商量。虽然钟离昧并不认为这样做能解除韩信的危难，但也不忍心因为此事而牵连韩信及楚国军民，只得自杀身死。

刘邦在陈地会诸侯，此时，韩信带着钟离昧的首级前往谒见，但刘邦仍然下令逮捕韩信。韩信因觉得自己无罪，所以反抗刘邦。随后，刘邦就把调查官员的控诉书，宣读给韩信和众诸侯看。韩信无言以对。

于是，刘邦下令系住韩信，载于军队后，返回洛阳。回长安后，刘邦下令大赦天下，贬韩信为淮阴侯。

刘邦对于部下的态度，大有"飞鸟尽，良弓藏，狡兔死，走狗烹"的味道，但是我们不能只是对这种手段一味地进行批判，我们更应该学习刘邦这种集权的思维模式。

刘邦在与项羽博弈天下时，充分信任部将，尤其是韩信，将军队指挥权委托给他，让他独当一面，这在创建汉帝国的过程中，是非常必要的。而当刘邦战胜项羽、建立汉帝国后，他面临的首要任务是稳定局势。俗话说："稳定压倒一切。"稳定对于天下初定的政权来说，比什么都重要。而要确保天下的稳定，就必须牢牢地控制军权，限制和收缴那些功臣宿将的兵权。如此一来，像韩信等手握重兵、能征善战的将领自然首当其冲地成了刘邦要制服的对象。

刘邦对各将领的不断削弱，体现了强干弱枝，一人集权的思维模式。强干弱枝思想系统的提出和实施，一直到后来的宋太祖赵匡胤时期。但是这种思想的源流，却早就产生了，历代君王为了自己的统治地位，都会运用这种思想，其具体做法就是，削弱下属的权力，将关键性的权力掌控在自己手中。只有这样，才能保持自己的统治地位，从而使自己的管理能够有效地保持下去。

刘邦对于这种思维的运用是很成功的。首先他分封与郡县并举，将天下布置成一种相互制约的状况，《史记·汉兴以来诸侯王年表序》曾记载："而汉郡八九十，形错诸侯间，犬牙相临，秉其厄塞地利，强本干弱枝叶之势，尊卑明而万事各得其所矣。"

刘邦对各个将领实力的削弱也是成功的，他将诸侯逐渐削弱，直到替换为自己的亲信。对于韩信，刘邦可以说用尽了计策，先将齐王平调为楚王，然后借机贬为淮阴侯，并将其软禁在京城之中，最终在刘邦的默许之下，韩信被吕后杀害。至此，刘邦的心腹大患终于除去，刘邦的权力也更加集中。

现代社会的一些团队中，权利不够集中，造成分权严重，部门间各自为战，直接影响到团队发展的大局，这些是管理者不懂得集权造成的。在团队管理中一定要权责明确，确立领导的有效领导和管理，刘邦的做法可以给我们很大的启示。

领导者在授权的同时，必须进行有效的指导和控制。这样，可以及时纠正下属工作中的偏差，更好地达到授权的目的。但是，值得注意的是，领导者在控权时需把握一个度，如果控制的范围过大，触角伸得太远，这种控制就难以使人尽其才，也就达不到授权的目的了。

自1962年山姆·沃尔顿在美国阿肯色州开设第一家商店至今，沃尔玛已发展成为全世界首屈一指的零售业巨头。2003年，沃尔玛的销售额达到了2563亿美元，聘请员工总数达150万，连续两年在美国《财富》杂志全球500强企业中名列前茅。山姆·沃尔顿也因此一度成为全球第一富豪。

由于沃尔玛发展异常迅速，而且规模日益庞大，山姆不得不考虑把权力下放给区域副总裁和地区经理。他认为，公司发展越大，就越有必要将责任和职权下放给第一线的工作人员，尤其是清理货架和与顾客交谈的部门经理人。沃尔玛的这些做法实际上就是教科书中关于谦虚经营的范例。山姆·沃尔顿将它称为"店中有店"，他让部门经理人有机会在竞赛的早期阶段就能成为真正的商人。即使这些经理人还没有上过大学或是没接受过正式的商业训练，他们仍然可以拥有权责，只要他们真正想要获得，而且努力专心地工作和培养做生意的技巧。

但是在下放权力的同时，山姆一直努力尝试在扩大自主权与加强控制之间实现最佳的平衡。

同其他大零售店一样，沃尔玛公司当然有某些规定是要求各家商店都必须遵守的，有些商品也是每家商店都要销售的。但山姆·沃尔顿还是逐步保证各家商店拥有一定的自治权限。订购商品的权责归部门经理人，促销商品的权责则归商店经理人。沃尔玛的采购人员也比其他公司人员拥有

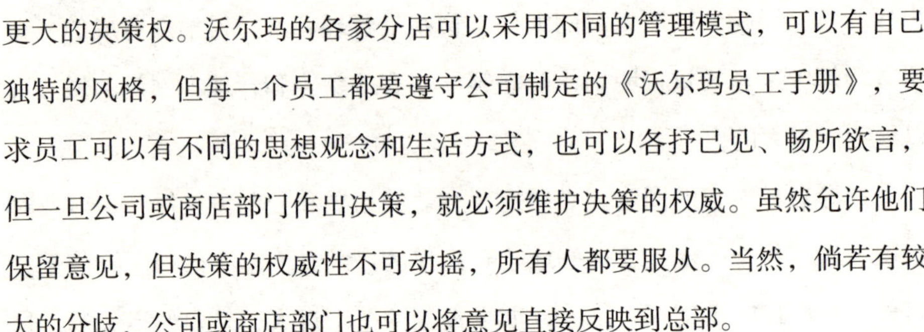

更大的决策权。沃尔玛的各家分店可以采用不同的管理模式，可以有自己独特的风格，但每一个员工都要遵守公司制定的《沃尔玛员工手册》，要求员工可以有不同的思想观念和生活方式，也可以各抒己见、畅所欲言，但一旦公司或商店部门作出决策，就必须维护决策的权威。虽然允许他们保留意见，但决策的权威性不可动摇，所有人都要服从。当然，倘若有较大的分歧，公司或商店部门也可以将意见直接反映到总部。

山姆在放权和控权之间游刃有余，既激发了公司各个层面的主动性、自主性，也统率着公司的决策权，可谓授权管理的典范。

俗话说：“过犹不及”。授权也一样，充分的授权不等于撒手不管，授权后仍然需要控权。否则，就会令大权旁落，出现难以驾驭的局面。因此，作为领导要做到授权适“度”，主要权力不能授，事关大局的权力不能授，控制应以有效驾驭自己的权力为宜。

论功行赏封萧何

无论是什么人对金钱、权力和名誉都有着很大的欲望，所以这一人性的弱点便为企业的管理者所利用，催生出奖励机制这一概念。但是奖励也不能不分好坏，不论高低地乱奖励一通。在实行奖励机制之时，一定要做到论功行赏，这样才能让下属感到公平。

从前文可知，刘邦争霸结束后在南宫举办了酒宴。这场酒宴实际上等于变相地确定了大汉开国的三大功臣，他们依次为张良、萧何与韩信。这三个人是刘邦认可的，但群臣可能有不同看法，因此刘邦有意借这种非正式场合说出，让他们在无意中接受。

在这三个人中，韩信的地位最没有争议，他军职高，战功隆，没有将领敢与他比，而且他早已被封为王，高高在众人之上，与大家在利益上不再有竞争关系。

大家主要在“侯”这个层面上起争议。

张良的争议也不大，他虽然没有战功，但刘邦待他如师，别人也无法与他相比。刘邦重封张良，允许他在齐国自由选择3万户当自己的封地。3万封户是个什么概念呢？基本上相当于一个王。当时功劳与萧何相当的曹参，只得到封邑1.6万多户。对此，只有一个人站出来反对，这个人就是张良自己。张良说：“当初，我在下邳起兵，与陛下在留地相会，这是上天把我交给陛下。此后陛下采用我的计策，所幸有所成功。我请求把留地作为食邑，请赶快先封赏雍齿，这样一来才能打消群臣的疑虑。”

刘邦赶忙置备酒宴，封雍齿为什方侯，并敦促丞相与御史赶快拿出论功行赏的操作方案。刘邦此举等于明确宣示三个信息：第一，他不会诛杀功臣；第二，他一定会封赏大家；第三，他告诉大家，鉴于封赏的复杂性，请少安毋躁，相信政府与他刘邦，最终会给大家一个满意的结果。

经过一番艰苦努力，利益分配问题总算得到了解决。但刘邦还有一个小小心愿，他想给荣立第一等功的开国元勋们排排名次。这些人共计18名，分别是：

酂侯萧何，平阳侯曹参，宣平侯张敖，绛侯周勃，舞阳侯樊哙，曲周侯郦商，鲁侯奚涓，汝阴侯夏侯婴，颍阴侯灌婴，阳陵侯傅宽，信武侯靳歙，安国侯王棘，蒲侯陈武，清河侯王吸，广平侯薛欧，汾阴侯周昌，阳都侯丁复，曲成侯虫达。

想法虽然很好，可刘邦深知这免不了又是一场争论。站在刘邦的角

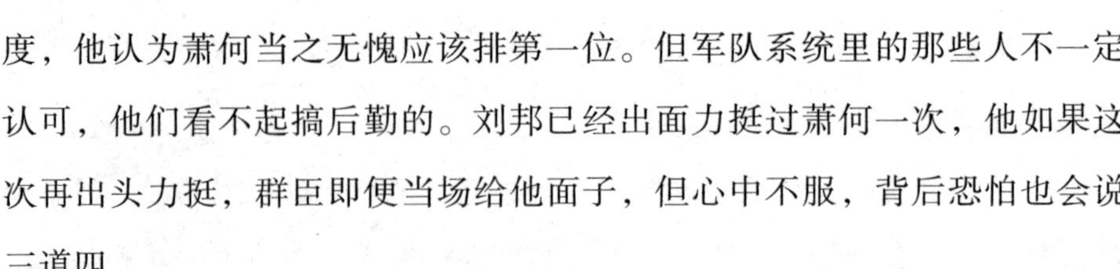

度，他认为萧何当之无愧应该排第一位。但军队系统里的那些人不一定认可，他们看不起搞后勤的。刘邦已经出面力挺过萧何一次，他如果这次再出头力挺，群臣即便当场给他面子，但心中不服，背后恐怕也会说三道四。

刘邦决定给自己找个帮手，用巧妙之法实现自己的目标。

这一天，他就18开国元勋排名次之事征求大家的意见，果然不出他所料，多数人都不认可萧何为第一位，他们纷纷推荐曹参，理由为：“平阳侯曹参，身受70处战伤，攻城略地，立功最多，应当排在第一位。”

这时，一个不起眼的人站了出来，他叫鄂千秋，爵位是关内侯。鄂千秋旗帜鲜明，发表意见说：“群臣们的议论都错了。”他力主把第一位给萧何，把第二位给曹参。

鄂千秋的理由是：曹参虽然有野战之功，但他立的功别人都能立；如果汉军中缺少曹参，不会有多大损失。一言蔽之，曹参是个可以替代的人，他立的功虽多，但不能说巨大。而萧何不同，他有三项大功，别人无法比拟：第一，汉军与楚军相持五年，几次经历失败，军队溃散，部众逃亡。而每当此时，萧何不等诏令，就从关中源源不断送来新兵，帮助军队度过危机，恢复元气；第二，前线军中没有现成的粮食，萧何从关中组织水陆运送，军粮供给从不缺乏；第三，汉军尽管多次丢掉崤山以东的地盘，萧何却总能保全关中地区，使汉军始终有个稳定的根据地。

鄂千秋有备而来，说得有理有据，支持曹参的人一时哑口无言。刘邦心中暗喜，趁机附和说：“好！说得对啊。”

刘邦之所以力挺萧何，也有三个原因：第一，他看准萧何是个治国理政的奇才，不仅战时需要倚重他，和平时期更需要他发挥建设性的作用；第二，萧何担任宰相，为帝国的二把手，内当家，刘邦需要给他树立必要的威望；第三，萧何确实功劳卓著。

先前曾经发生过一件小事，足以说明萧何在刘邦心目中的地位。汉三年，刘邦与项羽在荥阳前线相持，把整个后方的事都交给萧何打理。刘邦经常派使者到关中慰劳萧何，萧何没有感觉出什么，但他手下的一名姓鲍的门客敏感地意识到了其中的玄机。他提醒萧何说，大王在前线作战，风餐露宿，异常艰苦，却反而屡派使者回来慰劳您，这足以说明他对您不放心。萧何经他这一提醒，打了个冷战，仔细一想，确实如此，依自己现今手中的权力，简直与代理汉王无异，假如自己有二心，堵塞函谷关，刘邦会立即陷入绝境，对此刘邦怎能不担心？

萧何没有野心，但他怕被刘邦误解，他向鲍门客请教解决方案。鲍门客出了个主意，让他把兄弟子孙全部送到前线去，以示自己不会谋私。萧何依计而行，刘邦非常满意。

刘邦加封给萧何食邑2000户，还给萧何一项特权，特许他可以带剑、穿鞋上殿，朝见皇帝时不必小步快走。这是一项殊荣，等于昭示天下他在一人之下，万人之上。同一天，刘邦意犹未尽，又封赏萧何父子兄弟十多人，都给了他们食邑。

刘邦对鄂千秋也大加赞赏，说："萧何的功劳虽然卓著，但得到鄂君的申辩后，才更加明确。"在鄂千秋原有封地的基础上，又加封他为安平侯。

刘邦这种论功行赏的做法可以看作早期的奖励机制，他按照功劳的大小封侯18位，极大地鼓舞了下属的士气。同时又保证了封赏的公平性，使得下属心服口服，无所怨言。

激励机制是一个公司调动员工积极性，保持公司始终蓬勃向上的一个重要杠杆。随着市场竞争的日益激烈，拥有优秀的综合能力和优势资源者的高额回报与利益体现比以往任何时候都能冲击和诱惑人心。传统员工的忠诚度概念正在淡化，要想留住人才，具有诱惑力的薪金待遇和各种形式

的奖励是不可缺少的。

企业对员工的奖励，应当是以约束员工按照组织经济绩效最大化的原则进行行为选择为目的的。也就是说奖励是有目的性、有针对性的，即企业对员工进行奖励，是希望员工能以企业组织所设想的方式行事。因此，我们可以说奖励的目的在于引起员工某种特定的行为。企业的奖励政策与企业规章制度构成了一个渠道，员工在这个渠道内去通达企业组织目标以及员工个人目标。

对属下进行奖励是一门很深的学问和艺术。用得好可以大大调动属下的积极性，取得事半功倍的效果；用得不好则会挫伤属下的积极性，影响事业的发展。

御驾亲征鼓士气

身为管理者要想让下属心生敬服，就要以身作则，树立带头作用，从而激励下属的士气，为企业创造出更大的价值。刘邦在行军打仗之时，经常御驾亲征，身先士卒，极大地鼓舞了汉军的士气，使得汉军攻无不克，战无不胜。

秦王朝时期，蒙恬率十万大军北击匈奴，收复河套地区黄河以南的土地，并修筑万里长城防御匈奴南下入寇。秦末农民大起义以来，中原地区战乱连年，原秦朝流放到边地的戍守人员相继离开边境，于是匈奴的势力逐渐南下，渡过黄河，来到南岸与秦王朝以前的中国边塞为界。当汉军与楚军于荥阳相持不下的时候，匈奴族却在首领冒顿单于的率领下，统一了北方草原大地，设官分职，势力逐渐强大，拥有能够弯弓射箭的战士30多万人。

汉高祖建立汉朝后，将韩王信迁徙到代国，建都于马邑。匈奴大军包围马邑，韩王信因受到汉王朝怀疑，害怕遭到诛杀，率众于马邑投降匈奴。

韩王信投降匈奴，匈奴对汉王朝的实情多有了解，因而率大军南越句注山，向太原郡进发，抵达晋阳城下，汉高祖亲自率大军迎击。正赶上天降大雪，士卒冻掉手指的十有二三，于是冒顿单于假装败走，引诱汉兵。汉军果然中计。冒顿将精兵隐蔽起来，把老弱残兵暴露在外，引32万汉军乘胜追击。汉高祖骑马首先到达平城，而汉军由于多是步兵，大队人马尚未赶到。这时，冒顿单于下令10万精锐骑兵突然出击，将汉高祖重重包围于白登。汉高祖被包围七天七夜，汉军内外不能互相接济军粮，七日不得食。匈奴的骑兵，西方皆骑白马，东方皆骑青马，北方皆骑黑马，南方皆骑红马，士气高涨。

汉高祖在匈奴骑兵的重重包围之中，又得不到军粮的接济，粮食断绝，形势危险万分。这时，随军的户牖侯陈平进献奇计，用厚礼暗中贿赂单于的主妻阏氏，阏氏便向冒顿进言说："两个国家的君主，不应当相互围困逼迫。如今得到汉朝的土地，单于终归也不能居住在那里，况且汉王也有神灵保祐，望单于明察定夺。"冒顿与韩王信的部将王黄、赵利约定会合日期，然而王、赵的军队未能按期到来。冒顿怀疑他们与汉军有什么密谋，便听信了阏氏的话，将包围圈解开一角。于是，汉高祖命令士兵全部拉满弓，搭上箭，面朝外，从解围的一角冲了出去，与外面的汉朝大军会合。冒顿率领40万精锐骑兵离去，汉高祖也率领大军撤回。汉王朝建国后同匈奴大军的第一次全面的交锋，便以汉高祖的白登被围和用计脱险而告终。但如何对付匈奴，汉廷一时也无妙计，后来只有采取和亲政策，这

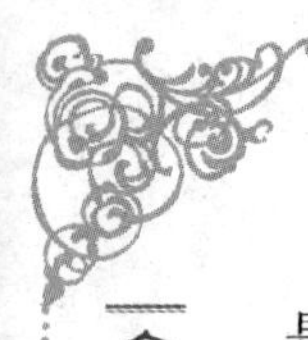

是在娄（刘）敬的建议下所实行的。

虽然刘邦的御驾亲征没有取得预想的效果，但他这种身先士卒、以身作则的精神还是大大鼓舞了汉军将领的士气，这或许也是刘邦能够在强权林立的秦末脱颖而出的重要原因之一。

世界上最复杂的事莫过于“人事”，领导者最头疼的事当然是“管人”。管理者通常只看到下属的缺点，却没有意识到下属之所以有这样或者那样的毛病，多少是受领导的影响。

李嘉诚说：“在我看来，一个好的管理者，首要任务就是自我管理。”自我管理也就是管好自己，因为你的言行举止直接影响着下属。

在迪斯尼，每年有一个星期，高级经理们都要离开他们的办公室，脱下西服，换上某种特殊装束，去售票、卖爆米花、驾驶小火车、帮助游客上下游乐设施，或者去做任何一种使游乐园变得活泼可爱的前台工作，这就是要打造高级管理者以身作则的精神。

台湾第一大民营制造企业鸿海集团执行官郭台铭，从做黑白电视机配件起家，短短5年内征战全球各大洲，营业额从新台币318亿直冲到2450亿，被美国《商业周刊》评为“亚洲之星”中的最佳企业家。

郭台铭成功的一个秘诀就是身先士卒、以身作则，亲自带领下属去执行。他的性格十万火急，随身带着小闹钟。他看不得年轻人不上进，看不得事情没效率。为赶出货，他可以三天三夜不睡觉，可以直接冲到生产线，连续六个月守在机器旁，硬是盯着“磨出”技术。他曾说：“管理哪有什么诀窍？主管带头做，底下照着做，就是如此。”

国外的知名企业就更是这样。美国有一家著名的专业服务公司，它要求每个管理人员都要花时间去做一些所管辖范围内的下层工作，比如到医院去清洁走廊、病房甚至厕所和马桶。而且，不论职位高低，每年管理人员都要腾出一天时间到第一线去为顾客服务，这一天被称作“我们服务日”。

这就是当今时代最需要的领导艺术——当领导者以身作则、身体力行时，他就会成为员工学习的榜样。

其实，儒家创始人孔子早就对领导者以身作则、率先垂范特别重视。他说：“君子之德风，小人之德草，草上之风，必偃。”意思是说，领导者的所作所为就像风，臣下的行为举动如同草，风向哪里吹，草就向哪里摆，领导怎么做，臣下就怎么做。所以说：“其身正，不令而行；其身不正，虽令不从。”

作为现代企业的领导者就应该以身作则，给部下树立一个好榜样。那么，怎样成为一名优秀的领袖？如何脱颖而出呢？

要做到成功必须从以下几方面做起，养成一系列的好习惯。

1. 懂得做人

会做人，别人喜欢你，愿意和你合作，才容易成事。怎么让别人喜欢自己呢？好的企业管理者习惯于真诚地欣赏他人的优点，对人诚实、正直、公正、和善和宽容，对其他人的生活、工作表示深切关心与兴趣。台湾著名企业家张忠谋在黑金横行的社会大环境下依然从来不走后门、不走政商关系，更拒绝钻法律漏洞，赢得企业界和民众的极大尊重，官员也因此从来不敢故意刁难他的企业。

2. 善于决策

面对不断变化的市场，企业经营方案总是不止一个，决策就是要对各种方案进行分析、比较，然后选择一个最佳方案。企业管理者的价值在于“做正确的事情”，同时帮助各阶层的主管“把事情做正确”。

3. 相信自己

一个人若想事业有成，就必须有坚定的信念、坚毅的自信，否则很难成就大事。作为领导更应该对自己充满自信，这样才能为下属们树立榜样。

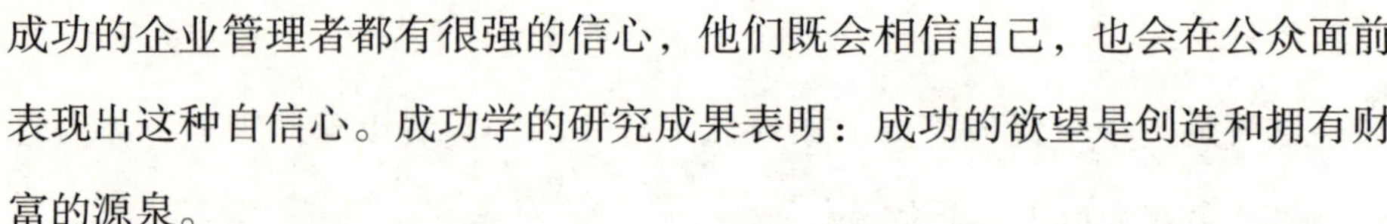

成功的企业管理者都有很强的信心，他们既会相信自己，也会在公众面前表现出这种自信心。成功学的研究成果表明：成功的欲望是创造和拥有财富的源泉。

4. 明确目标

世界级企管大师班尼士对优秀的管理下了个定义："创造一个令下属追求的前景和目标，将它转化为大家的行为，并完成或达到所追求的前景和目标。"企业管理者们知道，要使员工能奉献于企业的共同愿景，就必须使目标深植于每一个员工的心中，必须和每个员工信守的价值观相一致；否则，就不可能激发这种热情。有"神奇教练"之称的米卢蒂诺维奇已经创造纪录，他所带的每支队伍都有一个明确的目标，就是打进世界杯的决赛圈。

5. 充满热忱

热忱有时候比管理者的才能更重要，若二者兼具，则天下无敌。产生持久热忱的方法之一是定出一个目标，并努力工作达到这个目标，而在达到这个目标之后，再定出另一个目标，再去努力达到。

6. 顽强精神

如果说有一种素质几乎为所有的成功企业管理者所拥有的话，那就是顽强精神。所谓顽强，并不是达到愚蠢地步的顽固，它是一种下决心要取得结果的精神。在管理实践中，作为一个管理者，你手下的人都希望管理者是一个不屈不挠的人。只有你的竞争对手希望你放弃这种精神。

7. 充分授权

人的精力是有限的，我们不可能一个人做所有的事。所以，作为一个企业管理者必须学会把权力授予适当的人。授权的真正手段是要能够给人以责任、赋予权力，并要保证有一个良好的报告反馈系统。美国前总统里根是一个出名的放任主义者，他只关注最重要的事情，而将其他事情交给手下得力的人去负责，自己因此可以经常去打球、度假，但并不妨碍他成为美国历史上最伟大的总统之一。

8. 激励团队

组织起一个优秀的团队，是一件非常艰难和重要的事情。激发起他们的热情，挖掘出每一位团队成员的聪明与潜力，并将他们协调起来，是成功的管理者必须具备的一种能力。一个企业管理者必须是一个能激发起员工动力的人。

9. 终生学习

衡量企业成功的尺度是创新能力，而创新来源于不断地学习，不学习不读书就没有新思想，也就不会有新策略和正确的决策。

以上几点都能做到的话，你会是一个合格的管理者。

海尔集团的张瑞敏曾经说过："管理者要是坐下，部下就躺下了。"只有管理好自己的人，才能管理好别人。现在的企业管理要求它的领导者都能以身作则，用自己的实际行动影响员工，带头成为员工的表率。

因此，管理者应以身作则、身先士卒，以自己无比坚强的意志感召部下，进而同心协力、共铸辉煌。

树立榜样御下属

榜样的力量是无穷的，我们的日常生活中、工作学习中，都喜欢树立榜样，榜样往往起到了一种方向性的指引作用。用人者在用人的时

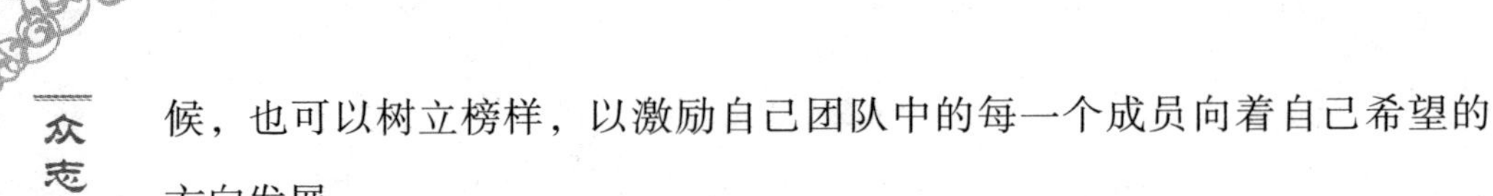

候，也可以树立榜样，以激励自己团队中的每一个成员向着自己希望的方向发展。

西汉有个叫季布的人，他曾经是项羽的部下，为人忠厚老实，特别讲信用。凡是答应过的事，即使困难重重，他也一定想办法做到，所以在当时他的名字众所周知。在服务项羽时，他能征善战，几次把刘邦打败，弄得刘邦很狼狈。后来项羽被围，选择了自杀，而刘邦顺势夺取天下，登上皇位。虽然战事已经过去很长时间了，但每当刘邦想起自己曾经败在季布手下，就怒气冲天。为了出这口恶气，刘邦决定缉拿季布。

当时，一个周姓人知道了这个消息，便暗地里把季布安置在鲁地一户姓朱的人家。朱家在关东很有势力，并且以“任侠”闻名。此人很敬佩季布的侠义，于是尽力将季布保护起来。除此之外，他还专程到洛阳去找汝阴侯夏侯婴，求他解救季布。

夏侯婴与刘邦是老相识，两人的关系很亲近，后来他跟随刘邦起兵，转战各地，为刘邦建立汉王朝立下了汗马功劳。他很同情季布的不幸遭遇，于是在刘邦面前尽力为季布说情，看来老朋友的交情还在，终于使刘邦赦免了季布，还封他为郎中，不久后又任命他为河东太守。季布也不负重望，为汉家天下出了不少良谋妙策。

楚汉战争时期，项羽前去平定齐国，刘邦听闻此消息后，就趁项羽不在楚国之机，攻入楚国国都彭城。项羽得知此事后，赶快回师，但又害怕如果时间来不及，会铸成大错，所以，项羽决定从鲁地出发经过胡陵，然后到达萧县，这样就截断了刘邦的退路。双方的部分军队在彭城睢水展开了战斗，汉军伤亡人数较多，其尸体已经阻塞睢水。见此，刘邦向西逃命。然而，楚国大将丁公带兵追上了刘邦并想杀了他而向项羽领赏，这时，刘邦跪地哀求，希望丁公给他留条活路，并说：“咱们都是有才能的人，何苦如此相逼。”丁公顿时产生了同情心，回想自己曾经与刘邦共同跟随项羽，刘邦的为人处世让他非常喜欢；另外，他也想给自己留条后路，所以决定放掉刘邦。丁公怕项羽秋后算账，便弃官归隐山村。

听说刘邦消灭了项羽，丁公非常高兴，他认为自己对刘邦曾经有救命之恩，如果去找他一定会讨到封赏。

经过长途跋涉丁公终于到达京师。此时都城的繁华对丁公没有任何吸引力，他只是想找处驿站稍作休息。第二天，丁公简单地收拾了一下，在收拾东西之余，还不忘回想着昨天晚上做的美梦：当自己见到皇帝的时候，皇帝肯定会喜出望外，大摆酒席宴请他，并且还会与他同坐、对他嘘寒问暖，最后还赐封他为侯。每当想到这些，他都会庆幸当时自己的所作所为，对于这样一个救命恩人，皇帝肯定会待他不薄，所以飞黄腾达指日可待，一想到这些，丁公不由自主地加快了脚步。

等丁公到的时候，宫门还没开。等了很久，宫门才开了，这时大臣们的马车陆续进入。

"时间过得快点吧！"丁公心里想着，并赶紧上前向侍卫说明情况，请他进去禀报。一会工夫，谒者请丁公觐见。丁公小心翼翼地进去了，偷偷扫了一眼，看到宫殿戒备森严，大臣肃立。慑于如此宏伟的气势，丁公赶紧低下头，加快脚步并跪在地下。刘邦对他的到来并没有像丁公梦想的那样，从刘邦说话的口气中，丁公感觉皇帝没有惊喜，只有惊讶，甚至有点不欢迎。

丁公被安排在了一个小房间里，对此，他感到特别纳闷，不明白皇帝到底是什么意思。一天，一阵急促的脚步声传来，丁公以为可能皇帝要封赏了，没想到只见几名侍卫闯进屋，把丁公绑起来带走了，并把他押到所有的将兵面前要杀了他，此时的丁公真是又急又怒，嚷着要见刘邦并破口大骂他忘恩负义。刘邦来了之后，对在场的所有将士们说："丁公曾经是项羽的部下，但由于他对主子不忠诚，才致使项王成为瓮中之鳖，失去天

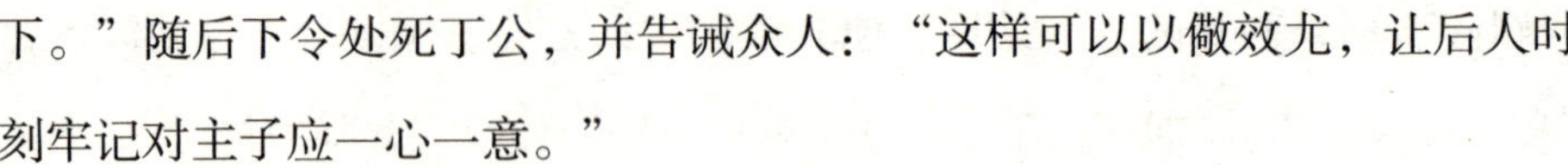

下。”随后下令处死丁公，并告诫众人：“这样可以以儆效尤，让后人时刻牢记对主子应一心一意。”

之后，人们为纪念冤死的丁公，便把丁公曾经居住过的地方称为“丁公故里”。时间很久以后，人们为了便于称呼，而称之为“丁里”。

刘邦向来以能容人著称于世，怎么就容不下一个丁公呢？原来刘邦用丁公一颗人头，昭示他要臣下忠于皇帝的意图。夺取天下和镇守天下，形势完全不同了。夺取天下的时候，群雄逐鹿，民无定主，只要有一技之长，有一时之用，来者不拒，镇守天下；现在刘邦已经登基为皇帝，四海之内，尽为臣下，他是不可能容忍有二心的人的，如果对奸臣贼子还进行奖励，天下是不可能安定的。杀死丁公一人，让天下臣民知晓，怎样才是忠臣，才能受到奖励，怎样是奸臣，必受到惩罚。

对于敌对势力的余党季布与丁公，刘邦采用了义释和怒斩两种截然不同的方法。从表面上看来，刘邦既要用晓以大义，不计前嫌的方法，还要杀一儆百，以儆效尤，宽松与严厉相结合。这是历代统治者都使用的方法，目的是清除异己、巩固政权。其实从根本上来说，刘邦对季布和丁公的不同待遇还有更深的含义——因为彭城之战时，季布紧追刘邦，刘邦差点失掉小命；而丁公在生死关头却被刘邦“动之以情”，放了他一马。

从个人恩怨上来说，刘邦应该斩季布而释丁公（甚至奖赏丁公）。但他恰恰相反，斩丁释季，他做出的解释是当时两国交兵，主人不同，季布当时忠于项羽，在战场上紧追刘邦是对的；但丁公的做法，被刘邦说动而放掉他，则是吃里爬外的叛主行为。所以刘邦重用季布而杀丁公，一来说明他并未夹带个恩怨，二来是杀鸡给猴看警告臣下有效丁公而叛主子者，当以此为戒！所以司马光称赞此举是“戮一人而千万人惧”的道理也就在此。

刘邦采取的加强统治、维护政权的措施主要包括斩丁释季、对忠臣封官论赏、扫除残敌、礼贤下士以及在朝中大搞“平衡术”等，这些措施是之前很多统治者用过的，刘邦只是效仿，所以说这位汉代开国皇帝“集历代统治术之大成”，实在不过分。

树立一个榜样，就是要确定一种规范，竖起一种标杆，确立一种价值理念。用人的过程中，就要树立这样一种标杆，让整个团队中的人全部以榜样为标杆，向着用人者所希望的方向前进。

列宁说：“榜样的力量是无穷的。”邓小平同志多次强调：“身教重于言教。”可见榜样的力量是巨大的。刘邦就是要通过树立正面的榜样，来激励手下都做忠臣，而通过杀掉负面的榜样告诫大家，背叛的下场。

在封建社会，不少的军事家、领导者，都懂得用榜样的力量来驾驭手下，这也正是功必赏过必罚的原则。而这一原则，不仅适用于封建统治，同样适合于当今时代对人才的驾驭。对于那些忠心为主的人才，可以通过各种手段，在自己的团队中形成一种以其为榜样的精神，让团队中的人也以自己团队的利益为核心，只有这样，才能使团队得到最大的发展。

第六章 DI LIU ZHANG 容人，汇涓成海

包容是一门学问，懂得包容的人，就懂得了人生。包容的人能够得到他人的尊重和帮助，包容的人会以谦和的姿态避免沦为他人攻击的目标，包容的人有着更为和谐的人际关系，从而使自己的学习、生活、工作无往不利。纵观历史长河，但凡取得巨大成就的人无不是懂得包容的人，而汉高祖刘邦作为西汉王朝的开国皇帝，其胸襟和气度也是令人敬服的。

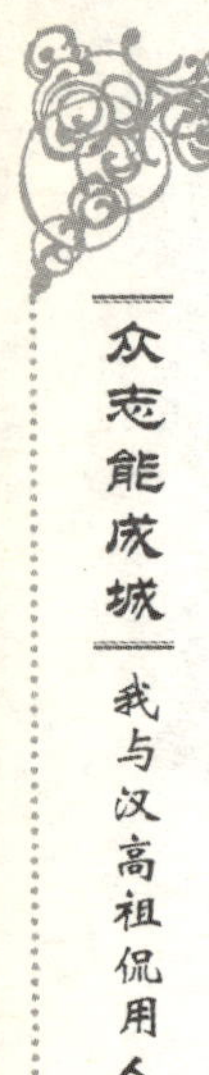

听谏樊哙还霸上

管理者作为一个社会中的个体，也会存在着每个个体都具备的缺点。人无完人，这就要求管理者借助别人的力量，广开言路，接受别人的意见和建议。孤木不成林，众人拾柴火焰高，管理者只有多听别人的意见，集思广益，才能使自己的管理不断完善，从而保证团队的发展。刘邦和项羽很大的不同就是，刘邦不像项羽那样刚愎自用，不听劝告。对于刘邦而言，只要是正确的，他就能从谏如流，予以采纳。

秦王子婴不战而降，有人主张杀了秦王，夺取秦政。而刘邦的大脑是清醒的，他仍保持着足够的理智，没有杀掉秦王。

在萧何和张良等人的建议下，刘邦将子婴交给负责看管俘虏的人员管理，让他们处理好投降事宜，他则立刻整军进入咸阳。

按战国时就传下来的惯例来说，只要攻陷城池，就要将掠夺的财物对胜利者进行犒赏，这是很正常的事，很少有人意识到这是一种野蛮行为。

西征军人员结构很复杂，到了这个时候谁也管不着谁了，大军刚一进入咸阳城，各军团将领就纷纷指挥原部属，大肆掠夺秦国皇宫、国库、官员家及民间的殷实人家。

对此情形，刘邦没觉得有什么不妥，但经过张良等人的警告，刘邦认识到了问题的严重性，于是急忙下令各军团将领对自己的部属进行约束。

而此时，陷入极度狂喜中的士兵们哪里还约束得住，刘邦只得暗暗叫苦，眼睁睁地看着自己的西征军在咸阳城胡作非为。

过后，刘邦深刻地检讨了自己，认为这是自己犯下的一个严重错误。身为西征军大元帅，却无法制止部下的掠夺行为，实在是一种耻辱。

刘邦善于听取别人意见，凡是他听了觉得有道理的，他总能愉快地接受，并立即改正自己的缺点。这次，也是因为张良、萧何等人的苦劝，刘邦才没有让自己的错误继续发展下去。

出身低微的刘邦，第一次进入大秦王朝富丽堂皇的咸阳宫，面对后宫里那些专供皇帝享用的帷帐、狗马、珍宝、美女时，也不能自控了。这些都是他想要的东西呀！尤其是美女，对生性风流的刘邦来说，更是一种致命的诱惑。

樊哙从刘邦的眼神里看到了危险的信号。他警告刘邦说：“沛公的志向是想称霸天下，还是只想做个大富翁？这些奢华的享受之物，都是使秦王朝灭亡的罪魁祸首，沛公您怎么会需要这些东西呢？”

经过樊哙的点拨，刘邦只得离开了秦宫。刘邦在离开时，下了一道非常严厉的命令：有敢擅入秦宫者，杀无赦。

从秦宫出来后，樊哙把这件事告诉了萧何。樊哙将这件事告诉萧何，是因为他明白，刘邦只是碍于脸面，暂时离开了秦宫，不出今晚，他一定还会偷偷潜入秦宫来享受一番。

见自己的劝谏没有效果，樊哙只得让萧何想办法，劝一劝刘邦让其死了这条心。萧何见连樊哙都难以劝谏成功，于是就把张良请了来，此时只有张良能说服刘邦。

张良真诚地对刘邦说：“正因秦皇室无道，只顾享受而不知天下黎民百姓的疾苦，沛公才有机会进入咸阳啊！为了替天下除暴安良，您应该树立简朴廉洁的形象，而您刚入秦宫，便急着去享受奢靡的皇宫生活，人们

会怎么看你呢？”

刘邦当然也知道这些大道理，只不过人有七情六欲，很多时候难以控制自己的欲望。刘邦也不例外。

最终刘邦接受萧何等人的建议，将西征军从咸阳城撤出来，驻扎在霸上。刘邦明白，这么多兵马，只要在咸阳驻扎一天，咸阳便不得安宁。这样，西征军的形象就会受到损伤。

刚入城时，由于刘邦的疏忽，西征军在咸阳大肆掠夺的行为，已经激起了关中人民的愤怒。虽经过严厉整治，西征军稍微收敛了一些，但还是无法杜绝掠夺民间财物的现象。因此，刘邦就把军队强行从咸阳撤了出来。

驻扎到霸上后，刘邦又发现，西征军中仍有不少士兵，常常私自进入咸阳城掠夺民间财物。于是他将萧何、张良、樊哙等叫来商议对策。

鉴于秦王朝那些既严酷又繁杂的法令给人民带来的不满情绪，萧何建议，制订新法律。

在萧何的建议下，刘邦经过几天的思考，召见了各军将领和关中诸县的民间头面人物，向他们宣告：

“关中父老对秦王朝的严刑苛法，相信深受其苦已很久了。我和全体起义的诸侯有共同约定，先进入关中者为王，因此我是最有资格成为关中王的人……如今我便以王的身份和父老们约定，只订立三个最基本的维持治安的法律，从现在起，没有任何理由杀人者，判处死刑，伤人和抢夺盗窃的依情况轻重处以应得罪。其余秦法全部废除，所有官吏及民众的地位、工作和生活习俗，一切如常……我到这里来是为了给父老们除去生活疾苦，不是来欺负和抢夺你们的，大家不用恐惧惊慌……因此，我下令，所有军队撤军到霸上，并等待其他诸侯军队的到来，重新制订统治管理的办法！”

随后，刘邦立即派遣使者配合秦国原任官吏，到各郡县乡邑张贴这张公告。这几条异常简单的法律条文，使关中很快又恢复了往日的宁静。

咸阳城的官吏、百姓和关中各乡邑的长老、村民，想不到亡国后能获得如此保障，无不欢天喜地，争先恐后地将牛、羊、酒送到军中慰问将士。

刘邦果断地谢绝了这些慰问品，并将前来慰问的关中百姓代表送出了很远才回到霸上。

正是刘邦听从了樊哙的建议，还军霸上，没有对咸阳宫进行烧杀抢掠，才让他的形象、威信从此树立起来，关中老百姓认为他是一个了不起的人物，都希望他不离开这里，希望他做关中王。

中国历史上有两个著名的平民皇帝，一个是刘邦，另一个就是朱元璋。朱元璋和刘邦一样自身能力不强，都是靠着手下的能人异士为自己出谋划策、征战沙场、治理江山，所以他们两人之间也有着共同的优点，那就是善于用人，能够听人劝谏。

朱元璋对于言路是否畅通，有着比较清醒的认识。早在明朝建立之前，他就对部下强调，治理国家必须先使言路畅通，言路一旦堵塞，就会使上下之间缺乏了解，犹如河道阻塞后，河水就无法长流的道理一样。

于是，他一再鼓励大家进谏，陈述国家事务的得失。但求谏的结果似乎并不能让皇帝满意，因为朱元璋每次发言完毕，百官们总是唯唯诺诺，不管他的话对错与否，都一致赞同，毫无异议，为此他感到十分不安。

有人很擅长阿谀奉承之道，竟然说："陛下生性聪明，又能勤勤恳恳、孜孜不倦，真的是没有缺点可以挑剔。大臣们哪里是有话不敢说呢？而是陛下没有过失，我们才无言进谏。"

鉴于此，朱元璋经常向臣民表明他虚怀若谷、真诚纳谏的态度，他说，对帝王来说，合己从人，不吝改过，历来都是一件好事，并无不妥之

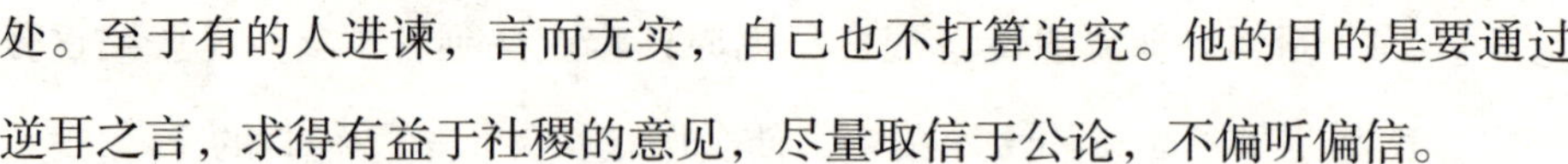

处。至于有的人进谏，言而无实，自己也不打算追究。他的目的是要通过逆耳之言，求得有益于社稷的意见，尽量取信于公论，不偏听偏信。

朱元璋一再鼓励进谏，并下诏说，从各级官员到平民百姓、普通士兵，如果对军民利弊、政事得失有所建议，都应该直言不讳，并允许将臣民的上疏直接送到他的面前。

朱元璋在他晚年颁布的《皇明祖训》中，再次肯定了这种做法，他希望子孙后代，永记不忘，只要臣民言之有理，就要交付相关部门执行，各部门不能拖着不办，如有抗拒行为，依法查处。

他对提出合理意见的人，还给予奖励。例如，判禄司夏守中，因为正直敢言，皇帝赐给他十锭钞，以资鼓励。工部奏差张致中提出在一些府州县设常平仓，改由里甲上报垦田额数为由农民自报等建议，朱元璋认为切实可行，并提拔张致中做了宛平知县。

“必先治己，而后治人”，这是中国人的古训，一国之君要使自己的见解获得人们的认可，实现治人的目标，就必须要有较为通畅的言路，听取各种不同的声音。

以广开言路、善于采纳他人意见著称的唐太宗李世民说过，再贤明的君主，没有大臣匡正扶助，也很难有稳定的江山。历史上的开明盛世，其君主必是善于纳谏之人，而败亡之祸也往往潜伏于拒谏之后。唐玄宗李隆基内感于声色，外蔽于权奸，导致了“安史之乱”，可叹他京师失守，只好仓皇逃命，连田夫野老都说，早就知道皇上会有今天的下场，李隆基虽幡然悔悟，但为时已晚。

微软公司的领导向来鼓励下属的活跃思维，广开言路，自下属的建议中寻新的创意和思路，中国的微软分公司也是如此。

曾经有一次，时任微软中国研究院院长的李开复想为公司的新会议室命名。他并不是自己确定了事，而是让秘书发出通知，向全公司内部发起征集，发动全公司的员工进行思考。最终在所有人集思广益的建议下，到了规定的截止时间，会议室的名称提议包括：指南厅、火药库、造纸坊、灵感屋、印刷厂、算盘室。

一个会议室的名字尚且要全体员工的智慧，更不说其他方面。微软公司就是凭着这种打开门来接受建议的态度，一直走在了IT行业的前端。

点子最值钱，而架子让人厌恶；智力最值钱，而权力让人不屑一顾。只有企业领导放下架子和权力，倾听下属的声音，大企业病才可以克服。

人无完人，一个人的学识、能力，终归是有限的、不完善的，而想要完善自己，就要扩大自己的视听范围，最好的方法，就是在管理的时候少说、多听。多听听别人的意见和看法，多听听别人的思路，择其善者而从之，就会提升领导者的管理水平。

知错能改却匈奴

古语有云："知错能改，善莫大焉。"但令人遗憾的是，在现实生活中，很多人明明知道自己错了，却不肯改过，而是找借口不断推诿，究其原因就是他们没有承认过错的勇气。其实，人非圣贤，孰能无过，犯错误在所难免。人的伟大之处，并不在于他能够不犯一点错误，而是在于他能够勇敢承认错误，并且努力加以改正。无论何时，做错事情并不可耻，可耻的是明知故犯或将错就错、不加改正，只是找更多的理由辩解，自欺欺人。刘邦自身的能力并不是很强，所以经常会犯下很多错

误，但难能可贵的是刘邦敢于承认自己的错误，并且能够及时改正。

从前文可知，匈奴是北方的游牧民族。在战国末期，匈奴趁中原诸侯内斗、无暇北顾之际，逐渐南侵，占领了大片土地。

秦统一天下后，秦始皇派大将蒙恬数度北伐，收复北河之南44县，“却匈奴七百余里”，匈奴有些害怕，十几年不敢南下。秦朝灭亡后，匈奴再次南侵，并渡过北河，骚扰中原的北方地区。

匈奴的单于冒顿弑父自立后，趁机灭掉东胡，赶走大月氏，又向南并吞楼烦、白羊河南王，全部收复了当年蒙恬所夺取的匈奴土地，与中原军队以原来的河南边塞为界，直至朝那、肤施两地，进而侵扰燕地和代地。

当时，正好是刘邦和项羽对峙于荥阳之际，中原内部疲于内战，根本无暇顾及边防。在这种形势下，冒顿单于的势力得以迅速扩张，他所统领的游牧骑兵多达30余万，北方诸国均被纳入其管辖范围。

刘邦称帝后，在分封诸侯时，考虑到防御匈奴的问题，派韩王信到原赵国的北部为王。

韩王信进入晋阳以后，积极采取措施，防御匈奴。但就在他于马邑建立防寨时，冒顿单于率大军南下，包围了韩王信在马邑的营寨。

冒顿的骑兵速度极快，韩王信来不及准备，只好派遣使者数度和冒顿谈判，寻求和解。

刘邦听到马邑危急的消息，立刻派军前往协助。而韩王信有心归向匈奴的情报也为汉朝援军所截获。虽然无法判断韩王信是否真心投降，但刘邦以前线主将存有二心，将危及国家安全为由，正式派特使指责并警告了韩王信。

韩王信生怕刘邦追究责任，便率全军向冒顿投降。冒顿单于趁机率军南下，攻陷了句注及太原，直抵韩国都城晋阳。

皇权既已确立，刘邦决定集中力量对付勾结匈奴叛变的韩王信，以便在天下人面前树立大汉王朝的天威。

经过一番思考，刘邦决定御驾亲征，派樊哙率军为先锋，北上攻击韩王信的军队。

韩王信自恃猛勇，和樊哙会战于铜鞮。但刘邦亲赴前线指挥作战，汉军士气旺盛，韩军不敌，主将王喜阵亡。韩王信率部退到了匈奴境内。

原属赵国的曼丘臣和王黄等人，拥立原赵国王室后裔赵利为王，并收编韩王信的残余兵马，与韩王信及匈奴暗中联合攻打远征的汉军。

冒顿单于令左、右贤王各率领万余骑兵，配合王黄等人的行动，向晋阳附近进击。

樊哙率军猛攻，匈奴败走，但是很快又集结起来。樊哙下令向北进军，攻打匈奴，不料却碰到大寒流来袭。一时间，雪片如大雨般落下，天寒地冻，士兵无法执兵器。于是，樊哙下令休战，驻屯于晋阳。

刘邦坐镇晋阳，指挥大局，等待气温回升，便再度向北发动攻势。冒顿也赶往前线，驻屯于代谷。

这时，刘邦派出探马，前往侦查冒顿的实力。冒顿有所警觉，故意藏匿其壮士及肥腴牛马，只现些老弱残兵和瘦弱畜生。

汉军情报人员火速回报，说匈奴势弱可击。为了慎重起见，刘邦再派出十余批人马去刺探，但所得的情报都相同。

刘敬（娄敬）长年在边疆从事贸易活动，对匈奴了解较多，便提议由自己亲自出使冒顿营寨，以探听虚实，然后再决定是否发动进攻。

不久，天气转暖，刘敬尚未归来。而刘邦派出的情报人员说冒顿畏惧汉军北上，有意撤营，刘邦召集众将领商议。众将认为，应该趁机进攻匈奴，如果等刘敬回报，必然会丧失时机。

于是，刘邦亲自率领30万大军北上进攻匈奴。到达句注时，他碰到了

急速返回的刘敬。

刘敬劝谏刘邦说："两国相互争战，依常理应尽量掩饰弱点。展现优势。但臣前往冒顿营，果然只看到老弱残兵，这必然是匈奴有意暴露其短，再以伏兵出奇突击我们，所以我判定现在不是攻击匈奴的时候啊！"

但此时的刘邦已箭在弦上，不得不发，只好指责刘敬说："你这家伙就会靠那张嘴巴，现在又胡说八道，扰乱军心！"接着，刘邦下令把刘敬捆起来，送往广武监禁。

由于30万大军人数众多，为配合粮食补给的方便，决定分由数条大道北上。刘邦下令各军在平城集结，随后，自率主力部队急速北上。刘邦主力部队所经过路况较佳，很快便到达平城，等候其他军团一到，便对冒顿的营寨发动攻击。

然而，汉军所有的行动，全在冒顿的掌握之中。

为尽快掌握敌情，刘邦偕同陈平与樊哙先锋军团，到平城东南十余里的白登山登高鸟瞰。冒顿立刻发动匈奴各部落游牧骑兵40余万，将白登山团团围住，并派遣特支队切断平城方面的驰援。

虽然樊哙军拼命死战防御，匈奴军无法攻陷白登防寨，但由于事起仓促，随军携带的粮食有限，没过多久，刘邦所率的军队便陷入了断粮的境地，而外围的部队又完全遭到了匈奴部队的阻截，更不用说运粮的后勤部队了，情况万分危急。

最后，刘邦部下陈平收买了冒顿的宠姬阏氏，在阏氏劝说冒顿单于的情况之下，刘邦才得以侥幸冲出重围。

刘邦遭此重创，后悔不听刘敬之言，赶紧下令释放刘敬，予以劝慰。

这一次，刘邦充分领教了匈奴骑兵的厉害，深知匈奴人的作战能力非同寻常。他不想再和他们硬碰，于是下令樊哙驻屯代地，采取坚守策略，防范匈奴军再度南侵。

刘邦回到洛阳后，征召诸侯共同商议对抗匈奴的大计。

刘敬建议刘邦积极采用和解的政策。他说："现在天下刚刚安定，士兵们刚从战争的阴影中走出来，身心都很疲惫，用武力去进攻匈奴是很危险的。况且冒顿这个人，非常凶狠残忍，连父亲都敢杀害，父亲的所有妃子都被他霸占。这种人只崇尚暴力，跟他讲仁义之道，简直就是对牛弹琴。所以，要想在他身上打主意是不可能的。不过臣有一条计策，可使汉匈之间和睦相处，只怕陛下不愿答应！"

刘邦问："有什么好方法，说来听听，只要切实可行，有什么不能答应的呢？"

刘敬回答说："陛下如果舍得将皇后所生的长公主嫁给冒顿为妻，再馈赠以重礼为嫁妆，冒顿一定非常高兴，并会立之为阏氏。这样生下来的孩子，便会成为冒顿的继承人。日后，经常送他些中原的名贵特产，让冒顿放松警惕，再教他们以中原地区的文化礼节，慢慢地他们便可接受我们的同化。冒顿在的时候是陛下的女婿，死了以后更可以由陛下的外孙继任单于。哪有外孙会和外祖父对抗的道理。久而久之，不用战争也可使匈奴臣服于我们。依我对匈奴人的认识，如果陛下舍不得长公主，只肯以庶公主或宫室女代替，冒顿会感觉不够尊贵，而不肯亲近之，这样，策略就无法成功了！"

刘邦没有别的办法，只好如此。当时，鲁元公主已许配给赵王张敖，但尚未过房。吕后听说此计后，坚持反对，并日夜哭闹，不肯让鲁元公主嫁到匈奴。刘邦拗不过，只好作罢。

最后，刘邦在庶公主中，挑选姿色和气质较佳者假冒长公主，由刘敬护送前往匈奴，与冒顿进行和亲谈判。在北边，汉朝和匈奴暂时以和亲的形式基本稳定了边疆。

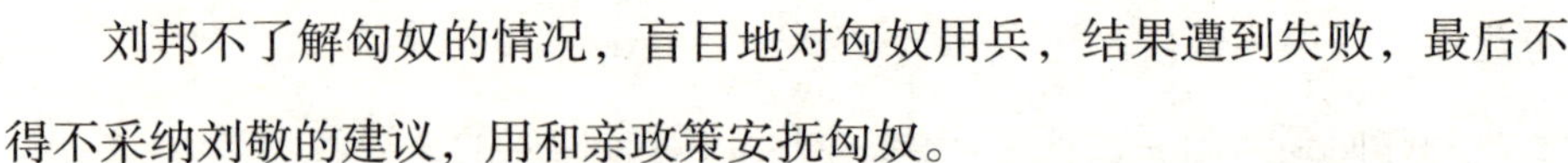

刘邦不了解匈奴的情况，盲目地对匈奴用兵，结果遭到失败，最后不得不采纳刘敬的建议，用和亲政策安抚匈奴。

汉王朝建立之初，刘邦的威望是非常高的，军队经过秦末农民战争和楚汉战争的洗礼，战斗经验非常丰富，战斗力也是非常强大的。按理讲，此时北征匈奴胜算应该较大，但是，他忽略了匈奴人以游牧为生、擅长骑射、飘忽不定、机动作战能力强的特点，对匈奴的真正实力没有真实的了解，结果以庞大的步兵部队去和庞大的匈奴骑兵作战，很快便陷入了匈奴人的圈套，幸亏有陈平急中生智相救，要不然，刘邦很有可能被困死在白登山。

而刘敬深知汉匈双方的优、劣势，明白匈奴人文化落后、贪财好色的特点，提出了和亲同化政策。好在刘邦意识到了汉军的劣势，同意了刘敬的建议，实施了与匈奴和亲的政策，这以后，汉、匈双方在较长一段时间里，基本上做到了和睦相处，这为汉初恢复和发展社会经济，营造了良好的社会环境。而事实上，正是有了汉初六七十年的恢复与发展，汉王朝的国力在汉武帝时达到了顶峰，为汉武帝反击匈奴积累了大量的物质财富。

敢于承认自己的错误，体现了一个管理者的责任心和决断力。对管理者而言，这是最重要的品质。试想，如果一个管理者对企业没有责任心，不敢承认错误、没有弥补错误的决断力，怎么能够管理好一个工作团队，保证员工为企业的明天而努力奋斗呢?

企业懂得承认自己的错误同样十分重要。电子软件界的巨头微软，正是因为勇于承认错误而赢得了众多消费者的信赖。

微软公司在2005年推出了自己的次世代家庭游戏机X-box360，立刻在游戏市场上引起了疯狂的抢购。然而不久之后，人们就发现这款游戏机在硬件上存在着严重的质量问题，其中约15%的机器都出现了指示灯发红、游戏机不能运行的情况。而就在这时，微软的老对手日本索尼公司的新一代游戏机即将投入市场。如果微软在这个时候回收这些有问题的机器，无疑就等于承认了自身的制作水平存在问题，会让索尼公司获得一个绝佳的发展机会，同时也会导致X-box360前期的所有努力化为泡影。

但微软公司依然发出了回收通知：所有购买了存在质量问题产品的消费者都可以将自己的游戏机寄回微软，微软将为他们提供更换服务。这条公告一出，立刻产生了很大的影响。微软公司不但为此承受了更换游戏机的巨大损失，同时也遭到了众多的质疑。但在微软的努力下，人们对微软敢于承认错误，并且立即提供补救措施的做法予以了认可。在经历了这一错误之后，微软的游戏机销售量在欧美地区不但没有受到影响，反而有所提高。

由此可见，对于一个企业而言，敢于承认错误是多么重要。对于已经发生的错误，隐瞒是最糟糕的做法，因为错误迟早会被别人发现的。与其到那时难以收场，倒不如坦率地承认，并且努力改正。这样的企业才会获得他人的信任，才能够做得更好。

一位作家说得好：“永远不要因为承认错误而感到羞耻，因为承认错误也可解释为你今天更聪明。”作家西塞鲁也说：“任何人都可能有错，只有傻子才会继续犯错。”犯错没有什么好丢脸的，只要知错能改，一定可以带给自己更大的成就，除非你愿意当个傻子一辈子让人瞧不起。因此，人们常说：“智者不以无过为喜，人之大德在于改过。”

以德服人收南越

以德服人，是我们对人的一种态度，更是成功者的一种气度。面对的世人千千万万，各不相同，我们想要适应生活，适应社会，应该抱定以诚待人，以德服人的态度以适应人们的不同个性。

我们知道，秦朝时赵陀本是真定人，而秦政府则命赵陀率10万“楼船之士”向岭南进军，占领悉易。随后，秦始皇在那里设置了南郡，任命任嚣为南郡守尉，而任嚣则任命赵陀当了龙川县县令。

秦末爆发了农民起义，当时任嚣身患重病，他感觉自己活不了多少时间了，便把赵陀叫到床前说：“陈胜、吴广、刘邦、项羽这一帮人把天下弄得不太平，至于今后形势怎么样，任何人都无法预料。南郡之内有好几千里，地方富裕，山川险峻。我本来是想派兵阻断中原通往岭南的路径，不让乱军窜入，但是现在我病成这个样子，真是力不从心。我看你很能干，又有众人辅佐，所以能在这里过得很好，小则能成一方霸主，大则能成一国之君。这件事我想了很久，今天就托付给你，你可得好好干啊！”说完，就把秦朝颁赐的符节文书转交给赵陀，赵陀发誓自己一定会按任嚣的嘱托去做。

任嚣死后，赵陀当了南郡守尉。他除掉秦政府任命的官吏，全部换成自己的亲信，又给秦越城岭、都庞岭、萌诸岭、骑田岭、大庾岭的驻军发出命令，要他们严守关隘，不许中原军队进来。秦朝被推翻的消息传来，赵佗趁机攻占了桂林郡和象郡，控制了整个岭南，自封为“南越武王”。

由于岭南的主要居民是越人，因此，赵佗采取团结和依靠越人的政策，在各级行政机构中，吸收越人做官，组成汉、越联合政权。他尊重越人的习俗，自称“蛮夷大长老”，带头穿戴越人的服饰；鼓励汉、越通婚，让自己的孙子婴齐和王室子弟娶越人的女儿为妻。王室的女子也嫁给越人首领。对边远地区的越人首领，则经常送些礼物进行拉拢，越人对赵佗都很感激。

刘邦也认为赵佗把南越治理得“甚有文理”。他忙于巩固在中原的统治，决定对山高路远的赵佗采用安抚手段，使之“和集百越”，不成为南边的祸害即可，便派太中大夫陆贾为特使，带着诏书、王印和礼品，去岭南封赵佗为南越王。

赵佗根本不把朝廷的特使放在眼里。他头上不戴帽子，挽着一个大大的椎髻，腰里不系带子，露出黑油油的肚皮，两条腿叉开，很不雅观地坐在地面上，俨然是一位未曾开化的蛮夷酋长，等着陆贾拜见。

陆贾不卑不亢，义正词严地说：“你是中国人，你的父母、胞弟和祖先的坟墓都在真定。如今你怎么能忘了中国人的习惯，把自己打扮成这般模样，难道你是想凭借南越这块小地，跟皇帝对着干吗？如果真是这样，那你就错了。秦朝纲纪败坏，苛政暴政，天下英雄纷纷举兵反抗，将士们流血牺牲，推翻了它。而你在这场革命中不仅没有立下战功，还割地自立，这样太不对了吧。对于你的这种行为，朝廷的将相都要求讨伐你。但大汉皇帝因为不愿劳苦百姓，所以才派我送上王印，破例封你为南越王。你应该知恩报恩，以礼相待，用臣下的礼节到郊外隆重迎接才是，没想到你却如此不通情理。如果这事让皇帝知道了，一定会掘了你的祖坟，灭了你的家族，再派将领带领10万兵马来南越问罪，到那时候你手下的将士一定会杀了你归附中原，你也肯定会死无葬身之地！”

陆贾对赵陀采取的策略是晓之以理，动之以情，临之以威，这的确起了作用，赵陀赶紧站起来，连连谢罪说：“由于我在边远地方住的时间太长了，忘记了中原的礼节，还望先生多多包涵。”随后，他赶忙返回内室，穿戴整齐后，按照礼仪接受了朝廷的封授，并摆设酒宴，为陆贾接风。

赵陀喝得满脸通红，借着酒劲问陆贾：“我和萧何、曹参、韩信相比，谁的本领比较强？”

陆贾不想扫他的兴致，所以就顺口说：“你比他们都强一点。”

听到陆贾如此说，赵陀兴奋得忘乎所以，又问：“那我跟当今皇帝比呢？”

这可是原则问题，当然不能信口开河。所以，陆贾正色回答：“当今皇帝是布衣出身，在沛县起兵，征讨暴秦，消灭强楚，继承三皇五帝的伟业，为天下人谋利益。在他管辖的土地上，土地辽阔，人口众多，而国内政治稳定、经济繁荣，这是历代以来还没有过的。你治理越国，人口不过几十万，而且大多数百姓尚未开化，住地又崎岖不平，充其量只能够得上大汉的一个郡，你有什么资格跟当今的皇帝相提并论呢？”

赵陀自嘲地说：“可惜我没有留在中原，所以才落到这里当上皇帝啊！”说完，自个儿又哈哈笑了两声。

陆贾在南越逗留了几个月，在这段时间内，他和赵陀开怀畅谈，并且劝他一定要牢记臣子应该做的事情，与中原搞好关系。在陆贾打算回长安时，赵陀奉上贵重的礼物，表示心甘情愿地向中原朝廷俯首称臣。

刘邦对陆贾的南越之行非常满意，于是给他升了官。在此后几年里，南越和汉相处融洽，双方在边界上设立榷坊，互通有无，极大地促进了南北经济的发展。

刘邦死后，吕后掌握了政权。她对南越经济的进步很不放心，采取了错误的政策：封闭与南越的关市，严禁向南越输运铜、铁工具，就是牛、马等牲畜也只许出售公的，不许出售母的，并骂南越人是蛮夷。赵陀非常生气，宣布与中原朝廷断绝关系，还领兵攻打长沙郡，夺占了几个县城。吕后派几万人马去讨伐，可北方的士兵不习惯南方的湿热气候，大多得了疫病。南越的军队守着五岭的山口，汉军在北城打了一年多，还是到不了岭南。

第二年吕后死了，讨伐赵陀的残兵败将只好撤回。赵陀更加猖狂，他出兵威逼周边的小国向南越纳贡称臣，又用重金贿买居住在今福建、浙江境内的越人首领，使他们成为属国。几年时间，赵陀控制的疆域从东到西，扩延了万里。他自称为“南越武帝”，出入乘坐黄金包镶的马车，车前竖立天子的大旗，一切设置都和中原皇帝一模一样，边境上的局势也十分紧张。诸吕集团被除，汉文帝继位后，决心恢复汉高祖皇帝时的安抚政策，重新与南越修好。他先在真定修复赵陀的祖坟，派驻专人管理，四时奉祭，还给赵陀的兄弟亲属都封了官，赏赐大量财物，然后派陆贾为特使，再次出使南越，劝说赵陀归汉。赵陀被感动了，取消了皇帝的称号和天子仪仗，并向全国发布通告说：“两雄不俱立，两贤不并世。从今以后，永做大汉的藩臣。”汉与南越的和好关系，又维持了好几十年。当然，这是后话。

古语云：“遇欺诈之人，以诚心感动之；遇暴戾之人，以和气熏蒸之；遇倾邪私曲之人，以名义气节激砺之。天下无不入我陶冶矣。”意思是说，遇到狡猾欺诈的人，要用赤诚之心来感动他；遇到性情狂暴乖戾的人，要用温和态度来感化他；遇到行为不正自私自利的人，要用大义气节来激励他。假如能做到这几点，那天下的人都会受到我的美德感化了。这一段话讲出了以德服人的重要性。

现在看来，刘邦为巩固中原统治，对赵陀实行安抚的政策，避免了其

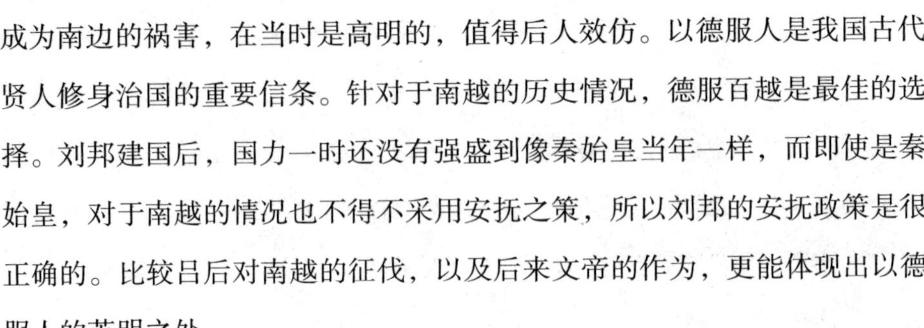

成为南边的祸害，在当时是高明的，值得后人效仿。以德服人是我国古代贤人修身治国的重要信条。针对于南越的历史情况，德服百越是最佳的选择。刘邦建国后，国力一时还没有强盛到像秦始皇当年一样，而即使是秦始皇，对于南越的情况也不得不采用安抚之策，所以刘邦的安抚政策是很正确的。比较吕后对南越的征伐，以及后来文帝的作为，更能体现出以德服人的英明之处。

历史证明，在人际交往中绝不能颐指气使，而是要以德服人，这样才能真正地让人口服和心服。如果领导人对于不服从自己的人，采取武力和权力等高压手段，虽然能使其暂时归顺，但心里未必真服。相反，如果以德感人，对方就容易受到感动，也就容易真心归顺你，才能为你出谋划策，献身献力。刘邦就十分注意这一点。

以德服人是做人的根本，在今天，它又有了一些新的内涵，以德服人是我们当今宣扬的物质文明和精神文明的重要基石和标志。以史为鉴可知兴替，以人为鉴可知得失。我们想要获得成功，也要注重与人交往中的以德服人。

容人之道仁为先

宽容是做人之本，其实宽容也是做领导之本。一位聪明的领导应该审时度势，首先判断矛盾的大小和性质，如果是一些无关大局的小事，就需要以一颗宽容的心来对待。而且“小不忍则乱大谋”，人人都不愿当受气包，偶尔发泄一下也可以理解，但是有很大可能是这样一闹会让你断送了自己的锦绣前程。你如果忍耐一下，可能会因此而得个有气量的美名。刘邦和项羽的成败很好地说明了作为一个领导者，宽容是十分重要的。

秦朝灭亡以后，刘邦与项羽成了争夺天下的敌人，而且在当时，刘邦是弱者，强势在楚霸王项羽一方。可是，经过几场大的战争以后，强者项羽仅做了三年三个月（不含义帝时期的十个月）的楚霸王就走向败亡，弱者刘邦却赢得了最后的胜利，赢得了天下，建立了后来统治中国400多年的汉政权。历史的存在总是必然的，即使有偶然因素也总是寓含于必然性之中的。在刘邦胜利的过程中，他的个性品质和智慧起了决定性作用。

据说刘邦少有大志，“仁而爱人，喜施，意豁如也。常有大度”。当刘邦看到秦皇帝出巡时壮观场面时，曾说：“大丈夫当如此也。”一语失天机，刘邦的大志昭然可见了。正因为刘邦仁而爱人，豁达大度，所以才在后来的斗争过程中连续不断地吸纳了那么多的人才，尤其能够容纳精英人才。刘邦吸纳了众多精英人才的同时，更可贵的是他善于听取精英人才的意见，也就是说他很具有用人之智慧。

自从刘邦起义开始，萧何、曹参就追随着他，尽管萧何曾经多次说出刘邦的缺点，刘邦还是很高兴地接纳了他。刘邦对张良更是言听计从，后来又吸纳了韩信，招引了英布，收留了陈平，收编了彭越，更是给予这些人充分展现才华的空间。可以说，刘邦是利用他的这个智囊团的智慧在与项羽争天下。

刘邦本人也很有智慧，张良曾经对刘邦讲授《太公兵法》，“沛公善之，常用其策。”而对其他人讲授《太公兵法》，他们都不能省悟。唯独刘邦一点就明，所以张良曾经说：“沛公殆天授。”于是就追随了刘邦。

这也说明了刘邦的智慧增强了他的人格魅力，良好的个性品质和智慧使刘邦成了吸引人才的重要因素。

项羽年轻的时候也是很有志向的，当他看到秦始皇巡视浙江时，项羽曾说：“彼可取而代之也。”从中看出了他的远大志向。他少年时曾经有志于“学万人敌”，尽管他“力能扛鼎，才气过人”，但他的个人主义的性格却使他不能吸纳并重用人才，他必然会成为孤家寡人。韩信曾经这样评价项羽：“项王暗恶叱咤，千人皆废，然不能任属贤将，此特匹夫之勇耳。”又说：“致使人有功当封爵者，印刓敝，忍不能与。此所谓妇人之仁也。”也就是说，项羽的个性好发怒，漠视他人，不能任用英才，不能与人分享成果，心眼小，贪得无厌。陈平也说：“至于行功爵邑，重之，士亦以此不附。”同样说明项羽是很吝啬给功臣封赏爵邑的。

“项羽为人剽悍祸贼”，正因为这样，他手下可以为他出谋划策的人才越来越少。韩信、陈平、英布等原来都在项羽麾下，后来却都投奔了刘邦。韩信为什么要跑到刘邦那里去呢？因为韩信“数以策于项羽，羽不能用”，所以当汉王入蜀时，“信亡楚归汉。”陈平又为什么要离开项羽呢？当时，项羽派陈平攻打殷王，迫使殷王降楚，于是项羽拜陈平为都尉，可是不久汉王刘邦又攻下了殷。胜负本来是兵家之常事，可是，“项王怒，将诛定殷者将吏。”于是陈平怕被怪罪，投奔了刘邦。英布本来属项羽，可是后来却被刘邦派萧何劝降了。英布为什么归顺了刘邦呢？实际上正是因为项羽不愿意与人分享成果，有功劳也不愿意分给下属。而彭越本来就是在观望的，开始他不属于哪一边，他曾说过：“两龙方斗，且待之。”可见他是游移派。直到项羽入关，“彭越众万余人毋所属。”项羽放弃了这个实在不该放弃的争取彭越的好机会，彭越被刘邦收编了。由于项羽没有主见，最后连范增也被离间了。项羽以一人之力与刘邦的整个智囊团相比，他能不败吗？他手下本来就少智慧之士，且不听取别人的正确意见，这种情况下，项羽又怎么可能问鼎天下？正如太史公所说："自矜功伐，奋其私智，而不师古，谓霸王之业。欲以力征经营天下。"

身为领导，要有一颗宽容的心。工作中，领导常常容易发现别人的缺点，问题的关键在于如何对待别人的缺点。如果你想改变与下属的关系，那么你应该训练自己，在任何时候都要做到超脱宽容。

宽容的第一个原则就是不要求别人都和我们自己一样。就像天上的星星，虽然在一个共同的天空里，却有千万种不同的状态。社会上的人也是各不相同的。每个人都有他不同的性格、爱好和要求，因此，我们不能要求太多。美德和智慧有多种表现形式，我们不能只用一种标准来要求，并不能因为别人与自己有不同的观点和志趣而不能容忍。

宽容的另一个原则就是不要怀恨。尤其对别人的过错不要怀恨在心。怨恨情绪是一种以自我为中心的破坏友好的情绪表现。怨恨不仅会影响我们与他人的友情，还会严重地挫败自己，使人被苦恼所束缚，会引起疾病，扰乱思维，使头脑混乱，效率低下。其实怨恨别人常常是一种对别人很不公平的事，因为我们或许就常爱犯这种错误，但是却常常错误地以为自己的过错要比别人的过错轻微得多。所以当别人错待了你的时候，你试着去站在他的角度想想问题，也许就会谅解对方。

宽容是一种资源。领导者在宽容下属的同时，也是为自己营造着良好的生存空间和有利的发展氛围。宽容能使敌对的、消极的、紧张的，不利因素转化为友善的、积极的、和谐的、有利的因素，让我们的天地更加广阔，道路更加平坦，前景更加美好。

相传古时候某宰相请一个理发师理发，理发师给宰相修到一半时，也许是过分紧张，不小心把宰相的眉毛给刮掉了。哎呀！不得了了，他暗暗叫苦，顿时惊恐万分，深知宰相必然会怪罪下来，那可吃不了兜着走呀！

理发师是个常在江湖上行走的人，深知人的一般心理：盛赞之下无怒

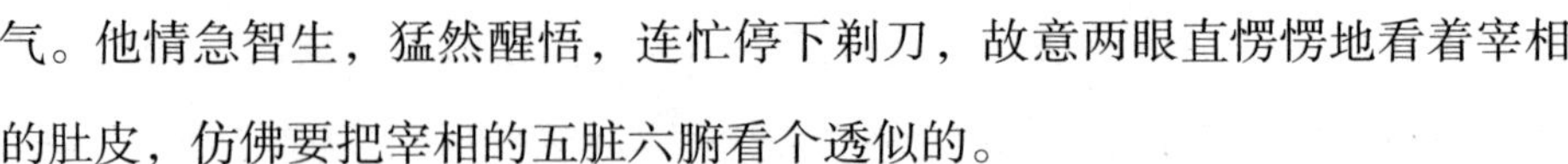

气。他情急智生，猛然醒悟，连忙停下剃刀，故意两眼直愣愣地看着宰相的肚皮，仿佛要把宰相的五脏六腑看个透似的。

宰相见他这模样，感到莫名其妙，迷惑不解地问道："你不修面却只看我的肚皮，这是为什么呢？"

理发师装出一副傻乎乎的样子解释说："人们常说，宰相肚里能撑船，我看大人的肚皮并不大，怎么能撑船呢？"宰相一听理发师这么讲，哈哈大笑说："那是宰相的气量大，对一些小事情能容忍，从不计较的。"

理发师听到这话，"扑通"一声跪在地上，声泪俱下地说："小的该死，方才修面时不小心将相爷的眉毛刮掉了。相爷气量大，请千万恕罪。"

宰相一听啼笑皆非："眉毛给刮掉了，叫我今后怎么见人呢？"不禁勃然大怒，正要发作，但又冷静一想："自己刚讲过宰相气量大，怎能为这小事给他治罪呢？"

于是，宰相便豁达温和地说："无妨，且去把笔拿来，把眉毛画上就是了。"

俗话说："金无足赤，人无完人。"人总是难免犯错的，但如何对待犯错的人，不同的人态度是不尽相同的。上述例中的宰相成就了宽容待人的典范。堂堂宰相何等威严，竟被粗心的理发师刮掉了眉毛，这种事情就是发生在普通人身上也定会火冒三丈，更何况是注重官威、讲求形象的宰相。盛怒之下打理发师、打仆人几十大板算是轻的，就是砍了他们的头，恐怕在当时的年代里也不会有太多的人敢对宰相说三道四。但宰相宽容了理发师。在这里我们可以做"小人"之猜想：一是惩罚已于事无补，让别人觉得宰相与常人无异，弄不好还可能会给政敌留下可乘之机；二是宽容会让理发师对宰相感恩戴德，定会逢人就说，见人便夸，成就宰相肚里能撑船的美名，让天下更多的有识之士投到宰相门下，追随其左右。正所谓退一步海阔天空，忍一时之气，修百年之福，成万世之名。因此，宽容不仅是一种领导艺术，能化干戈为玉帛，变坏事为好事，是领导者的一种美德，更让下属有一种宽松的心境和环境，愿意竭尽所能，为你所用。

朱元璋曾写过一副对联，内容是："大度能容，容天下难容之士；慈颜常笑，笑世上可笑之人。"朱元璋这种重视人才的胸怀，对建立大明近300年的基业是有很大作用的。"容天下难容之士"是领导者的一种最高境界。领导在用人时，必须有豁达的气度、宽宏的雅量才能成就大业。

管理者和下级相处，最重要的是胸怀宽广，具有容人之量。想充分发挥下属的作用，就要合理安排人才，做到人尽其才，才尽其用，注意与下级保持感情联络，这样才能把下属吸引、凝聚到自己周围。

宽以待人对上级领导管理的有效性有着重要的意义。宽以待人的核心是宽容，即"宽恕"和"容人"。宽容的度量就是领导的成熟度，它标志着管理者的自信心和迎接挑战的能力，宽容的结果是创造出一个管理者与被管理者之间的和谐关系，创造出一个被管理者能最大限度地发挥其积极性和创造性的良好环境。

在协调上下级关系的问题上，上级若缺乏宽容的雅量，必将变成孤家寡人。这正如中国古语所说："水至清则无鱼，人至察则无徒。"

宽容是美德，它能团结人、激励人。作为领导者如果对下属过于苛求，无论大小，不问缘由，有错就罚，有责必究，其结果不是让下属循规蹈矩，不敢越雷池半步，失去创造力和活力，就是让人不堪忍受，另谋他路。人要有宽容之心，也希望得到他人的宽容。但宽容是有限度、有分寸的，大是大非的问题是要讲原则、讲纪律的，宽只能是宽小过，否则就没有规矩难成方圆，是纵容而不是宽容了。

因此，领导者要以一颗"公心"对待下属的错误和缺点，成为一名受人尊敬、乐于让人追随的领导者。

学会包容低姿态

学会包容和忍耐，放低自己的姿态，它是一种思想水平和道德涵养的表现，同时也是与人相处中的智慧。

每个动物的器官构造都有其特殊的用处。例如乌龟背上的硬壳，遇到特殊情况，就把头和四肢缩进去，等到合适的时机，它就可能把头伸出头来狠咬对方一口，然后再也不松口，这让敌人奈何不了它。中国有句俗话，叫做“为人学得乌龟法，得缩头时且缩头”，古代帝王刘邦就是这一理论的最佳实践者。

刘邦鸿门宴逃脱后，被项羽分封为汉王，不得已而为之，准备去巴蜀当汉王。他在这里一忍再忍，范增却又有了新的主意！范增深信天命，忽然想起刘邦是火命，所以斩白蛇、树红旗，如今居住汉中为王，正是西方。西方为金，火炼金，必然要成大器。他急忙去跟项羽说：“大王封刘邦为汉王，刘邦心中十分不满；他的将领都是关东之人，人人都愤愤不平，以为大王背约分封。如今不除，必为后患。”

项羽说：“分封诏书已出，天下大局已定，何必又生出这么多事？”范增说：“我有一个主意：明天各位诸侯来见大王，大王就问刘邦，‘我封你为汉王，你去不去汉中？’他如果说‘去’，大王就可定他图谋不轨；他如果说‘不去’，大王就定他抗旨不遵的罪名。大王杀了他，才能除去这个心腹祸患！”两人密商已定。

第二天，各路诸侯王来朝见项羽，礼毕。

项羽问刘邦：“汉王，我封你去汉中，你去还是不去？”刘邦不敢说“不去”，但也不愿说“去”，他灵机一动说：“我的俸禄是君王给的，命运全掌握在君王手里，我怎么好说去还是不去？我就像大王的马，鞭子抽我，我就往前走；拉住缰绳，我就停步待命。”项羽笑着说：“汉王真会打比方！”刘邦的几句话满足了项羽的虚荣心，项羽诛杀刘邦的心思一下子没了踪影。

刘邦回到汉王营，张良急忙来见他。

张良问：“汉王知道今天的危险吗？”刘邦惊讶：“今天又有什么危险？”张良说：“汉王真是洪福齐天！刚才霸王问您去不去汉中，如果大王回答‘去’，霸王就会说你图谋不轨；如果大王回答‘不去’，他就会定你想当关中王的罪名。如果不是汉王善于应对，今天必定遭杀身之祸！真是天意！”刘邦大惊失色，半天才回过神来！刘邦巧答，拍了项羽的马屁，又未让对方抓到任何把柄。

在回答这种有预设前提的问语之时，千万不能简单地回答“是”或者“不是”。刘邦虽然没有经过系统的逻辑训练，但是他凭着天生的机灵，无意中躲过了一场飞来横祸。

刘邦听了张良的分析，心中十分害怕，忙向张良讨教，希望早一天离开这是非之地。

张良说：“我马上就去找项伯和陈平，商议脱身的办法。汉王做好准备，等到霸王下令，立即起身，可以避免祸害。”张良悄悄见了项伯和陈平，详细叙说范增企图加害刘邦的事，求告说：“汉王如今去汉中就职，但还没有脱身之计。倘若他去汉中平安无事，决不会忘记今天的相助之情。”陈平沉思半晌，附耳低声叙说巧计。张良大喜，催请陈平用计。

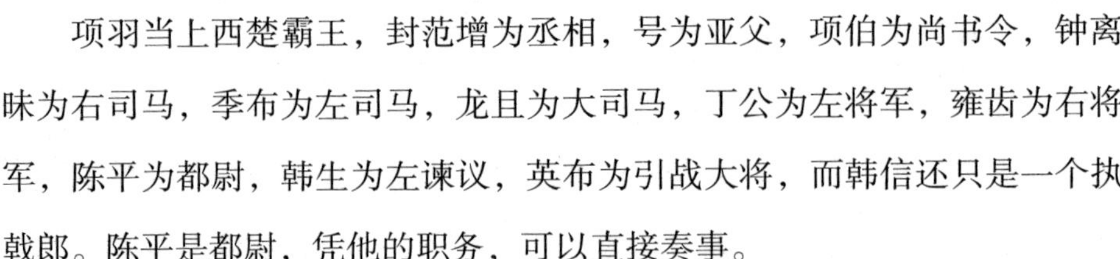

项羽当上西楚霸王，封范增为丞相，号为亚父，项伯为尚书令，钟离昧为右司马，季布为左司马，龙且为大司马，丁公为左将军，雍齿为右将军，陈平为都尉，韩生为左谏议，英布为引战大将，而韩信还只是一个执戟郎。陈平是都尉，凭他的职务，可以直接奏事。

项羽分封诸侯之前，派人告诉楚怀王，尊他为义帝，并以“古之帝者，地方千里，必居上游”为由，劝义帝迁都郴州，自己迁都彭城。但是义帝一直还未动身，项羽心怀不满，召集楚国群臣商议。

陈平趁机奏道：“天无二日，国无二君，民无二主。如今大王已经颁诏改怀王为义帝，分封天下，却又向怀王请命，这是国有二君。如今百姓尽皆传言，如今天下是以臣封臣，古今罕见。这样，大王的威信不足以征服天下，下臣愚见，最好是尽快派丞相亚父带领二位骁将，赶赴彭城，催促义帝起身，放到偏僻的地方，从此不用请命。”陈平为了帮助刘邦离开项羽，又担心范增从中作梗，特向项羽献上这样的计策让范增离开项羽，以便用计。

项羽听了陈平的话，正合心意，立即下旨，叫范增带着桓楚、英布赶赴彭城，催促义帝速往郴州，并将彭城修饰整齐，他打算去参观，表示一下难忘故地之情。

范增不好违抗命令，只好先去准备，然后辞别项羽。

但范增对项羽很不放心，他叮嘱项羽说：“我如今遵命去彭城，唯恐有人蒙蔽大王。我有件三事上谏，大王定要留意。第一，大王千万不要轻易离开咸阳。关中自古就是建都之地，天府之国，沃野千里，进可攻，退可守。第二，大王应该重用韩信，韩信有元帅之才，只是时运不济。大王选拔重用，必能横行天下，所向无敌。大王如果不想重用，不如趁早杀了他，免让得他再投靠别人，贻害无穷。第三，大王不应该让刘邦去汉中，暂时留他在咸阳，等我回来，再作处理。这三件事非常重要，大王一定要切记！”项羽说：“亚父速去早回，这三件事，我牢记在心。”虽然对项羽还不放心，第二天范增还是带着桓楚和英布奔赴彭城。

范增刚走两天，陈平就上表项羽，声称各路诸侯云集咸阳，每日费用极大，唯恐关中百姓难以支撑，最好是把他们遣散，让他们各自回到封地。

陈平的表章把情况说得十分紧急。项羽看完奏章也觉得很有道理，就立即传令新封各路诸侯王，五日之内都必须各自回到封国就职，汉王刘邦和韩王姬成暂时留在咸阳，另做打算。

张良与陈平谋划，本来是想劝项羽遣派诸侯回国，刘邦也可以趁机去汉中，想不到项羽来了个“汉王刘邦除外”，张良一听，大吃一惊！张良心想汉王危险了！如果范增从彭城回来，必然会想方设法加以谋害，怎么能够去汉中呢？张良急忙去见刘邦。

刘邦说：“今天霸王下令新封诸侯到封地就职，但是却将我刘邦除外，这一定是想要谋害我，先生你看，这到底该怎么处置呢？”张良献计：“汉王的家人都在沛丰，明天您上疏霸王，要求去家乡接人，我自有计策拯救大王。”刘邦就让郦食其写信，次日去见霸王，要求回沛县搬取家小。

项羽说：“汉王要去沛丰搬取老小，这也是孝子之意，但是恐怕不是出于本心。是不是因为昨天我叫你暂时留在咸阳，所以今天才来上疏？”刘邦开口说：“我父亲年老，母亲已去世，家里没有人孝敬他，我天天都想他。大王新定大位，我也不敢太早奏报，骚扰大王。如今各路诸侯都去封地了，能有机会孝敬父母，大王单独留下我刘邦在咸阳，不知道什么时候才能见到父亲？”刘邦说到伤心之处，禁不住弄假成真，哭泣起来。

张良启奏：“不能让汉王回家搬取家小，只能叫他去汉中为王！大王派人去取刘老太公一家作为人质，可保汉王不敢生出二心。”项羽说：“把汉王留在咸阳，没有叫他就国，就是怕他产生异志。”陈平趁机说：“大王既然已经分封刘邦为汉王，布告天下，而今又把他留在咸阳，恐怕失信于天下。不如听从张良劝谏，叫人把刘太公一家老小取来咸阳当人质，叫汉王去汉中为王。一可取信天下，二可管住刘邦，可谓两全其美。”项羽一听，觉得有理，说：“既然这样，汉王去汉中为王，不得请假去沛丰搬取家小。”刘邦听说，假装哭泣，拜伏在地，久久不起，要求一定要侍奉老父，回乡接人。

项羽信以为真，就说：“你先去汉中就国，等我迁都彭城之后，派人将你老小接去彭城赡养，那时你慢慢来取，也不失孝敬。”刘邦拜谢道：“感谢大王圣恩，今生不敢忘记。我今日就此告辞大王，赶到汉中去！”刘邦表现得何等恭顺，快快告辞回营。

楚将钟离昧听说项羽放了刘邦，急忙劝谏说：“亚父临走的时候，告诫大王不可让刘邦去汉中，如今大王怎么忘了？”项羽说：“扣住刘邦一家老小，就可以管住刘邦了，又何必硬要为难刘邦呢？何况封诏已经布告天下，怎么听信亚父的一句话，叫我失信于天下呢？既然如此，派人传令，只准刘邦率领3万人马就国，其余人等全部留下。”

钟离昧与韩信是好朋友，秘密与韩信商议。韩信感叹地说：“让汉王去汉中就国，又不准携带家小，正中了他的诡计。日后汉王借口思念父母，率领三军东进，我们都要成为他的俘虏了。可惜亚父金玉良言如今全部难以实现！”

再说刘邦回到营中，吩咐三军正要启程，突然接到项羽指令，只准带领3万人马随行。已经到了如此地步，张良、萧何、郦食其一班谋臣，忙劝刘邦一忍再忍。好在刘邦的兵，长期跟随的人不多，大都是原来陈胜、项梁手下的散兵，刘邦经过挑选，带了3万，其余交给了项羽。

关中父老因为“约法三章”的政策，对刘邦感怀至深，听说刘邦要去汉中，都扶老携幼，哭哭啼啼地前来送行。刘邦再三抚慰，百姓送了一程，还要送一程。

萧何趁机给项羽制造一些不良舆论，他出面劝告百姓说："霸王法度十分严格，你们不要远送，恐怕因此受到连累。"一番话更令老百姓感慨不已！汉王告别关中百姓，张良令樊哙等人催动大军飞速前进，经安平、扶风、凤翔、宝鸡、散关，到凤阳，入栈道。

栈道是在悬崖峭壁之上用木材依山势架成的"桥梁"，是巴、蜀、汉中通往关中的要道，刘邦士卒大都是关东人，哪里见到过这样的高山深谷，这样的艰险道路、将士们议论说："我们来到如此险恶的地方，如果有人把守，一定死无葬身之地。与其坐地等死，不如杀回咸阳，与项羽决一雌雄，这才是大丈夫所为。"樊哙等一班武将也跟着叫嚷，要杀回关中去。面对如此情况，刘邦虽然心有不甘，但依然听从了张良、萧何等人的劝说，继续向汉中前行。

到了南郑，刘邦选择良辰吉日，宣布就国，安抚百姓，施行布德，宽厚待民，实力很快发展起来。

释迦牟尼佛住世时，有一天，经过河岸，见一只野狼，想吃乌龟，可是乌龟将头足缩回壳内，多时不动，没有忍耐心的野狼最终无可奈何，有忍耐心的乌龟则继续优哉游哉地散步去了。忍得一时之气，免得百日之忧。这就是常说的"乌龟法"的来源。而刘邦的厚黑之道，就将乌龟法发挥得淋漓尽致。刘邦不断地一退再退，实际上每退一步，都给自己换来了更大的发展空间。

人类虽有各种能力，保护自己的方法也很多，但是"乌龟法"不失为重要的一种。刘邦将乌龟法学得炉火纯青，项羽侮辱他，他忍气吞声；韩信要挟他，他忍痛割爱；为了顾全大局，不废太子。如果没有这个办法，后果也许会截然不同。

乌龟因为有保护自己的甲壳，人们悟出了它的特性，发明了"乌龟法"。所谓"乌龟法"，用一句简单的话来说，就是保护自己。

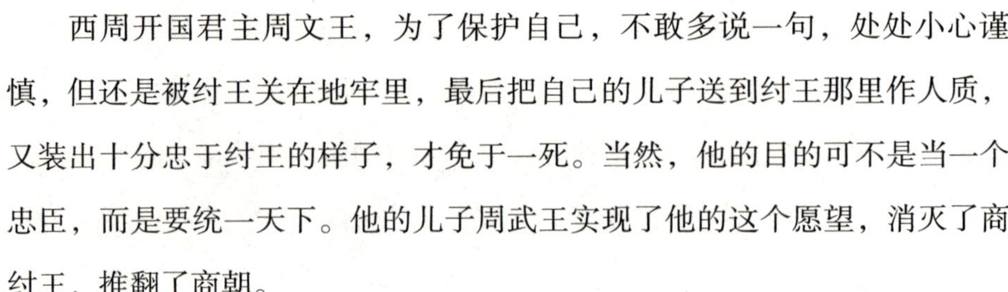

西周开国君主周文王，为了保护自己，不敢多说一句，处处小心谨慎，但还是被纣王关在地牢里，最后把自己的儿子送到纣王那里作人质，又装出十分忠于纣王的样子，才免于一死。当然，他的目的可不是当一个忠臣，而是要统一天下。他的儿子周武王实现了他的这个愿望，消灭了商纣王，推翻了商朝。

刘邦的胜利，很大程度上也是乌龟法的胜利。这是十分值得我们学习的。

能容能忍做汉王

古语说："宁伪作不知不为，不伪作假知妄为。静不露机，云雷屯也。"意思是说，宁愿假装糊涂而不有所为，不自作聪明而轻举妄动。要沉着冷静，深藏不露，如同雷云入冬，屯聚隐没一样。假装不知道而实际非常清楚；假装不愿做，实际上却是不能做，或等待时机到了再去做。这一点，在刘邦身上体现得尤其充分。

从前文可知，项羽分封诸侯时，封刘邦为汉王，并拨给汉王3万兵马（原来汉王有10万兵马，现在只给3万），随同他前往汉中。在秦末起义军的众将领中，汉王刘邦毕竟是一位声望甚高、宽厚仁慈、有长者之风的人。当他前往汉中时，楚与各路诸侯中因仰慕而甘愿随从他前往汉中的，竟有数万人之多。这对于汉王来说，无疑是精神上的一大安慰。

汉王率人马前往汉中，所经过的路线是从杜县南，进入蚀中。一是可走直通汉中的重要谷道——子午谷，南端的谷口是汉中的南康县；二是可以向西到达眉县西南，走斜谷，再入褒谷。从《史记·留侯世家》“良送至褒中”的记载来看，汉王是从杜南，经蚀中，然后西行到达眉县，由眉县西入斜谷，再经斜谷由关中到达汉中。

在进入斜谷之前，汉王所率领的将士们一路西行。途中，这些来自东土的士卒，仰望南面那横亘东西的秦岭，远方那重峦叠嶂、耸入云端的高山，听说山峦的那边便是汉中，心中顿生迷茫之感，真不知自己所要奔往的去处究竟是何方，离家乡又有多远，会是怎样的一个世界。不用说，在这西行的路上，将士们的心情是低落的，人人少言寡语。

刘邦被分封为汉王，封地是汉中地带。可以说，对刘邦是不公平的。但是，项羽当时势力强，刘邦无法与之抗衡，所以他不争锋芒，势弱先忍，势强当起，不失为做大事之人的本色。刘邦忍为蓄势待发，前面我们说过，刘邦到了关中以后，卧薪尝胆，徐图自强，其实也包含着一种无勇、无智、无为的战略。

到达眉县西南，大军进入斜谷，斜谷道路狭窄，几万大军一字穿行于峡谷之中，蜿蜒有十余里之长。自进入斜谷，穿越秦岭，又是一番景象。脚踏谷底的碎石，两侧是令人望而生畏的悬崖峭壁，飞鸟哀鸣，猿猴啼叫，一片凄凉的气氛。唯有头顶上的那一线天空，给士卒们以希望。行进在峭岩陡壁的栈道之上，这种栈道是在峭岩陡壁的险绝之处，傍山岩凿出洞孔，施架横木，铺上木板，以通行人马，而栈道下面则是万丈深渊。道路艰险，吉凶难料，士卒们的心情十分灰暗。

至于汉王刘邦，一路上也是思绪万千。他总是依靠萧何的劝谏，来驱散时时袭来的无名烦恼。

又幸亏有张良等人一路陪同，或指指点点、谈笑风生，或倾听张良讲述兵法、谈古论今。在部下将士们看来，他们的汉王如此神态自若，正是

他们的安危和希望所系。

不争锋芒，只是一个人成大事的手段，而不是毫无进取之人的态度；偏安一隅，只是蓄势待发的准备过程，而不是苟且偷生地活着。暂时忍耐一时，自然会风光一世。刘邦做到了，他成功了，这是一个不容忽视的事实。

刘邦的高明之处就在于他的大度能忍，自古能忍者皆成大事。刘备不能忍，为报关羽被杀之仇，怒而兴师，哀兵必败，结果被陆逊火烧连营，几乎全军覆没，遗恨白帝城。江东猛虎孙坚不能忍，为报刘表截杀之仇而跨江攻击刘表，落了个身死他乡。刘邦自起事以来险象环生，自知不如对手，每次他都能忍耐静待，但最后他胜利了，做了一代帝王。

在关键时刻，一个人如果能够战胜自我，那么就没有什么困难可以挡住他，也就能战胜一切。这种能战胜自我的强者心态，就是忍。春秋战国时期，蔺相如能忍，他对廉颇的忍有口皆碑，而换来的最终结果是廉颇负荆请罪，两人一文一武同保赵国。蔺相如之所以忍是为了赵国的安危，而不顾个人的尊严面子，这是大智大贤之忍。

春秋吴越争雄，勾践亡国，勾践夫妇沦为吴王的奴仆。勾践忍辱负重，咬紧牙等了3年时光，取得吴王的信任，被放回国。他努力治国准备了5年时间，终于忍到了时机成熟的那一天，一举打败吴军，逼死夫差，做了春秋霸王。这是未敢忘忧之忍，终于报了奇耻大辱。

刘邦沛县起兵，势力一直很弱，但他有自知之明，处处忍让，最后终于一统天下。

本来按楚王约定，先入关者为关中王，刘邦抢先入关，可是项羽气势汹汹地兴师问罪，摆下鸿门宴，更有项庄舞剑，伺机刺杀刘邦，险象环生，多亏项伯拔剑起舞以身护之，后刘邦身边谋士张良想出了脱身之计才得以逃脱。试想一下，如果刘邦当时不忍，而与项羽分庭抗礼，那后果自然不堪设想。

项羽虽然在鸿门宴上没有刺杀刘邦，但他与范增怀疑刘邦有争夺天下之心，则是没有异议的。但是，刘邦与项羽既已和解，在秦朝已灭分封诸侯的前夕，项羽为显示他这位霸主是出于公心，对违背与刘邦和解的约定有所顾忌，不愿在分封诸侯之前引起诸侯的叛乱，便没有对刘邦动手。“巴、蜀二郡地处偏僻，道路又很艰险，秦朝被流放的人都是迁往蜀地。”于是项羽等人便扬言“巴、蜀也是关中的土地”，因而封刘邦为汉王，领有巴、蜀、汉中三郡，都于南郑。巴、蜀地处偏远，汉中盆地又甚狭小，三郡都是在崇山峻岭的环抱之中，对外交通受山岭阻隔，道路艰险，极不便利。

项羽、范增封刘邦为汉王，并让三位秦将称王于关中，其目的是把汉王困于汉中。这对于项羽来说，当然是一步高棋；而对于刘邦来说，则是一种困境。为此，汉王大怒，忍无可忍，想要率兵攻击项羽。刘邦的心情和想法是可以理解的，然而率兵攻击项羽，其后果将会是什么？刘邦的部下由于所处的地位不同，他们比他要冷静得多。当刘邦一时激怒想要率兵攻击项羽时，周勃、灌婴、樊哙都进行劝解，认为万万不可如此。其中，萧何的劝谏起到了至关重要的作用。

萧何劝谏说：“虽说称王于汉中是件坏事，但总还是比一死要强些吧？”“何至于一死？”汉王反问道。萧何回答：“如今我们的兵力远不如项王，如果交战必将是百战百败，怎能会不死！那种能屈于一人之下而伸于万乘大国之上的，正是汤王、武王这样的人。愿大王称王于关中，长养人民，招纳贤士，收用巴、蜀地区的物力和人力，还兵平定三秦，如此便可以图谋天下了。”萧何的劝谏，精辟地分析了天下形势，指出在敌我力量悬殊的情况下，攻击项羽只能是死路一条。为此，萧何举出历史上汤武二位圣王如何在困境中暂时“屈于一人之下”而后来又“伸于万乘之上”的事例，来宽慰和提醒汉王，使汉王的一时激愤化为乌有。在此基础上，又为汉王提出了一条“养其民以致贤人，收用巴、蜀，还定三秦，天

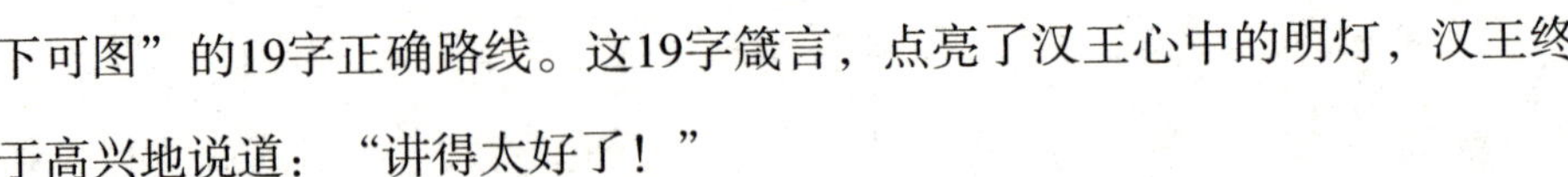

下可图”的19字正确路线。这19字箴言，点亮了汉王心中的明灯，汉王终于高兴地说道：“讲得太好了！”

值得一提的是，刘邦有时也会忍无可忍，但他能在将士们的提醒下，清楚地认识到只要自己忍住，摆出一副无勇、无智、无为、弱小的样子来给项羽看就行。其实从哲学的角度来看，刘邦的做法暗含着一种守弱的智慧。

守弱是老子哲学中最重要的精神之一。

相对于整个宇宙来说，人是渺小和脆弱的。虽然这样，但人是宇宙中最不谦卑的生物，他们经常以“人定胜天”“征服自然”的口号响彻云霄。其实，过多展现外表的强悍、高傲，往往是人类不自信心理的反应，而强悍和高傲是他们追求的目标。在日常生活中，我们经常会发现这样的情况，当人取得成功时就会感到不安，而拥有权力之后却感到害怕，这些情况一直困扰着人类。

越是伟大的智者，越了解自己不过是发现自然的力量而已。如果不去顺应自然的力量，必会遭到失败。越有智慧的人，越懂得向大自然表示谦卑和敬畏。

刘邦的守弱是先保存实力，以图日后东山再起，这才是真正成功者所为，大丈夫所为。

根据老子的学说：道永远是顺其自然而没有形态的，没有一件事是它做不到的。君王如果以道的准则来治理国家，万事万物就会潜移默化地向前发展。圣人顺从自然的规律，无所作为也就无所失败，无所把持也就无所丢失。

孙子也曾经说道：“善战而取胜的人，往往不喜欢展现自己的智谋，也不喜欢被众人赞美自己的勇敢和成功。”当战机未到时，要表现得像个呆子一样沉着冷静，如果假装癫狂，胡乱行动不仅会暴露战机，而且也会引起三军猜疑。所以，装作呆子者必胜，而装作癫狂者必败。有人说："假装糊涂不仅可以迷惑敌人，还可以指挥控制自己的军队。"三十六计中有假痴不癫之计，它作为一种政治权术，广为政治家所用。这种计谋就是在形势不利的情况下，装疯卖傻以减弱政敌的警觉，而自己以此寻找合适的时机出其不备。

换一种说法，守弱就是无智名，无勇为，以无为胜有为。或者说，不与对方争锋芒，偏安一隅，并且遇到不利的事情忍耐，有时甚至自吞一点苦果，这都是为了迷惑敌人，以保存自己的实力，伺机而发。

无为并不是一件事都不做，而在于尽到做领导的职责。无畏并不是引之不来，推之不去，而是说要遵从客观规律。

只有无为的领导，才拥有大智慧、大眼界、大气度、大谋略。有大智慧才能看得透彻，有大眼界才能目光长远，有大气度才能包容万物，有大胆略才能拿得起、放得下。

刘邦作为一个从社会底层发展起来的领导者，这种人生智慧是值得我们学习的。

第七章 DI QI ZHANG 管人，真抓实干

管理在我们的生活中有着非常重要的作用，大到国家治理，小到个人发展，都离不开管理。对于国家，一切的日常事务，都需要管理；对于个人，生活中做事，也离不开统一的管理。好的管理能够将所有组织的能力都正常发挥出来，将所有能够支配的资源进行统筹安排、优化配置，达到最大化的利用，从而获得发展和成功。

未雨绸缪防人心

一个团队成功发展起来之后，对于在发展中立下汗马功劳的成员，一定要妥善安排。通常功劳越大者，居功自傲也就越明显，在利益得不到满足的时候，很容易会对团体造成不好的影响。管理者一定要注意这个问题。

熟悉中国历史的人都知道，过河拆桥，狡兔死、走狗烹是历代帝王在夺取政权之后惯用的手法。而刘邦帐下的三位大员对此却有着不同的看法，张良是最早看透这一结局的，所以他早早隐退，得以保全；萧何是较晚看透这一结局的，但他在受到刘邦警告之后，只顾求保，最后也得以善终；韩信则对此既看不透又很傲慢，所以最终被杀，这就是政治韬略不同所导致的结局不同。

我们先来说说张良，刘邦稳坐皇位后，看到韩信握有重权，并且深得军心，所以食不知味，辗转难眠。于是，他宴请群臣，虽然大臣们对他的胜利表示祝贺，但他仍忧心忡忡。张良喜欢察言观色，明白了刘邦的顾虑，所以就私下会见韩信，对他说："你是否还记得勾践杀文仲之事？自古至今，任何将士只能与君主共患难，而不能与其同享福。飞鸟尽，良弓藏；狡兔死，走狗烹。所以，前车之鉴，后事之师，我们都要好自为之。"张良分得清轻重缓急，见好就收，他请求回乡养老。虽然，对于张良的要求，刘邦故意表现得恋恋不舍，再三挽留，但他却暗自窃喜，最后封张良为留侯。张良功成身退的做法可谓有先见之明。

我们再来说说萧何。从前文我们已经知道，汉王五年的时候，刘邦已经战胜项羽，统一了天下，于是按功劳进行封赏。至于谁的功劳大，谁的功劳小，由于很多大臣争功，所以经过了一年多的讨论还没有一个结果。然而汉高祖认为萧何的功劳最大，所以封他为酂侯，赏赐的食邑也是最多的。很多不服的功臣们都说："我们身穿铠甲，手握兵器，作战多的人参加多达一百多次战役，少则数十次战役，曾经尽全力、拼命去攻取城池、占领土地，虽然所立战功不等，大小有别，但萧何没有立汗马功劳，只是舞文弄墨，议论政事，并没有真正参加作战，但在按功劳进行赏赐的时候却高于我们，这何以服众？"面对群臣的不满，刘邦用猎狗与猎人的比喻让武臣无话可说，加之萧何全族人相随，群臣更是哑口无言。

毫无疑问，有了上述的故事，萧何认为自己不可能受到汉高祖的怀疑，仍然忠心耿耿地为刘邦办事，甚至不惜亲自出马帮助刘邦暗害韩信。吕后决定除掉韩信之后，为了减轻韩信的怀疑，萧何亲临侯邸邀韩信进宫，韩信看到萧何亲临，毫不推辞即与萧何一道前行。谁知刚一朝见，吕后便盛气指责韩信内外勾结企图造反，并不容置辞，随即又大声命武士立押韩信赴钟室处斩。

韩信临刑前大呼道："恨不早听蒯通之言，今日竟被骗，冤死在妇人女子之手！"萧何原以为吕后最多只会把韩信下狱，听候刘邦班师回朝时审理，绝未料到吕后竟会出此狠毒手段，一时瞠目结舌说不出话来，心中自忖：刘邦离京前必有所授意，不然的话，吕后哪敢如此擅权？因此也吓得不敢多言。此事经吕后飞章奏闻后，刘邦并无任何表示，却下了一道圣旨："拜丞相萧何为相国，加封食邑五千户，派一都尉，率兵五百名为相国警卫！"萧何自此才吃了一惊：这不是连自己都给怀疑上了吗？于是，他采纳身边人的计谋决定自保。

等到汉高祖出兵消灭了英布，班师回朝的时候，老百姓排列成行拦住道路，上疏给汉高祖，说相国萧何用低贱的价钱强行购买老百姓的田地住宅数千万。汉高祖回到了朝廷，萧相国来拜见。汉高祖笑着说："堂堂一国的相国，竟然夺取人民的田地住宅，使自己得利！"于是把人们控告相国的书信都交给萧相国，并且说："你自己去向老百姓谢罪吧！"本来此事已有一个圆满结局，但萧何还是难以掩盖对百姓的关切之心，于是利用这个机会替百姓请求说："长安的土地非常狭窄，上林苑中有许多空地，虚弃而没有利用，希望能够让老百姓到上林苑内耕种，让他们收走粮食，草则不收走，留下来给禽兽吃。"汉高祖听了十分震怒，说："相国你接受了商人许多财物，于是替他们请求开我的上林苑！"因此把萧何交给廷尉加上刑具拘禁起来。

几天后，王卫尉侍从汉高祖，上前问汉高祖道："萧相国犯了什么重大的罪恶，陛下怎么突然把他关起来呢？"汉高祖说："我听说李斯担任秦朝丞相的时候，有好的事情都归功于君主，有坏的事情都归到自己身上。现在萧相国接受了商人很多金钱，而替人民请求开放我的上林苑，用这种方法来讨好人民，所以我把他拘囚起来，治他的罪。"王卫尉说："凡是职务分内的事，如果对人民有方便的地方就请求皇上实行，这真正是身为一国的宰相所应该做的事，陛下为什么怀疑相国收受了商人的金钱呢？而且陛下以前曾经跟楚国对抗数年，后来陈豨、英布又相继反叛，陛下曾经亲自率领军队，前往征讨，这些时候，萧相国镇守关中，只要把脚跟稍微摇动一下，关中以西的地方就不是陛下所能保有的了。萧相国不在那些时候谋求自己的利益，现在难道会贪图商人所送的金钱吗？而且秦朝的帝王因为不知道自己的过错才亡了天下，李斯替他的君主分担过错，又有什么值得效法的呢？陛下怎么怀疑宰相的为人那么浅薄啊！"汉高祖听了心里很不高兴。

这一天，汉高祖派人拿着皇帝的符节把萧相国释放出来。萧相国这时年纪已老，平素又十分恭敬谨慎，所以入朝的时候，光着脚上前向皇上谢罪。汉高祖说："相国请不要这样！相国替人民请求开放上林苑，我不答应，我简直像是夏桀、商纣一样的君主，而相国却是贤能的宰相。我拘禁了相国，是想要老百姓知道我的过错罢了。"值得庆幸的是，刘邦最终还是放过了萧何，但是倘若萧何像韩信一样不懂得刘邦的帝王之术，那么，他的性命也就危险了。

不论刘邦对旧臣忘恩也好，残酷也罢，我们且不计较，单就他这种未雨绸缪的思想，在任何时候都是值得借鉴的。

春秋战国时期，时局动荡，许多的国君都被自己的手下所害，各国交相替代，重臣功高盖主，动不动就取而代之。秦始皇一统天下，废分封，行郡县，很好地将权力统一到了自己的手中，但是不能不说，郡县制在当时政权不牢固、民生不稳定的时期有着无法弥补的缺点。

前车之鉴，辛辛苦苦打江山的刘邦非常注意对手下的提防，免得重蹈前人覆辙。早在政权尚未建立，国家尚未统一的时候，刘邦就开始不断削弱手下的权力（刘邦曾几次从韩信手中分兵出来），到了国家建立的时候，刘邦又怎么会让自己的天下存在隐患？

我们现代人的事业也是如此，无论什么时候都不要放松警惕，生于忧患、死于安乐的道理要时刻长存心中，忧患意识的存在才能保证自己的事业处于一种稳定的发展态势之中。

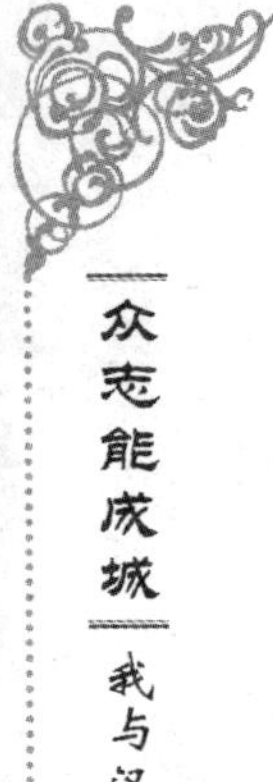

防微杜渐除威胁

在个人成功或者企业发展的道路上，总会有一些被人忽视的问题，这些问题逐渐积累，到最后成为一种难以逾越的鸿沟，这时候人们才发现，当时如果稍加注意就能清除掉这些小问题，也不至于发展到绝境。

优秀的管理者，总能够提早做好准备，确立管理制度，对潜在威胁进行清除或者预防。

刘邦建立国家后，设了8个异姓诸侯，当时诸臣对他比较忠心。但时过境迁，自从卢绾反叛后，刘邦感觉自己身边可信的人越来越少，而此时吕后的势力却不断膨胀，这使他忧心如焚。

刘邦采用盟誓的方法分封同姓诸侯王，以确保刘姓的天下。可是，他选择吉日举行召典，命令朝中文武群臣到祭祀刘氏祖先的太庙参加祭祀大典，吕后也接到命令一同参加。

祭祀的案几上供奉着牛、羊、猪三牲，旁边还拴着一匹活生生的小白马。庙堂里钟鼓声奏响，烟气弥漫。祭祀用的盛酒器皿里盛满了醇酒，还不时散发出阵阵香味。此时已是午时三刻，刘邦随手拈起了一炷香，继而走向供桌，挥起右手，大声喊道："刑白马！"早已在一侧待命的持刀武士瞬间将刀刺入白马腹中，只见鲜血从白马腹里喷涌而出。

侍从赶紧用盛酒的坛子把白马血接了起来，文武群臣每人分别给一杯白马血，吕后也接到一杯。

刘邦第一个端起手中的血酒，认真地说：“自今日起，非刘氏宗族的人，不能够封为王；没有建立战功的人，不能够封为侯。胆敢有违背誓言的人，不论地位高低，权力大小，天下一同诛讨！”说完，刘邦昂起头来，将血酒一饮而尽。紧接着，吕后手捏住鼻子，屏住呼吸，一口将血酒喝下。文武群臣们此时也纷纷举着酒杯高喊道：“诚领圣命，万死不辞！”之后，庄重地将血酒喝下。

大家心里明白，刘邦这样做是冲着吕后来的，皇帝和皇后争夺权力的斗争，已到了互不相容的地步。

祭祀盟誓完毕以后，刘邦近旁的一个侍从提醒他：“吕后的妹妹是舞阳侯樊哙的妻子，照此看来，舞阳侯必是吕氏集团的人。如今他正手握重兵，领军讨燕未回，万一他趁陛下病危的时候，领军回朝，并帮助吕后肆意诛杀戚姬和他的儿子赵王如意，到那时该如何办？”事实上，樊哙是刘邦手下的一员猛将，对刘邦忠心耿耿。前文也讲过项羽设鸿门宴，樊哙冒着生命危险，闯鸿门宴，救出刘邦；他作战英勇，在平定三秦中功绩卓著，他攻取槐里（今陕西省兴平县东南）、占有郿城（今陕西省眉县东北）、水淹废丘（今陕西省兴平县）、逼死了章邯；接着，又协助捉拿韩信，并灭掉陈豨，功绩显著。在史书上关于他的记载也很多，说他斩首176级，虏288人，破灭敌军7支，攻取坚城5座，平定了6郡52个县，而且还抓获过敌国丞相一个，俘虏敌方将军12人，抓获敌军俸禄在300石至2000石的官吏就有11人，可见他的功劳之大。

更值得一提的是，樊哙为人率性直爽，并敢当着刘邦的面指出其错误。淮南王英布叛变朝廷的时候，告急文书接踵而至。此时的刘邦却因为与太子刘盈和吕后怄气，待在深宫内院里不肯召见群臣。同时还命令守卫宫门的卫士不许放进一人，以防打扰到自己。群臣心急如焚，又无人敢违

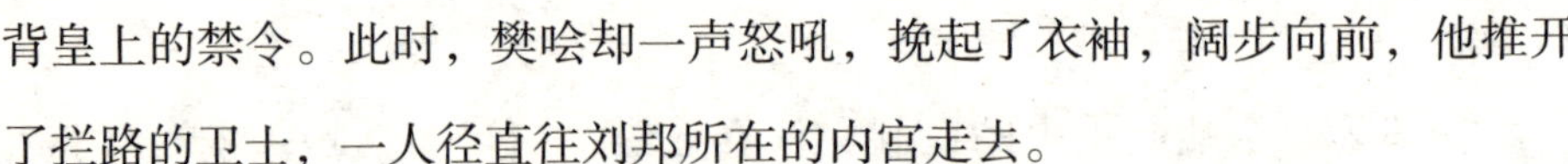

背皇上的禁令。此时，樊哙却一声怒吼，挽起了衣袖，阔步向前，他推开了拦路的卫士，一人径直往刘邦所在的内宫走去。

内宫之中，刘邦枕着旁边一个小太监的腿，双眼未曾睁开，一个人正躺在龙床上打盹。樊哙走入内宫，声情并茂地劝说："陛下还记得当时沛县起义吗？我们南征北战，好不容易才夺取了天下，陛下当时那是何等威武，可现在陛下不思进取、意气用事，我们作为臣子的，哪个看了不寒心啊！秦朝为何会灭亡？这才几年啊，陛下您这么快就忘了吗？"樊哙言中了刘邦的要害，其言辞恳切更是催人泪下，刘邦听后，感慨颇深，猛地睁大了眼睛坐起身来。他匆忙从龙榻上起来，径直走向金殿，开始与群臣商量如何征讨英布、消除叛乱的计划。

政治斗争是残酷的、无情的，充满了阴谋诡计，自古以来皆是如此。刘邦以为：虽然吕后心肠毒如蛇蝎，亦心狠手辣，但她毕竟是个女流之辈，没有领兵作战的能力，没有拥兵自立的危险。樊哙却是不可多得的将才，是一员猛将，虽然眼下忠于刘姓、忠于朝廷，但若以后起了反叛之心，和吕后同谋那又如何？还不如就此杀了樊哙，这样既断了吕后的左膀右臂，也消除了朝廷潜在的隐患，这才是朝廷稳定的大计。

因此，刘邦把当时的谋士陈平和大将军周勃找来，命令他们找几个可靠之人，穿上便衣，用朝廷驿站的车马，昼夜奔走不停，务必追上樊哙，在军营中杀了他，并让陈平把樊哙的头带回来，以为凭证。周勃则奉刘邦之令留在燕国，接替樊哙领兵。

陈平办事谨慎细致，深得皇上信任。此刻他在去杀樊哙的路上对周勃说道："樊哙乃皇上挚友，又是皇亲国戚，现在虽然圣上生气了，要杀掉樊哙。但万一只是气头上，以后后悔了怎么办？岂不拿我们是问？我们不如抓了樊哙带回朝廷，交由让皇上处理。"周勃非常赞同陈平的意见，认为很是在理。于是两人追上了樊哙，在远离军营的一个僻静之处，拿出圣旨，向樊哙宣读，并传达圣意。此时的樊哙显得异常平静。他跪在地上朝向南方叩了两个头，把兵符拿了出来，自己反背上双手，命令军士将自己捆缚起来，然后独自走进囚车，并让陈平把自己押送回京城，交由皇上处置。刘邦为保刘氏江山，“白马盟誓”牵制吕后，这倒是暂时起了作用，可惜的是，他殃及了对其忠贞不贰的开国功臣樊哙，这难免引起其他忠臣的离心离德。宫廷的政治斗争，必将愈演愈烈。

无论是个人，还是团队、企业，甚至一个国家，管理者对于潜在威胁，都要提早预防。正所谓防微杜渐，对于那些不好的现象，如果不去预防，到了遏止不住的时候，就只能苦果自尝了。发现了这些隐患，管理者就要充分运用自己的管理手段，制定一些相应措施，以防止这些隐患的发生，或者在发生时有相应的措施遏制其发展势头。

吕后是刘邦的结发妻子，曾经也是一个非常贤惠的妻子，当年刘邦不事产业，苦苦支撑刘邦和孩子一家四口的，就是曾经的大家闺秀吕雉。但是经历了多年的战乱，颠沛流离，见证了自己丈夫在战争岁月中为争夺天下而表现出的绝情和冷漠，尤其是在终于熬到了出头之日，刘邦竟然想用戚姬来代替自己的地位，吕后的内心发生了巨大的变化。

一向以识人著称的刘邦，又怎么会察觉不到自己妻子的变化，对于这种变化，刘邦要采用一定的措施来进行预防。当时，吕后采用张良的计谋，以商山四皓辅佐太子刘盈，刘邦已经不能通过改立太子来削弱吕氏，因此，采取了“白马盟誓”的做法。

刘邦的一生中遇到过许多凶险，在辛苦创建了基业之后，必然不希望别人将自己的江山据为己有，于是对于这些存在的隐患，很早作了预防措施。不能否认，刘邦的预防措施都起到了效果，这在吕氏为祸时诸侯王奋力辅佐刘氏的时候体现了出来。可以说，白马盟誓显示了刘邦的远见卓识，也让我们学到了预防潜在威胁的道理。

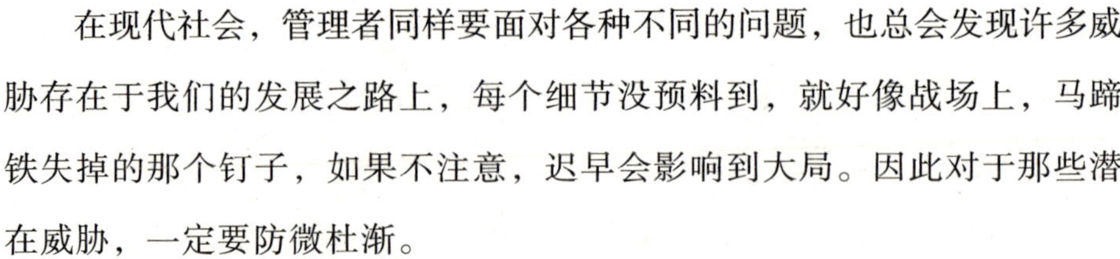

在现代社会，管理者同样要面对各种不同的问题，也总会发现许多威胁存在于我们的发展之路上，每个细节没预料到，就好像战场上，马蹄铁失掉的那个钉子，如果不注意，迟早会影响到大局。因此对于那些潜在威胁，一定要防微杜渐。

优化资源重管理

管理的重要作用，就是优化自己掌握的资源，充分发挥出他们的潜力，让个人能够得到发展。管理者面对着各种情况，有发展之初，资源贫乏的情况；有竞争激烈，处于劣势的情况，这时将资源进行合理优化的管理，可以帮助我们渡过难关。我们一起来看一下刘邦在优化资源、重在管理方面的合理运用。

经过一番酣战后，刘邦最终战胜项羽，得了天下，建立了大汉王朝。但是，如何管理这份庞大的家业呢？这显然成了摆在刘邦面前的一道难题。秦朝推行中央集权的郡县制，结果二世而亡；项羽分封天下，数年而灭，这都是刘邦所亲眼见到的。看来要打理好这份庞大的家业，刘邦还得动一番脑筋，比如，如何对帝国进行分区管理，采取哪些措施加强皇权，如何对待功臣宿将，如何处理与匈奴及南越的关系，这一切，都考验着刘邦。

经过秦末农民大起义和楚汉相争，连年的战争破坏，使人口大量锐减，土地大量荒芜，政治、经济秩序遭到严重破坏，社会生产无法正常进行。在刘邦刚刚建立西汉王朝时，社会满目疮痍，一片凋敝之景。当时的人，死的死、逃的逃，人口只有秦代的十分之二三。身为皇帝的刘邦，要想找四匹同颜色的马来拉他的车都办不到，将相只能乘坐牛车。而广大的人民群众，大多是三餐不继，更谈不上有什么积蓄和储备了。

刘邦建立的汉王朝，第一要务当然是尽快安定社会的政治经济秩序，迅速恢复社会的生产活动，医治社会战争创伤。否则汉王朝就会失去统治基础，就会连片刻的安宁都难以维持。

称帝后不久，刘邦立即颁布了一系列政策法令。这些法令的出台，基本目的只有一个：全力医治战争创伤。

著名的罢兵赐复诏书规定："军队士兵全部复员各自回家。凡跟随刘邦打天下的原六国地区的士兵，愿意复员后留在关中地区的，可以享受12年不服徭役的优待。不留在关中地区、回到自己家乡的复员士兵，则可享受6年不服徭役的优待。

"在战争中有许多老百姓为逃避兵祸，逃亡到山林之中聚众自保，所以没有在国家的户籍中登记。现在天下已定，新出台的法令命令他们回到原县，恢复原有的土地、房产、爵位。地方官吏一定要向他们宣讲政策、法令，不得侮辱和伤害他们。

"对秦时的地主贵族，不但使他们优先获得田宅，还给他们若干户租税封赏。"

刘邦的这道罢兵赐复诏书，使得几十万跟随他打天下的将士，一朝解甲归田，并享受免役的待遇。获得爵位，并对具有七级公大夫爵位以上者，给予列侯才能享受到的食邑待遇。这就为新生的汉王朝建立了一个新军功地主阶层，这一阶层成为汉王朝的社会基础与骨干力量，他们对于汉朝政权的巩固和经济的发展产生了很大影响。

诏书又说："公大夫、公乘以上，都是高级爵位，跟随我打天下的将

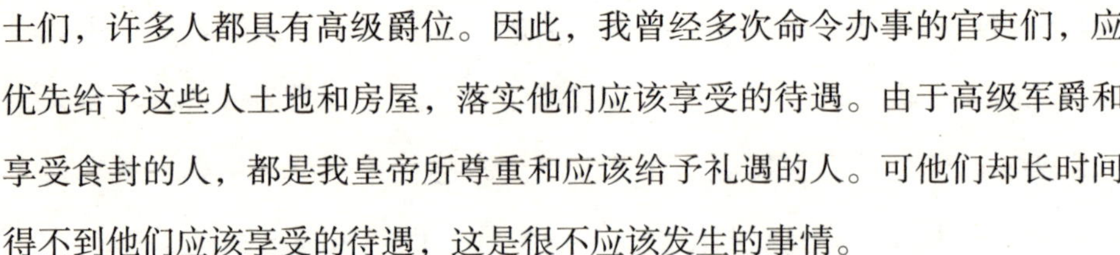

士们，许多人都具有高级爵位。因此，我曾经多次命令办事的官吏们，应优先给予这些人土地和房屋，落实他们应该享受的待遇。由于高级军爵和享受食封的人，都是我皇帝所尊重和应该给予礼遇的人。可他们却长时间得不到他们应该享受的待遇，这是很不应该发生的事情。

“在秦王朝统治时，老百姓凡是具有公大夫以上爵位的人，都可以与县令平起平坐，很受尊重。我现在对爵位也没有轻视，论功赏赐土地和房屋，这是明文规定的法律，可是，那些没有跟随我打天下的小官吏们却占有了不少土地和房屋，而真正立有军功的人却得不到他们应该享有的财产。这种背公立私的行为与现象之所以会产生，是由于地方上的郡守、郡尉和县令、县长都没有好好教导他们的部下。从今以后，一定要命令所有的官吏们好好对待具有高爵的人，让我满意。经查实，凡不按我诏书的规定行事的官吏，一律严惩不贷。

“除了罢兵赐复，因饥饿自卖为奴婢的人，也要一律免为庶人。农民为了生存而自卖为奴婢，实在是逼不得已，他们的处境是十分痛苦的。”

自卖为奴的做法，就是把若干劳作在生产第一线的农民变为富人、贵族的家奴，直接减少了农业劳动力。因此，汉王朝规定：“民以饥饿自卖为奴婢者，皆免为庶人。”使汉王朝得到大量劳动力，更增加了汉王朝徭赋的收益。从历史角度讲，把因为饥饿而自卖为奴婢的人释放为自由人，这是一种历史的进步，当然会得到人们的赞同。

刘邦一纸诏书，解放了几十万劳动力，并且让这些人得到了免役的待遇，又得到了爵位，不但在经济上有了保障，而且在政治上也有了地位，这又形成一个新的地主阶层，而且成为汉王朝最为忠诚的拥护者。

而且，他们有土地和房屋，在和平时代可以生产，为国家创造物质财富，一旦到了战时，他们为了维护自己的利益，就会自觉地站到国家的立场上来，竭力保护国家及自己的既得利益。

诏书对战争以前一般官吏的政治地位、经济状况均加以承认，并对跟随刘邦打天下的将士们，给予种种优待。可以说，除极少数敌对分子外，社会上的绝大多数人，都从这道诏书中得到了利益，这道诏书确实具有安定天下、与民更始的政治作用。它对于稳定社会秩序，医治战争创伤，都产生了不可估量的巨大作用和影响。

刘邦称帝后，几乎每年都颁布大赦令，赦免罪犯。

汉高祖五年（公元前202年），刘邦在登基前就赦免了死刑以下的罪犯。登基后的六月，又颁布了一次大赦令。六年的十二月，因逮捕了楚王韩信，发布大赦令。八年八月，又颁布赦令，赦免官吏中犯罪而没有被发觉的人。九年正月的丙寅日，赦免死刑以下的罪人。汉高祖十年（公元前197年）秋七月，因刘邦的父亲逝世，赦免栎阳狱中死罪以下的罪犯。九月，又因代国陈豨叛乱，刘邦下令赦免跟随陈豨造反而能弃暗投明的官吏和百姓的罪行。十一年，因平定陈豨叛乱，立子刘恒为代王而大赦天下。后又由于英布造反，而赦免天下的罪犯。

这样频繁地颁布赦令，一方面为新生的汉王朝营造了一个政治上宽松的氛围，另一方面也使许多罪犯免除了牢狱之灾、肉刑之苦，还使他们中一些人的家属免于做政府的奴婢。这些人无疑都会参加到生产活动中去。所以，刘邦赦免罪犯的举动，不但可以在政治上收买民心，而且还会起到促进经济发展的作用。

经济方面，刘邦注重农业，鼓励复员士兵从事生产。农业要发展，土地是关键。为了使弃耕的土地得以重新利用，刘邦在楚汉战争时期，就命令开放过去秦王朝的苑囿园地，允许无地或少地的农民垦殖。他称帝之后，进一步落实“以军功行田宅”的政策，按军功的大小和爵位的高低，赏赐给从军吏卒数量不等的土地，使他们成为自耕农或中小地主。

为了调动了生产者的积极性，刘邦还采用轻徭薄赋的政策。在汉朝建立时，徭役制度基本沿用秦朝制度，但在真正执行时却不再那么苛刻。秦代法定男子的服役年龄段是15~60岁，但秦统治者并没有按法律规定办事，而是为了自我享乐，大兴土木，建设豪华宫殿，所以在征兵时任意改变服役年龄段，往往超出法律规定的服役年龄范围。而刘邦却做出了相应调整，他把服役年龄缩减为23~56岁，并且对服役的时间也作了严格规定：每年在本地服役一个月，称“更卒”，主要的任务是筑城、修垒或其他劳动；每人都要到边疆戍守一年，称“屯戍”；到京城服务一年，称“正卒”。一般情况下都会按规定执行，如果条件允许，还会适当予以减免。为鼓励人口的增长，刘邦还颁布了一项诏令：老百姓凡生儿育女的，可享受两年不服徭役的待遇。由于刘邦爱惜民力，尽力减轻人民负担，极大地促进了经济的恢复与发展。

刘邦还注意吸纳各方面的人才，帮助他治理天下。他曾在汉高祖十一年二月下诏说：“周文王是王者的榜样，齐桓公是霸主的榜样，他们之所以能成就功业，那是因为他们都能得到了贤人的辅佐。现在天下的贤人、能人难道还不如古代吗？主要的原因还在于人主不愿意主动结交他们，使他们无法脱颖而出施展才华。现今，我仰仗上天的保佑和贤士大夫的辅佐取得了天下，使四海之内成为一家。我希望这种局面能长久地保持下去，子孙们能够世世代代保有江山社稷，永不断绝。既然贤能的人已和我共同夺取了天下，我希望他们和我共同努力来安定天下、共享长久之利。所以，凡是愿意和我共同治理天下的贤能人士，我将使他们尊贵。这个诏书要布告天下，使天下的人都能明白我的用意。此诏书由御史大夫周昌下达给相国萧何，相国萧何下达给各诸侯王。御史执法下达给各郡郡守。凡在自己政区的贤能人士，郡守必须亲自上门劝勉，让他们为国家服务，为他们安排好车马，到京城的相国府登记。凡是在自己的政区内有贤能之士，而地方官不向中央申报，如果被查实，就免去其地方官职务。只有这些贤能之士年老或有疾病，才可以不将他们送到中央来。”

怎样处理好农业生产和工商业的关系，一直是中国封建社会的一个重要问题。战国以来，弃农从商的情况相当严重，它对封建社会的基础产业——农业，起着瓦解和破坏作用，秦始皇时便加以限制。西汉初年，随着社会生产的恢复，商人经济势力又有膨胀，投入农业的人相应减少。并且商人“以末致财，用本守之”，即用经营商业和高利贷赚取的大量金钱来兼并土地，造成大量农民与土地的脱离。这既危及封建的经济基础，又不利于社会的稳定。另外，不少商人还挖空心思扰乱物价和金融体系。

汉初国家力量有限，允许民间铸钱。奸商们铸钱时掺杂铅铁，滥造钱币。他们还利用荒年或战乱，低买高卖，囤积居奇，更是加重了农民的负担。所以，汉初实施压抑商贾的政策，规定对从事工商业的人另立户籍，称为“市籍”。拥有市籍的人在政治和社会地位上受很多限制。汉高祖八年三月，汉高祖刘邦下令：“商人不得穿丝织的衣服，不能携带武器，不能乘车骑马；本人及子孙不能担任官职；在经济上要加倍征收算赋，所雇用奴婢的算赋，也由主人交纳。”

刘邦的轻徭薄赋政策，为后来的吕后、文帝、景帝所继承；刘邦的赦免罪犯政策，后来演变成汉文帝尚德缓刑的治国方针。正是刘邦的这一系列政策的颁布和实施，奠定了汉代文景之治的基础。

班固在《汉书·汉高祖纪》中说，刘邦称帝后，“虽日不暇给，规摹弘远矣”，即是说刘邦虽然在称帝后，一直忙于镇压各地的异姓诸侯王，几乎没有过过一天安定舒适的太平日子，他念念不忘国家的长治久安，制定了一系列影响深远的方针政策。

一系列法律的制订和解放劳动力措施的实行，战争年代那种“千里荒地无人耕”的局面得到了改善。那些从军队、奴婢、监狱中解放出来的劳动力，大多加入到了农民的队伍中。社会生产逐步恢复，社会秩序也渐渐稳定下来。此时的汉朝，就算有人想造反，也不会有人响应了。

可以说，一道罢兵赐复诏书，及轻徭薄赋等一系列政策，都是事关国计民生的大计，达到恢复社会秩序，发展农业生产，解决民众生计，以求天下长治久安的目的。刘邦执政不久，就能提出这些有效的治国方略，不愧为一代明主。

国泰民安、政权稳固是每一个君主追求的目标。只有人民安居乐业，国家政权才能巩固，经济才能繁荣昌盛。人民长期处于水深火热之中，国家就危在旦夕。秦王朝灭亡的历史教训是深刻的。

面对种种困难的局面，管理者要充分运用自己的管理手段，将自己能够调动的资源充分调动起来，进行资源的优化配置。正所谓好钢用在刀刃上，通过管理，切实将自己的资源优化使用，达到最大效益，这就是管理的作用。

刘邦的管理可谓十分到位，那么，何为管理？管理是指通过计划、组织、领导、控制及创新等手段，结合人力、物力、财力、信息等资源，以其高效达到组织目标的过程。管理的目的，就是要让所有资源都达到最大的优势。

刘邦在打下天下之后面临着一系列的问题，首先最重要的问题是巩固政权，恢复生产，提高国力。这些就要用到管理。

首先是将人力资源优化，刘邦认识到，连年的战争消耗了大量从事生产的劳动力，这在封建社会以人力为主要劳动力的时期，是一个严峻的问题。这时，刘邦的措施很正确，首先，他将军队复员，这一方面增加了社会劳动力，另一方面减少了军队数量，有利于社会的稳定。他还将那些因为战乱而变相损失的劳动力——遁入山林的人自卖为奴的人也全部赦免。这所达到的效果和复员士兵达到的效果是一样的，在增加劳动力的同时，促进了社会的稳定。加上广纳贤才，使得刘邦管理下的人力资源得到了充分的发挥。

其次是实行轻徭薄赋，将社会财富最大化地用于社会生产。轻徭薄赋意味着减轻农民生活负担，虽然这在一定程度上意味着国家政府财富的减少，但是此藏富于民的措施，使得大汉朝的经济实力空前强大，刘邦统治下的物力资源得到了最大限度的发挥。

最后采取重农抑商的政策，打击商人的囤积居奇，而努力耕织的劳动受到鼓励。在汉朝初建时期，生产水平还较低，物力不丰。商人的做法很大程度上不利于社会的稳定，所以要对钱粮的流通加以管理。该措施使得财力资源得到了最大限度的发挥。

在现实社会中，面对种种错综复杂的情况，我们现代人要向刘邦学习，通过管理的措施，将自己能够调动的一切资源调动起来，进行优化资源配置，以使资源得到最大化、最优化、最合理的使用。

制度管理驭下属

任何一种管理，都不能脱离制度而单独存在。没有统一的制度，就没有规范化的管理，管理不规范、不统一，就不能很好地求得发展，甚至会带来严重的后果，管理者一定要注意。

刘邦称帝后，有鉴于秦亡的历史教训和当时国家凋敝荒凉、经济萧条、国力虚弱的现实，遂采取道家“黄老治术”“无为而治”的理念治理国家。

首先，采取“郡国制”，郡县和封国并存。皇帝分封侯国和王国，其中侯国只享有封地内的税收，无军事和行政权，并受郡的管辖，而王国则拥有独立的政治和军事权力。郡国制的根源在于刘邦对在楚汉相争中有大功的异姓诸侯王起了猜忌之心。韩信就是在这时候被萧何用计由吕后处死的，随后彭越、英布等人也相继被铲除。异姓诸侯王所剩无几，取而代之的是刘姓诸侯王。

当时，刘邦在白马之盟上对众人说了一句话：“非刘氏而王者，天下共击之。”西汉开国皇帝汉高祖鉴于秦帝国朝廷孤立无援、二世而亡的做法，分封了一批诸侯王，但同时又沿袭了郡县制，使西汉前期的行政区划出现了一种封建制与郡县制并立的局面，称“郡国并行制”。虽然之后汉高祖通过各种途径除去了韩信、英布等大部分的异姓王，但仍设立了九个刘姓诸侯王以为朝廷之援。随着时间的推移，各诸侯国实力强大，有独立的军事政治体制与职权，而且多数跨数郡之地，大者甚至有四至六郡。天下六十余郡，有四十余郡在各诸侯王手中，而汉天子所掌握的郡尚不足二十。州郡、国是西汉的一级行政区，郡的最高长官称郡守，后改称太守。国的最高长官称“相”。县是第二级行政区划，除一般的县外还有侯国、太后公主等的汤沐邑和在少数民族聚居区设立的“道”。万户以上的大县的长官称县令，万户以下小县的长官称县长。汉朝承袭了秦朝“郡县制”这种行政区划管理制度，与秦行政区划不同的是，在推行“郡县制”的同时又推行封国制，封国包括王国和侯国，这种两种并行制又称“郡国制”；两汉时期虽郡国并行，但仍以“郡县制”为主。汉朝初期，刘邦面对拼凑起来的诸侯势力和亡秦后的六国背景，首要任务便是勉力维持稳定局面，铲除异姓诸侯王，以分封子弟的方式，调和异姓诸侯王与郡国制的两极偏差，刘邦与项羽相争时，先后分封七个异姓王。称帝后，又分封同姓九王，使后来中央政府及封国之间的对立，延续了很长的时间。而汉初恢复封建制，同时又施行郡县制，使郡国杂处，互相牵制，对维护中央集权和国家统一起到了积极作用。

其次，对内注意兴修水利，减免赋税，为恢复农业发展创造条件；对外则和亲匈奴，维持边区和平。

刘邦的这一系列整治措施维持了几十年的和平，但是引起一系列问题：对内的轻徭薄赋政策，令地方上一些豪强势力日大，土地兼并现象严重；对外则匈奴背信弃义，寇掠边境日频，威胁边区大汉国人民的生命财产安全，对边境的社会经济带来严重的破坏。

制度是每一个管理者必须制定的，并且管理者要带头遵守执行。

只有这样，管理者才能树立权威，管理才能规范化，才能出效益。

刘邦的性格比较豁达，为人处世比较随和，一向讨厌那些繁文缛节。但是，当他登上皇位以后，面对和他一起出生入死却不知礼法的功臣宿将，他感到汉王朝的管理正面临着严峻的困难。以强制的力量刹住他们的威风吗？这显然有伤和气，而且会授世人以柄，说他忘恩负义，心里容不得人。于是，经过慎重考虑，他接受了丞相萧何的建议，让叔孙通制定汉朝礼仪。以儒家礼仪和忠孝思想来规范和约束天下臣民，并亲自带头实施。这样一来，上行下效，大臣们懂礼仪、讲规矩，老百姓以孝悌相劝勉，上下和睦，井然有序，汉王朝渐渐向盛世王朝迈进。

一个有效的、合理的、适合团队发展的管理制度能规范团队成员行为，提高团队成员的工作效率和质量，形成一种良好的管理效果。纵观古今中外成功人士的成功经验，他们管理的成功之处，无一不是具备了完备的制度，以统一而明确的制度，来保障管理的实施。

当今社会的竞争环境下，管理者在管理过程中，同样需要建立一种规范的制度，通过规范的管理约束被管理者，从而迈向成功。

为有方圆立规矩

俗话说“无规矩不成方圆。”正因为有规矩的存在，人们才能正常地生活和活动。无论是在日常生活中还是在处理国家大事的时候一定要做到有章可循。

汉王朝的法律制度建设也不例外。刘邦率义军进入关中，为解除秦朝苛法给人民带来的巨大灾难，同时也为争取民心，发布了约法三章，即“杀人者死，伤人及盗抵罪。”然而，接之而来的是楚汉战争，战乱不已，加之三章之法对于维护社会秩序来说，又不足以有效地起到“御奸”的作用，于是制定新的法律，特别是刑法和民事法规，便被刘邦提到议事日程上来。而通晓法律的相国萧何，正是以秦法为基础，取其适合于汉王朝实际情况的部分，制定了汉律九章，这就是《汉书·刑法志》所记载的如下一段概括：

“汉兴，汉高祖初入关，约法三章曰：‘杀人者死，伤人及盗抵罪。’蠲削烦苛，百姓大悦。其后四夷未附，兵革未息，三章之法不足以御奸，于是相国萧何借鉴秦法，取其宜于时者，作律九章。”

这段记载表明，萧何是在秦法的基础上删减、增补而制定汉律的。所谓汉律九章，即是在战国初年李悝为魏国所制定的《法经》六篇的基础上又增加了《户律》《兴律》《厩律》三章，合为九章。《汉律九章》的条文并没有流传下来。为对汉律九章有个大致的了解，不能不从《法经》六篇谈起。

据《晋书·刑法志》的记载，李悝参考当时各国的法律，撰写了《法经》六篇。李悝认为社会秩序遭到破坏，在一般情况下主要是来自社会上的刺杀和偷盗活动，因而将《盗法》与《贼法》两篇列于《法经》之首。《盗法》讲的是对盗的惩治，是有关惩处盗窃犯罪的法律条文；《贼法》讲的是对贼的惩治，是有关惩处杀人及伤人犯罪的法律条文。“王者之政莫急于盗贼，故其律始于《盗》《贼》”。然而“盗贼需劾捕，故著《囚》《捕》二篇”。也就是说，为逮捕和审讯盗窃和杀人及伤人的罪犯，又著有《捕法》，讲的是捕亡，是有关逮捕刑事罪犯的条文；而《囚法》，讲的是断狱，是有关审讯刑事罪犯的法律条文。《法经》的第五篇是《杂律》，讲的是对“轻狡、越城、博戏、借假、不廉、淫侈、逾制”等犯罪的处罚，是对有关轻狂犯法、偷越城墙、赌博、欺诈、贪污贿赂、荒淫奢侈、所用器物超越身份等级上的规定等几种违法行为的惩治。第六篇《具法》则讲的是根据具体情况依法加重或减轻刑罚的某些规定。

《法经》六篇的内容表明，它是一部刑法法典，讲的是对刑事犯罪的惩治。正因为它是一部法典，所以具有一定的稳定性。商鞅在秦国变法，改法为律，《法经》六篇被沿袭下来。湖北云梦出土的秦国法律文书证实，秦国后期的刑法和刑事诉讼法不仅是《法经》六篇的继续和发展，而且远远地超出了商鞅《秦律》的内容，见于云梦秦律的律名就有《捕盗律》等32种律目，而这32种律目还不能说是秦律的全部。

萧何的《汉律九章》，其中《盗律》《贼律》《囚律》《捕律》《杂律》《具律》，律名是自《法经》以来就有的，其具体条文自然是在秦律的基础上拟定的。至于新增加的三章，其具体情况是：

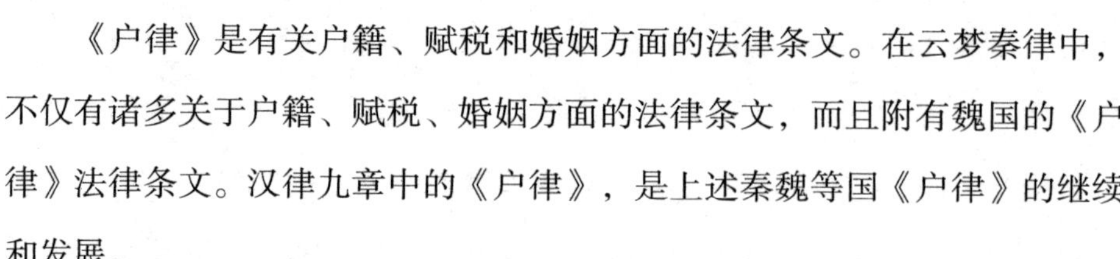

《户律》是有关户籍、赋税和婚姻方面的法律条文。在云梦秦律中，不仅有诸多关于户籍、赋税、婚姻方面的法律条文，而且附有魏国的《户律》法律条文。汉律九章中的《户律》，是上述秦魏等国《户律》的继续和发展。

《兴律》是有关征发徭役、城防守备方面的法律条文。在云梦秦律中，有《徭律》《傅律》《戍律》。汉律九章中的《兴律》无疑是秦律中上述有关法律法规的继续和发展。

《厩律》是关于牛马畜牧和驿传之事等有关的法律条文。在云梦秦律中，有《厩苑律》《牛羊课》《传食律》《行书》。汉律九章中的《厩律》是秦律中上述有关法律法规的继续和发展。

总之，萧何为《汉律九章》所增加的《户律》《兴律》《厩律》，其贡献在于它吸取了秦律中有关法律、法规的成果，结合汉王朝的实际情况，把秦律中诸多有关的法律法规合并为若干章，使之更加系统化、规范化，并与秦律的六章相并列，这对汉代乃至于此后中国封建时代法律制度的建设，有很大影响，是中国法制发展史上的一个里程碑。

需要指出的是，汉初的废除秦朝苛法是逐步进行的。直到汉惠帝四年才废除秦朝的《挟书律》；“除三族罪、妖言令”，是在高后元年，如此等等。待到汉武帝时期，张汤制定《越宫律》27篇，赵禹作《朝律》6篇，连同萧何的《九章律》和叔孙通的《傍章》（朝仪）18篇，共计60篇。这60篇法律文书，大体上奠定了汉律的规模。而萧何的《九章律》与叔孙通、张汤、赵禹所制的法律的不同之处，在于前者是法典式的法律文献，因而在西汉的法律体系中居有非常重要的地位。

汉王朝的法律制度的建设，为国家长治久安奠定了基础。作为现代的管理者在团队管理中也要建立自己的规章制度。

规矩就是纪律，是一种约束，更是一种保障。个人的发展离不开规矩。人作为社会和国家的主体，直接决定着国家与社会的前进方向，个人只有尊重客观规律，遵守规矩，充分发挥主观能动性，才能达到预定的目标，并在奋斗中磨炼自己的意志，吸取失败的经验，不断充实自己，让个人的潜力达到最大的发挥。如果违背了规律，违反了规则，那么必将受到客观世界无情的惩罚。因此我们呼唤遵守规矩，寻求发展。

俗话说“无规矩不成方圆”。任何事情的顺利进行都需要有一定的纪律或者是规章制度来约束，它是成功的保证。其实，规矩在约束我们的同时也为我们提供了良好的发展平台，我们可以在其中更加自由地展现自我。所以，遵守它是非常必要的。在遵纪守法的同时，我们应该懂得规矩是介于法律与道德之间的一层模糊界限，它是无形的，是约定俗成的，体现了公众道德意识。规矩不是法律，在公共场所大声喧哗的人不会受到法律制裁。同时规矩也不是道德，按规矩排队的人谈不上有道德。纵观华夏五千年历史，严守规矩严格纪律的人大有人在。众所周知，曹操生活在三国时期，他是中国历史上最伟大的政治家、军事家、谋略家、文学家和诗人。他之所以能够有如此强大的实力是因为他有严明的军纪。在军队中，他要求所有的士兵不准骚扰百姓，不能让战马踏入良田，如果有人违反了则要处死。有一次他带兵打仗，在行走的过程中，因为他的坐骑受了惊吓，踩倒了一片麦苗，为了展现出军纪的严明性，他随即拔出剑割发代死以示惩罚。这足以证明了曹操能严格遵守自己定下的规矩，是众多官兵的榜样。

因此，无论是一个人还是一个社会都应当遵守规矩。如果没有了规矩，一个人会特别懒散，一个团体也就没有组织性和纪律性。整个社会是人的活动，如果人人都不遵守规矩，整个社会也是混乱不堪的。所以在制定规矩之后，大家一定要执行。只有公正地执行，规矩才能得以称之为规矩。一旦有人违背了规矩而没有付出相应的代价，违背规矩的人就逐渐慢

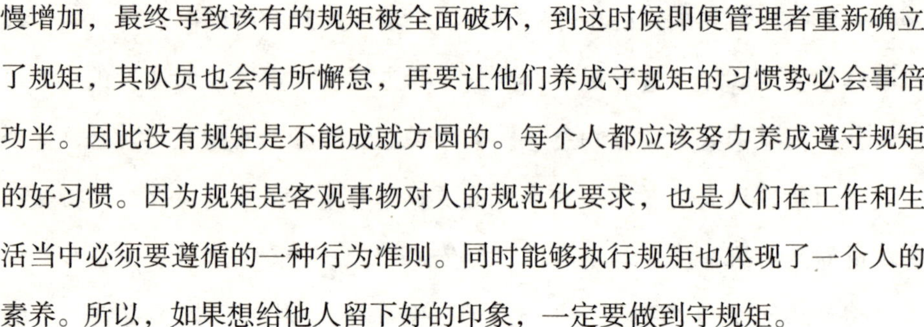

慢增加，最终导致该有的规矩被全面破坏，到这时候即便管理者重新确立了规矩，其队员也会有所懈怠，再要让他们养成守规矩的习惯势必会事倍功半。因此没有规矩是不能成就方圆的。每个人都应该努力养成遵守规矩的好习惯。因为规矩是客观事物对人的规范化要求，也是人们在工作和生活当中必须要遵循的一种行为准则。同时能够执行规矩也体现了一个人的素养。所以，如果想给他人留下好的印象，一定要做到守规矩。

在现代企业中，管理者也应当有明确的章法可循。如同在浩瀚的宇宙中，每个天体都有自己的运行轨道，一旦这些轨道不存在之后，整个宇宙就会处于混乱之中，甚至是走向毁灭。因此，现代企业管理者要引以为鉴，为各个部门制定规章制度，而且带头坚决执行，只有这样才能在员工面前树立起威信，整个企业经营才会变得有起色，管理才能出效益，实现企业的良性发展。否则，整个企业是不会有很好的发展前途的。

后　记

在人生道路上，成功与个人的努力是密不可分的，更与时代机遇有着千丝万缕的联系。思路决定出路，只要做一个有心人，就能在别人看不到希望的地方，发现闪光的机遇，创造奇迹。在我国几千年历史中，涌现出了一批叱咤风云、扭转乾坤的帝王，这些帝王无不具有一部非凡的传奇，如夜空中的群星般璀璨夺目。他们开创了一代王朝的新纪元和新气象，荡涤着时代，演绎着历史；他们是一个朝代的先锋，挥舞着新政权的猎猎旗帜，翻开了历史的新篇章。解读古代皇帝，剖析中国历史，还原其真实的面目，可以让我们从中学到宝贵的人生经验。

在本书编写过程中，得到了北京师范大学历史学院、北京大学历史学系各级领导的关心和支持，以及安徽师范大学文学院多位教授、博士的悉心指导，在此表示衷心的感谢！还要感谢所有对本书编写给予支持的各位老师和同学！

本书在编写过程中，参考引用了诸多专家、学者的著作和文献资料，谨对这些资料、著作的作者表示诚挚的谢意！有些资料因为无法一一联系作者，希望相关作者来电来函洽谈有关资料的稿酬事宜，我们将按相关标准给予支付。

邮箱：945767063@qq.com　　联系人：姜正成